U0478706

岭南师范学院广东省中小学教师发展中心研究成果

广东省教育科学“十三五”规划2020年研究项目

“新师范背景下地方师范院校乡村教师培养供给侧改革研究（2020GXJK355）”研究成果

广东省重点建设学科科项能力提升项目

“职前语文教师学科教学知识发展策略研究（2022ZDJS073）”研究成果

教师治理与教师成长

李斌辉◎著

校本实践研究丛书

主编　王林发

海峡出版发行集团
THE STRAITS PUBLISHING & DISTRIBUTING GROUP
福建教育出版社

图书在版编目（CIP）数据

教师治理与教师成长/李斌辉著．—福州：福建教育出版社，2024.6
（教师专业成长研究丛书/王林发主编）
ISBN 978-7-5334-9674-6

Ⅰ．①教…　Ⅱ．①李…　Ⅲ．①师资培养—研究　Ⅳ．①G451.2

中国国家版本馆 CIP 数据核字（2023）第 092632 号

教师专业成长研究丛书
主编　王林发
Jiaoshi Zhili Yu Jiaoshi Chengzhang
教师治理与教师成长
李斌辉　著

出版发行　福建教育出版社
（福州市梦山路 27 号　邮编：350025　网址：www.fep.com.cn
编辑部电话：0591-83727542
发行部电话：0591-83721876　87115073　010-62024258）
出 版 人　江金辉
印　　刷　福州万达印刷有限公司
（福州市闽侯县荆溪镇徐家村 166-1 号厂房第三层　邮编：350101）
开　　本　710 毫米×1000 毫米　1/16
印　　张　18.5
字　　数　274 千字
插　　页　1
版　　次　2024 年 6 月第 1 版　2024 年 6 月第 1 次印刷
书　　号　ISBN 978-7-5334-9674-6
定　　价　45.00 元

前　言

2018年1月20日，中共中央、国务院印发了《关于全面深化新时代教师队伍建设改革的意见》（以下简称《意见》）。这是新中国成立以来党中央出台的第一个专门面向教师队伍建设的里程碑式政策文件。《意见》指出，“百年大计，教育为本；教育大计，教师为本”，“教师承担着传播知识、传播思想、传播真理的历史使命，肩负着塑造灵魂、塑造生命、塑造人的时代重任，是教育发展的第一资源，是国家富强、民族振兴、人民幸福的重要基石”；“造就党和人民满意的高素质专业化创新型教师队伍”，“到2035年，教师综合素质、专业化水平和创新能力大幅提升，培养造就数以百万计的骨干教师、数以十万计的卓越教师、数以万计的教育家型教师”。《意见》立足新时代，将教育和教师工作提到了前所未有的政治高度，并指明了教师队伍建设的方向。

“造就党和人民满意的高素质专业化创新型教师队伍”，需要作为个体的教师不断成长。教师成长，就是教师作为“履行教育教学职责的专业人员”，其专业素养从不完备到完备，从不成熟到成熟，直至臻于优秀和卓越的过程。教师成长包含了教师作为“人”的成长，以及教师角色的成长。《意见》指出了教师的重要性，因此，教师个体如何成长，成长得如何，至关重要，这不仅关系到“高素质专业化创新型教师队伍”是否能够建成，还最终关系到教师能否承担起新时代所赋予的使命。正因如此，对教师成长的研究应该成为教育研究的重要内容，学术界应该花大力气去研究教师，研究教师的成长，给教师提供有效的借鉴和参考。

教师个体的成长并不是教师个人的事，而是教师个体在整个教育生态系统中与多种因素发生关系的结果，其中就离不开外在力量的治理。教师治理的最终目的就是促进教师成长。正因如此，《意见》就明确指出要建立高效科学的教师管理体制机制，实现教师队伍治理体系和治理能力现代化。从我国国情来看，教师治理的主体一般是教育行政部门和教师所在的学校。从现实来看，某个地区教育行政部门或者某个学校教师治理体系完善、治理能力高，这个地区的教师成长就快，整体素质就高；反之，则非但不能促进教师成长，反而会给教师成长带来负面效应。因此教师治理与教师成长存在着必然的逻辑关系，教师成长是目标，教师治理是手段。

对教师成长和教师治理的研究，国内外众多的专家学者已有众多的成果。笔者长期从事教师教育工作，对教师成长和教师治理这两个互相交织的领域给予了高度关注，并有了些许体会，为能有些微裨益于教师的成长，愿意以文字著述出来，并命名为《教师治理与教师成长》。全书不追求体例的系统完整，不进行理论体系的构建，而是从实际出发，对当前基础教育教师成长和教师治理过程中的现实问题进行追问，探讨解决策略。由于教师治理和教师成长手段与目的关系，本书没有也不可能将教师治理和教师成长做截然的划分来进行论述，而是统一于行文中。相对于众多的相类似的成果，本书理论的深度和立论的高度都存在差距，可说只是个人的一些体会和感受。书中的一些内容曾以论文的形式在《课程·教材·教法》《教育发展研究》等专业期刊发表，有些还被人大复印资料《教育学》《中小学教育》等转载。

尽管本书只是个人的感悟和体会，但它还是建立在众多专家学者的研究和实践成果之上的。我万分感谢那些我在本书中借鉴、引用、参考过的各类文献资料的作者，尽管我在参考文献中尽量列出他们的名字和著作，但仍然难免挂一漏万。可以这样说，没有他们的成果，我在教师成长领域的研究只能是盲人摸象，没有他们的成果，就没有我这本小册子。我还需感谢岭南师范学院教师教育学院、岭南师范学院广东省中小学教师发展中心，本书的出版得到这两个单位的资助，我更要感谢这两个单位的负责人王林发教授，是他交给了我这个任务，使我有了压力，进而转化成了动力，最终完成了本书。本书是广东省教育科学“十三五”规划2020年研究项目“新师范背景下地方师范院校乡村教师培养供给侧改革研究（2020GXJK355）”的研究成果。同时，本书也是广东省重点建设学科科项能力提升项目“职前语文教师学科教学知识发展策略研究（2022ZDJS073）”的研究成果。

本想种出西瓜，可结出来的却是芝麻。由于作者学识、水平和视野有限，本书肯定存在着很多不足和问题，敬请广大读者批评指正。

李斌辉

2024年3月20日

目　录

第一章　筑基教师成长

教师的成长必须从职前教育抓起。《关于全面深化新时代教师队伍建设改革的意见》指出："推进教师培养供给侧结构性改革，为义务教育学校侧重培养素质全面、业务见长的本科层次教师，为高中阶段教育学校侧重培养专业突出、底蕴深厚的研究生层次教师"，"根据基础教育改革发展需要，以实践为导向优化教师教育课程体系"。筑牢筑强教师成长的基石，也是教师治理的应有之义。

第一节 加强培养供给侧改革

教育要发展，首先要建设一支优质的教师队伍。建设教师队伍，要完善师资源流，在起点和源头上着力。在“新师范”背景下，作为教师培养供给侧的师范院校，应正确认识到自身在教师职前教育中存在的不足，关注教师的未来增量和提质问题，进行供给侧结构性改革，为中小学准备和提供数量充足的优质师资。由于乡村教育是中国教育的“神经末梢”，乡村教育发展的关键在乡村教师，“必须把乡村教师队伍建设摆在优先发展的战略地位”。因此，我们以乡村教师的培养为例来说明师范院校如何进行教师培养供给侧改革。

一、地方师范院校乡村师资供给存在的问题

地方师范院校主要是为区域基础教育供给师资，这其中包括乡村教师。地方师范院校的师范教育直接关系到为乡村教育提供什么样的教师，提供多少教师，也即直接关系到现在以及未来乡村教师队伍的数量与质量。但众多的调查和研究显示，一段时间以来，地方师范院校在师范教育和供给乡村教师方面表现乏力，效果不尽如人意，所提供的师范生在结构上不能满足乡村教育需求侧的要求，呈现供需结构上的矛盾。

（一）供给“下得去”的师范生偏少

近十年来，我国乡村教师流失严重。2010 年，全国乡村教师（含中小学、

幼儿园教师）有 473 万人，2013 年降到 330 万人，[①] 到 2018 年，我国乡村教师人数为 290 万，仅占全国中小学、幼儿园教师的$\frac{1}{4}$不到。[②] 八年间，乡村教师减少了 183 万人。《中国农村教育发展报告 2019》显示，全国乡村小学和初中的生师比依然没有达到国家标准。在需要大力振兴乡村教育，建设“小而美”乡村学校的今天，现有乡村教师数量还不能满足乡村教育的刚需。

但需要注意的是，我国师范生绝对数量充足，其产出与基础教育所需已呈供需倒挂之势。相关部门数据显示，近年来我国每年有 60 多万名师范生毕业（绝大部分为地方师范院校培养的师范生），而基础教育每年只能提供 25 万个需求岗位，仅近 30％的师范生能进入该领域城乡学校从教。[③] 师范生与所需教师岗位即便存在如此悬殊的供大于求的关系，乡村教师却还是短缺，其主要原因在于师范生不愿到乡村学校就业，也就是说师范生“下不去”。排除各种影响就业的现实因素，如编制、待遇等，显然师范教育存在不能培养出愿意到乡村任教的师范生的问题，也即师范院校没能使师范生普遍树立起从事乡村教育的信念和情怀，师范生毕业之后不愿或不能从事乡村教职。

事实上，大量针对师范生就业意向和意愿的研究表明，乐于到乡村任教，将乡村教育当作自己终身事业和追求的师范生凤毛麟角。成为乡村教师的师范生中，很多并非出于服务乡村的主动意识，而是被动生存的策略选择。近年来，全国乡村教师招聘遭冷遇的情况更是越来越严重，“虽然工资比市区高，但“无‘90 后’愿当乡村老师”的现象非常普遍，一些村小教学点已经几年没有新进教师。乡村教师职业的继承与传递面临前所未有的挑战。

美国著名高等教育学家博耶指出：“大学生学习的质量最终要根据毕业生

① 胡澂．中国乡村教师短缺延续多年，岗位吸引力不强仍成问题［EB/OL］．(2017－12－13)［2019 － 04 － 28］．http：//www.cankaoxiaoxi.com/china/20171213/2247482.shtml.

② 余俊杰，翟翔．全国共有乡村教师 290 万余人［EB/OL］．(2019－02－26)［2019－04－30］．http：//news.ycwb.com/2019－02/26/content 30206350.htm.

③ 王烨捷．师范类教育面临“控量提质”［N］．中国青年报，2015－10－14（01）．

是否愿意为社会和公民服务来衡量。”[①] 从这方面来说，地方师院的师范教育在乡村教师供给中是存在一定问题的。

（二）供给的乡村教师学科和性别失衡

职前教育师范生的组成结构影响着未来师资的结构，现有师资结构又往往是以往职前教育中师范生组成结构的缩影。当前乡村师资结构的失衡现象，主要是职前教育中师范生组成结构失衡所造成的。

一是传统学科和小众学科师资结构失衡。地方师范院校中一些传统学科、大众学科招生数量多，而一些新兴学科、小众学科招生人数过少，或者根本就没有设置相关专业，导致一些乡村学校薄弱与急需学科的教师缺乏，而本已饱和的学科教师却又过剩。对应中小学设置的课程，语文、数学教师就相对较多，这也是师范院校招生最多的传统专业；音乐、体育、美术、通用技术，以及民族地区双语教师严重缺乏，而这些又恰是师范院校的薄弱专业。在乡村学校，经常是由非专业的教师承担师资缺乏课程的教学，所教非所学，形成诸如“我的英语是语文老师教的”现象。有调查显示，近$\frac{1}{3}$的乡村教师所学专业与任教学科不一致。[②]

二是教师性别结构失衡。乡村教师性别结构失衡问题，与师范院校师范生性别失衡紧密相关。中国高等师范院校师范生培养状况调查与政策分析报告显示，师范生的男女比例表现出明显的不均衡特点，女生达65.3%，男生仅占34.7%，而且这种状况有进一步加重的趋势。[③] 师范生性别失衡现象相应地投射到乡村教师队伍中，影响其性别构成。乡村学校普遍以女教师为主，男教师相当缺乏，性别失衡严重，有些乡村学校清一色女教师，“一男难求”。

---

① 郭明顺．大学理念视角下本科人才培养目标反思［J］．高等教育研究，2008（12）．

② 张力跃，于伟．加强农村教师队伍建设亟待建立进出有序、供求平衡的管理机制［J］．国家教育行政学院学报，2008（5）．

③ 丁钢，李梅．中国高等师范院校师范生培养状况调查与政策分析报告［J］．教育研究，2014（11）．

教育部曾对 2013—2015 年“特岗教师”名单进行统计，发现近八成的“特岗教师”毕业于师范院校，其中男性仅 25.2%，女性占 74.8%，[①] 性别构成严重失衡。乡村教师中女多男少的现象对教师自身工作、生活以及学生的学习发展都会带来一系列负面影响。

（三）不能为乡村教育提供优质准教师

优质乡村教师并非完全依靠职前教育就能培养出来，但职前教育可以为乡村教师打好基础，缩短其成长周期，使其尽快成长。受过职前教育的师范生本应是能“站稳”乡村学校讲台，且可持续发展的教师，但事实上并非如此。在乡村任教的师范生中，大部分是较低层次的地方师范院校招收的学生。他们在接受了层次不高的职前教育后，即到乡村中小学任教，导致成为乡村教师的师范生整体素质不高。

基于这样一种现状，导致当前乡村教师职前教育的学历虽已越来越高，但学历和能力相背离，实际教学能力不强，知识结构不合理的现象相当严重。许多师范生在进入乡村学校后遭遇严重的“水土不服”，不会教，教不好，基本不能到岗即上岗，需经再培训方能上岗，且上岗后仍需强化培训。“高学历教不好农村娃”，“学校在感激他们到来的同时，也在发愁他们在实践中的教学能力”。[②] 这一问题的出现，与师范院校职前教育不到位不无关系。有实证显示，“职前教育”是乡村教师实践性知识和学科教学知识的最次要来源。[③] 虽然教师知识的来源是多方面的，但重要的教师知识应在职前教育阶段基本形成。这说明师范院校在培养学生“为乡村而教”的素养上是存在不足的。

“成为乡村教师的师范生整体素质不高”这种现象对乡村学生来说是不公平的，这也成为制约乡村教育发展的重要因素之一，同时为地方师范院校人才培养敲响了警钟。乡村教育是我国基础教育的重要组成部分。师范院校不

---

① 郑新蓉，姚岩，武晓伟．重塑社会活力：性别图景中的乡村教师和学校［J］．妇女研究论丛，2017（1）．

② 邱晓琴．高学历为何教不好农村娃？［N］．光明日报，2014－03－27（10）．

③ 李长吉，沈晓燕．农村教师拥有怎样的实践性知识：关于农村教师实践性知识的调查［J］．教育科学，2015（4）．

能为乡村教育提供数量和质量上有保证的教师，出现供需结构性矛盾，那就是未能完全履行好、实践好自己的职责和任务。有学者在对全国 31 个省份的教育厅师范处和基础教育处进行调查后认为，地方师范院校没有很好地履行为本地区培养基础教育师资的使命和责任。① 这就需要去思考，作为主要的教师供给方的地方师范院校究竟在教师培养上有何不足，该如何通过供给侧改革为乡村准备教师。

二、地方师范院校乡村师资培养误区

乡村教师供需结构上出现矛盾，原因是多方面的。“由于教育的话语权、决策权集中在城市阶层，更潜在地使得我们的教育政策与主流教育话语更多地带有城市取向”。② 国家的教师教育体制、教师专业和教师教育的国家标准、教师的资格考试等都缺乏乡村针对性，严重“冷落”乡村教育和乡村教师；国家和地方对乡村教师建设注重职后培训，忽视职前培养，以及职前支持性政策相对欠缺等等，都是其中的影响因素。但师范教育，也就是作为供给侧的地方师范院校办学上“去师化”、人才培养上“无农化”、校园文化和环境上“离土化”，给乡村教师职前培养带来的严重负面影响也是不容忽视的。

（一）办学“去师化”：乡村教师职前教育被漠视

随着我国师范教育转型，教师培养的主体日趋多元化，师范院校由面向行政区域和政府办学转而面向市场办学，师范和非师范的界限日益模糊。为生存和发展，师范院校不得不淡化师范和地方特色，谋求办学层次升格，想尽办法改名换姓，脱衣摘帽，向综合性大学发展。在办学类型、人才定位和服务对象上攀高求大，冷落、削减甚至抛弃师范学科专业，突出非师范学科和专业建设，“师范性”和“地方性”日益淡化。在 21 世纪头十年，我国有

① 眭依凡，俞婷婕，汪征．教师教育：地方师范大学必须安于本位的使命［J］．教育发展研究，2013（7）．

② 刘铁芳．守望教育［M］．上海：华东师范大学出版社，2005．

几十所地方师范院校更名，彻底同师范和地方性质“拜拜”。

而那些还头顶“师范”帽子的师范院校，很多也徒有“师范”名称，事实上已不再把师范教育作为主业，当然更不用说培养乡村教师。有研究者对全国21个地方师范大学已正式颁布施行的章程，选取体现“组织属性、使命责任及大学定位”“师范生培养目标”“为地方基础教育服务”的三组特征词，进行师范性话语分析和解读，发现多数师范大学对师范性价值认同度及对师范生为地方基础教育服务的关注度不高，在章程中不提及“师范”的师范大学不在少数。① 某省教育厅对省内师范院校教学情况调研后发现，一些学校淡化师范专业性质，对师范专业的课程设置与其他专业不再区别，不统一组织师范教育专业培训，教育实习成为“走过场”。②

与以上情况类似，著者在对2014年至2017年间接受了教育部本科教学工作审核评估的22所地方师院的自评报告分析后发现，不少学校在办学定位中没有提及“师范”，其人才培养目标中也没涉及培养“基础教育教师”，更无学校把人才培养目标直接定为“乡村（农村）教师”。在办学特色方面，大部分学校都强调自己“教师教育”特色明显，但考究起来，这些特色与真正意义上的教师教育特色还有很大差距，更不用说乡村教师教育特色。之所以还自认为有教师教育特色，只因学校历史上是“师范”。正如有学者认为，“事实上，他们并没有把教师教育真正当作特色来做，教师教育特色也没有真正落实在师范专业上。”③

正如古德莱德曾在批评美国综合性大学的师范教育时所说的，“从师范学校向高等教育层次的转变是失去尊严，而不是赢得尊严；因为在那里，教师教育从中心走到边缘，并越来越边缘化。”④ 师范院校不能牢固树立教师教育

---

① 李雨潸. 地方师范大学章程的师范性话语分析：基于对21所地方师范大学章程的文本分析［J］. 教育发展研究，2016（11）.

② 陈黎明，田刚. 从源头输送农村教师［J］. 瞭望，2007（7）.

③ 朱旭东. 再论我国师范院校教师教育存在的问题：认识误区、屏障和矛盾［J］. 教育发展研究，2016（2）.

④ Goodlad. *Whither School of Education*?［J］. Journal of Teacher Education, 1995：325—335.

本位的办学思想，在办学上去师范化和去地方化，乡村教师的职前培养由此被严重漠视，甚至处于空白状态。

（二）师范生培养“无农化”：城乡教师职前教育同质同一

现代社会，乡村在自然、经济、文化等方面与城市存在较大差异，这种差异也表现在教育上。城乡差异在我国尤其突出。城乡间的教育以及城乡教师之间有同质，也有异质，最大的不同在于乡村教育和乡村教师始终与农业、农村、农民紧密相连。因而两类师资在职前培养上，不可简单同一。但地方师范院校在师范教育中未能充分关注这一事实，而是罔顾乡村教育和乡村教师的特殊性，同一性地以普适化的标准（事实上是城市教育的标准和特质）培养乡村教师，忽视农村情境文化和服务基层意识的传递，在培养过程中脱离农村场域，乡土性严重被遮蔽，师范生陌生于乡村，疏离于乡村教育。

人才培养规格和模式的城市性。进入 21 世纪后，中师和师专渐次消亡，教师培养完全大学化，我国已无专门为乡村教育培养教师的体制和机构。从现有情况来看，鲜有以乡村教师作为人才培养目标的地方师范院校。地方师范院校对于所有师范生，不分其未来的职业定位，都以未来城市教师的标准和规格加以培养，即使是要求去农村基础教育服务一定期限的免费教育师范生，也存在这个问题。一些师范院校在免费师范生培养目标中都没有提及“乡村（农村）”，有学校甚至将免费师范生培养目标模糊为“高级专门人才”，其培养规格标准与其他师范生无异。同样，在师范生培养模式上都趋于“城市取向”，师范生所接受的教育并非是具有乡土特质的教育，而是适应城市教学的教育。师范生未来的工作场域和生活环境在乡村，但其职前接受的却是关于如何在城市教学的培养模式，导致职后处在“城市不接受，乡村不适应”的尴尬境况，产生教育教学以及教师专业发展上的诸多问题。

课程设置和教学内容的无农性。师范院校在课程设置上几乎无“涉农”课程，教学内容无关农村社会、农业生产、农民生活、农村教育，课程设置与教学内容与农村教育需求脱节。有调查显示，近七成的乡村教师认为地方师范院校教育课程体系缺乏农村学校教育和农村文化内容，近六成的教师认为教育学教材以城市学生为对象，缺乏农村特色，教学内容与乡土脱节。① 以乡村学校常见的复式教学为例，我国小学还有 33 059 个复式班，初中学校还有 3010 个复式班，② 但没有师范院校开设关于复式教学的课程。著者对 22 所地方师院汉语言文学教育专业正在实施的人才培养方案进行分析，发现除 1 所学校设置了“农村小学语文教育”选修课外，其余院校无任何涉及农村教育和农村生活的课程。一项关于乡村教师地方性知识现状的调查显示，80%以上的乡村教师认为地方性知识对于促进其教育教学非常有用或比较有用。③ 但从现有资料来看，无一所地方师范院校将地方性知识纳入人才培养课程体系。④ 涉农课程的空无，使师范生对我国作为农业大国的国情缺乏基本了解，对乡村的生活特点缺乏感性认识，对未来将面对的教育对象（乡村儿童）和教育合作者（乡村家长）缺乏基本的情感认同，对乡村教育的特点缺乏基本的认识了解，对乡村教育的教学能力缺乏足够的实践锻炼。

师范生就业的向上性。如果把就业于城市理解为向上流动，把服务基层称为向下流动，师范院校在人才的去向上存在向上偏好，师范生职业定位和职业决策具有强烈的“向城性”。学校以学生考取研究生为荣，从学生入学就灌输考研思想，“好好学习，准备考研”，把学生当公务员、在发达地区工作美化为“高端就业”，并以此作为就业、人才培养评价指标。师范院校普遍对师范生乡村就业决策缺乏针对性引导，少有师范生积极主动择业乡村教师，即使暂时选择了此职业，也是骑驴找马，随时准备“孔雀东南飞”，不能安心于乡村学校，更不会发展自己的乡村教育教学能力。

（三）校园文化和环境“离土化”：师范生乡村教育情怀难以养成

学校文化和环境是一种隐性课程，对师范生起着潜移默化的教育作用。

---

① 苏春景，张济洲．从农村教师教育现状调查看地方高师课程改革［J］．课程·教材·教法，2010（8）．

② 韩进．中国教育统计年鉴 2009［M］．北京：人民教育出版社，2010．

③ 沈晓燕，李长吉．农村中小学教师地方性知识的现状调查及思考［J］．上海教育科研，2014（3）．

④ 李长吉．论农村教师的地方性知识［J］．教育研究，2012（6）．

对乡村教师主动入职动因的实证研究发现，师范生的乡土情感和教师职业认同是其主动选择乡村教职的主要动因，而具有乡土特征的文化和环境对于这两个动因的建构发挥着极大作用。[①] 但当前的师范院校恰好在文化和环境上"去乡离土"，造成师范生乡村教育情怀难以养成。

学校空间位置远离乡村。省属师范院校除少部分在地级市外，基本上都在省会城市，其他地方师范院校则基本都在地级城市。这样的一种地域空间位置，使师生集中于城市学习与生活而远离乡村。地域空间位置不同，会带来精神心理的差异，视界和认识的差别。多年的城市生活学习，师范生被烙下城市印记而迷恋城市，对乡村则逐渐产生隔阂，难以生发感情，甚而是厌恶。即使是农村出来的大学生，在经过几年城市生活后，都想留在城市，不愿返乡回乡。陶行知先生很早就认识到此弊端，批评说："乡下招来的师范生，经过几年城市化，也不愿回乡服务了。所以师范学校虽多，乡村学校的教员依然缺乏。"[②] 我们每年培养 60 万左右的师范生，其中如陶先生所说者，绝不在少数。

大学文化严重都市化。大学文化以"不教之教"，潜移默化地塑造着师范生。"在工业化历程中，现代大学开始同步创立和发展，集中体现了工业化时代的城市环境特征"，"当代大学正面临着都市化、市场化、功利化、教育大众化等多重压力，大学文化正在接受严峻的考验"。[③] 作为现代大学的师范院校同样如此，其校园文化、舆论氛围、价值取向、景观设置、师生活动都存在明显的"城市偏好"与"都市情节"，很难觅见"乡村芳踪"，这无益于师范生对乡村和乡土文化的认知，产生不了乡土情感的认同。

教师教育者是乡村的"他者"。教师教育者在师范生学习过程中起着直接示范的作用，他们对乡村的认识和态度，以及乡村教育教学的能力都会影响到师范生。师范院校对教师的要求强调学历和学术，教师教育者基本上以博

---

① 李斌辉，李诗慧. 新生代优秀乡村教师主动入职动因及启示：基于"全国最美乡村教师"事迹的质性研究［J］. 教育发展研究，2018（22）.

② 周洪宇. 陶行知教育名篇精选（教师读本）［M］. 福州：福建教育出版社，2013.

③ 柴葳. 我们需要什么样的大学文化［N］. 中国教育报，2005－10－20（2）.

士为主，但他们很少具有乡村生活和中小学教学经历，有乡村学校教学经历者更是少之又少，基本是乡村的“陌生人”，乡村教育的“他者”。教师教育者本身就疏离于乡村和乡村教育，这种局面导致服务乡村教育意愿和能力的代际阻断，师范生难以从自己的引路人中学会如何在乡村教学，对师范生乡村从教意愿和教学能力不能产生强大的正面效应。有研究就发现“任课教师对中小学了解不够，缺乏实践经验”成为影响师范生课程学习成效的主因之一。①

三、培养乡村教师：“新师范”建设的重要内容

进入新时代后，社会的主要矛盾发生新转化，教师队伍建设的重要性日益凸显。2018 年 1 月，中共中央、国务院印发《关于全面深化新时代教师队伍建设改革的意见》，提出“兴国必先强师”，要实施“教师教育”振兴行动计划，其中把师范教育和师范院校建设发展摆在重要的位置，建设具有中国特色师范教育体系。之后，全国各省份纷纷出台实施方案，我国教师教育改革出现一个重要的方向，即向“师范教育”的回归。尤其是广东省率先提出“新师范”建设，并被全国所接受和效仿，这也就标志我国进入“新师范”时期。

“新师范”强调回归师范院校师范教育的主体地位，实现师范教育与基础教育协同发展。关键就是以问题为导向，着眼于解决原有师范教育弱化、师范人才培养供需结构性矛盾突出、师范教育课程改革滞后于基础教育、师范院校服务基础教育能力不足、教师职前培养和职后培训用力不均等几大问题，“从源头上打造一支高素质的教师队伍”。② 在新师范建设中，地方师范院校应以培养优质基础教育师资为己任，正确处理师范教育与转型升级、师范性同

① 戴伟芬. 教师教育大学化改革以来师范生课程学习质量调查分析［J］. 教育发展研究，2013（22）.

② 王创. 以“新师范”建设引领广东教师教育改革［J］. 广东教育（综合），2018（2）.

学术性及职业性的关系，高举师范大旗不动摇，坚守师范性质和底色，始终将师范教育作为办学主业，明确新时代师范教育办学目标和培养目标，将学校的主要精力和资源集中于师范人才培养。

建设“新师范”，培养乡村教师是重点。“均衡优质教育资源，全面提高教育质量，努力办好人民满意教育”是新时代教育的追求和目标，其中城乡教育均衡是重点。乡村教师是乡村教育发展的关键性因素。“新师范”高度重视乡村教师职前教育，把其作为乡村教师队伍建设的基础性工作《关于全面深化新时代教师队伍建设改革的意见》提出“立足我国国情，借鉴国际经验，根据各级各类教师的不同特点和发展实际，考虑区域、城乡、校际差异，采取有针对性的政策举措，定向发力，重视专业发展，培养一批教师；加大资源供给，补充一批教师”。2018 年全国教育大会再次明确提出“把更多教育投入用到加强乡村师资队伍建设上”，为新时代乡村教师队伍建设注入新动力。

“新师范”背景下，作为乡村教育师资供给者的地方师范院校要承担起促进乡村教育发展、教育精准扶贫和振兴乡村的重要使命，在乡村教师职前培养中主动有为。要充分认识到自身在师范教育中的关注取向和人才培养导向失当问题，依据乡村教育需求侧对教师的需求规格标准，固守师范教育的传统和精神价值，借力和借势多种优质资源突出师范特色和优势，探索优质乡村教师培养的新途径。克拉克·克尔指出：高校应根据自身条件来发展，“模仿将是毁灭性的”。[①] 地方师范院校着力于区域乡村优质师资的培养，实际上是在服务乡村教育的同时拓展自身的发展战略空间，强化自己的办学特色。

四、新师范建设中地方师范院校乡村教师供给侧改革的路径

乡村教师队伍建设，根本在于确保数量充足且质量合格的教师持续投身到乡村教育。地方师范院校要在新师范建设中从源头上保证优质乡村教师的

① 克尔. 高等教育不能回避历史：21 世纪的问题 [M]. 王承绪，译. 杭州：浙江教育出版社，2001.

供给，就必须进行供给侧结构性改革。供给侧结构性改革本是经济领域的概念，旨在调整经济结构，使要素实现最优配置，提升经济增长的质量和数量。当前我国乡村教师队伍主要存在的是结构性问题，需要通过乡村教师培养供给侧改革来解决。作为乡村教师供给侧的地方师范院校应坚守师范教育，在教师培养的一般性规律基础上探索乡村教师培养的特殊性，从招生就业、培养模式、课程教学、学校文化诸方面进行改革，强化职前培养对乡村教育的适应性和针对性，扩大有效供给。

（一）建构“乡土取向”招生方式，从入口保证未来乡村教师质量

培养优质师资，生源质量是基础。生源优，师资培养事半功倍，反之则事倍功半。近年来联合国教科文组织多次建议要吸引最优秀的并有意服务于偏远落后地区的学生接受教师教育。地方师范院校要从入口把关明日乡村教师质量，夯实建设优质乡村师资队伍的基础，保证师范生生源质量，要改变以往师范生“托底性”生源质量为“基线性”和“选拔性”生源质量；进一步改进和完善招生制度，实行“大类招生、二次选拔”，把乐教、适教的优秀学生选拔进师范生中来；实行师范招生提前批次录取，大力推行师范生免费教育政策，扩大免费师范生的范围和层次等；保证师范生录取分数线不低于控制线；采取相应措施鼓励男生报读师范院校，如设定男生的招生比例、男女分别划线招生、奖励就读师范院校的男生或减免其学费、退还毕业后从事教职的男生学费并给予相应的奖励等。

建构乡土取向的师范生招生机制。具有乡土底色，即出身农村，在农村本土成长的师范生天然地获得对乡村和乡村教育的“文化洞察”，更易形成乡土情感和教师职业认同感，在“下得去”“留得住”和“教得好”等方面相对于不具备乡土背景的学生更具先赋优势。因此，乡村教师建设应实行定向招生，本土化培养。生源应定向于农村区域而非城镇；对定向生要考评综合素质，测试职业性向，考察心理特征、情感倾向、从教潜质和职业动机等，确保其匹配乡村教职；要动态管理定向生，打破制度壁垒，避免“一定而终”，

建立乐教于乡村或不适于从教乡村定向生顺畅进退的通道。①

（二）探索“一专多能”培养模式，针对性培养乡村教师

培养模式改革是职前教育供给侧改革的核心环节。地方师范院校应加强对乡村教师培养的针对性探索，创新乡村教师职前培养模式，实行精准育人、按需培养。

实施乡村全科教师培养模式。全科教师的典型特征是“一专多能”。供给全科教师是解决乡村教师结构性失衡的重要途径。《关于全面深化新时代教师队伍建设改革的意见》就要求“为乡村学校及教学点培养‘一专多能’教师”。地方师范院校应通过“三定”（定生源、定培养、定就业），结合本土实际，完善全科培养计划，加强师资建设，建设全科生见习、实习、研习等实践基地，保证达成“一专多能”的培养目标。还可实施“师范+”或“+师范”计划，即师范生在所学本专业外，再辅修第二专业，或修习相关证书，获得多学科教学资格，具备在乡村学校从事多学科教学的能力。地方师范院校还应实施“卓越乡村教师”培养计划，优选师范生，重点培养高素质乡村教师。

推行“U—G—S—S”，② 协同育人模式。地方师范院校应加强与当地政府、城市、乡村中小学的深度合作，建立起师范生协同培养机制，充分融合多方资源，推进乡村元素的融入，均衡城乡教师培养。多方共同制订乡村教师培养方案，共同开展关于乡村教育教学的研究；加强师范生乡村支教任教、顶岗置换等实践活动，以体验乡村教师生存环境及增进对乡村教育现状的了解；积极探索“协同教研”“双向互聘”“岗位互换”等协同机制，吸收优秀乡村教师参与师范生培养，实行高校教师和中小学教师“双导师”制，选派师范院校教师教育者挂职乡村学校，承担乡村教育教学工作。“U—G—S—S”

---

① 马娥．我国农村学前教师的供给困境与消解策略：来自美国农村教师培训计划的启示 [J]．内蒙古师范大学学报（教育科学版），2013（8）．

② 其中 U（university）是指师范院校，G（government）是指各级教育行政部门，前 S（school）是指城市学校，后 S（school）是指乡村学校。

协同育人能克服师范院校空间远离乡村，教师教育者隔离乡村教育的不足，增强师范教育的力量支持，促进师范生认识、体验和爱上乡村，形成切合乡村的教育教学能力。

（三）改革与建设教师教育课程，提高师范生乡村从教能力

培养“什么样的人”须通过学“什么样的课程”来实现。地方师范院校应从乡村教师需求侧来加强教师教育课程建设和改革，在国家标准教师教育课程体系的基础上，纳入适于乡村教育教学，关注乡村情境文化及生态环境特色的“涉农”课程。

研究表明，开设关于农村的课程，帮助学生更多地了解农村，可以调动师范生去农村工作的积极性。事实上，缺少关于农村的知识，没有接触过乡村文化，无农村生活力的师范生，一旦下到乡村，就会面临强烈的“文化冲击”以及专业理想与现实遭遇不一致的冲突，若不能适应，将选择离开乡村。乡村教师下得去、教得好、留得住，一般是建立在职前对农村知识与文化充分了解，具备农村生活力的基础之上的。

地方师范院校应开展乡村教师专业化课程研究，走进乡村生活，关注乡村教师实际，建设相关有利于学生农村生活力形成的农村和乡土课程群，并将其纳入教师教育课程体系。一是有关农村的理论性课程。如农村社会学、农村教育学、地方文化学及相关的地方性知识和农业生产的专题。师范生通过学习，掌握和了解关于农村和本土文化等方面的知识，了解中国农村，了解将要从教之乡村，并内化为科学合理的农村观和积极的乡土情感，正确认识乡村教育在振兴乡村社会中的意义和价值。二是关于乡村教育教学能力课程。如乡村课堂微格训练、乡村教师职业技能训练、包班和复式教学技能、乡村学习课堂案例分析，及乡村学校校本资源开发与利用、乡村学校班主任工作、留守儿童教育与管理、乡村学校综合实践活动设计与实施、乡村寄宿制学校管理等课程和专题。师范生借此形成乡村教学技能和教育管理能力。三是乡村教育实践课程。如乡村学校见习、实习、研习和社会实践等课程。实践课程要保证四年不断线，师范生能循序渐进，由边缘性触及到全方位参

与，逐步深入乡村学校真实教学和管理情境，接近亲近乡村儿童，体验体会乡村教学，了解理解乡村文化。在开发和建设涉农课程的同时，加强相关教材及教学资源建设，理论与实践相结合探索教学方法，注重体验认知和案例教学，强调课程服务性学习，使课程学习始终对接于乡村教育的现实及需求，契合对未来乡村教师的要求。

（四）形塑乡村正面意象，养成师范生乡村教育情感和职业认同

乡土情感、职业认同对乡村教师下得去、留得住、教得好具有支柱意义。对师范生来说，二者则起着未来指向作用，驱动未来教师“为教而学”，为成师而准备，并在毕业时择业乡村教师。地方师范院校应在乡村正面意象的形塑和师范文化建设上发力，通过文化熏陶和氛围影响，培养师范生乡村教育情感和职业认同。

形塑乡村和乡村教师正面意象。乡村是地域范畴和文化符号的集合，乡村教育既是空间和时间概念，更是意义和价值的存在。师范生接受和认同它们，在于赋予二者积极意义。在“城优于乡”的语境中，乡村成为“贫穷”“愚昧”“落后”等的代名词，乡村教师被贴上“低素质”“低地位”“低收入”的污名标签，如此，师范生很难为之赋予积极意义。因而，师范院校应形塑和建构关于乡村、乡村教师的正面想象。要引导师范生正面认知乡村社会和乡村教育，树立服务乡村的责任担当意识。加强师范生职业规划引导，开展任教乡村的职业理想导向教育。发挥优秀乡村的榜样作用，请进校园以讲座或座谈方式，展现乡村教师的风采。选择乡土文化中的积极因素，以及乡村形象的美好一面加以大力宣传，通过展览、征文、演讲、参观、访问等活动，向师范生展示乡村之美、乡民之淳、乡情之浓、乡校之宁，唤起其乡土情感，激起其对乡村和乡村教育的热爱与向往。

校园文化突出师范性。师范院校校园文化应以师范性为导向，以教师素养养成为目的，紧扣教师职业特点，开展与教师专业发展密切联系的系列活动，打造凸显师范性质和特色的品牌。具体到与乡村教师培养有关的校园活动，可举办未来乡村教师技能和才艺大赛；开展支教、帮扶乡村儿童活动，

以及假期返乡体验，了解和感受乡村教育和乡村文化生态的活动；实施以感恩乡村为主题的实地调研，促使师范生树立回归乡村、支援乡村的从教理念和反哺意识，等等。师范院校还要加强师范性文化对男性师范生的熏陶，通过潜移默化的专业思想教育，帮助其克服各种传统文化中负面因素的消极影响，树立起立志教育事业的信念和情操。

乡村教师队伍建设是一个长期的系统工程。本书主要是从地方师范院校职前教育的角度，探讨乡村教师供给侧改革。相信在大力推进“新师范”背景下，乡村教师职前教育将迎来一个前所未有的新局面，乡村教师队伍建设也将被提升到一个新的高度。

第二节　消弭师范生教育实习风险

师范生是明日之师，实践取向的职前教师教育中，教育实习作为培养师范生实践能力的重要途径，正得到空前重视和强化。一些新的教育实习模式如顶岗实习、支教实习、置换实习的不断出现，使教育实习的时间得到极大延长。但模式的改革和时间的延长只是“让师范生较有可能朝向与教育经验对话的一个必要条件”，而非充分条件，“充分的条件存乎实务经验的呈现形式或从这种形式中彰显出来的经验的‘质’”。① 教育实习本身所具有的相对于其他教学环节更复杂、影响因素更多的特性，要求对其须更科学合理地安排、实施，否则将带来某些不利于职前教师成长的风险，致使职前教师教育的效果减弱，甚至无效或产生负效应。

---

① 王秋绒. 教师专业社会化理论在教育实习设计上的蕴义［M］. 台北：师大书苑有限公司，1991.

一、师范生教育实习的风险和风险源

教育实习的风险指的是教育实习既可能达到培养职前教师实践能力的目的，也可能会对职前教师的专业发展起到阻碍作用，即是说教育实习可能成为一把双刃剑：师范生在其中既可以“学好”，也可以“学坏”。教育实习的风险源主要是其本身所内含的特性。作为教师教育的一个实践教学环节，或者说一种实践课程，教育实习在教学内容、时空环境、师资配置、学生角色、实施过程、教学监控和效果评价上相对于其他教学环节和课程更复杂，相关影响因素也更多，风险也随之产生。

（一）“现实冲击”往往导致师范生专业认同感减低

“现实冲击”是组织行为学中的一个概念或一种现象，指的是指个体在进入某个组织之前建立的期望与成为该组织一员的个体感受之间的差距。有时也称为“现实震撼”。

“现实冲击”是师范生教育实习中常见的“棘手问题”。教育实习是师范生从学生身份向教师身份转化的开始，也是其从“象牙塔”走向教师职场的尝试。尽管之前的学习，使其具备了一定的职业素养，但在校学习时都是从“应然”的角度来认识理解教师和教学，那是一种理想化状态的教师和教学。而教育实习，面对的是现实情境中的教师和教学，难以与理想中的教师和教学完全契合。“理想是美好的，现实是骨感的。”当师范生进入实习学校，其“应该如此为师”的信念，与“就是如此为师”的现实会形成强烈反差与对比。且师范生所拥有的有关教师和教学的知识都是以学生的角色和身份建构的，而现在却要以教师的角色和身份在实习中正确运用，这的确会让其一时难以适应。理想和现实的落差，理论与实践的距离，学生时代所构建的图式与自己从教时所面临的实际之间的矛盾，就导致了师范生教育实习中“现实冲击”的出现。

师范生教育实习中“现实冲击”的内容广泛，以如下五方面为主。一是专业认同。如原先认为教师是种专业，而实习时发现教师很多时候不过是“谋生的职业”。二是学校环境。即期望中的学校各方面与现实有差距。如原先认为学校是块“净土”，岂料学校也可能“不干净”。三是专业能力。即对自我能力的估计与实际表现不符，或是与实践要求存在距离。如原先认为自己大学生教小学生是“小菜一碟”，哪知却是难啃的“硬骨头”。四是学生现状。即对学生的认识和期望与实际不符。如过去认为中小学生单纯可爱，现在才知他们也会“很不听话”。五是理论运用。即学非所用，大学学的东西在实习中用不上，或不知如何用上，或理论与实践“不对接”，甚至矛盾。

教育实习中师范生的“现实冲击”心理有导致其教师专业认同感丧失的风险。维曼在经过长期而大量的实证研究之后，这样来论述师范生实习中的“现实冲击”：“严酷和粗鲁的现实课堂生活使教师培训中形成的教育理想崩溃”，这样的过程是戏剧性甚至是创伤性的，而且这并非是一种短暂的阵痛。① 师范生在教育实习中产生“现实冲击”带来的后果，短期的将是出现身心上的不适应，情绪的波动；被迫屈从于现实而放弃自己的教学理念，改变自己的教学行为；丧失自信与自尊，有无力感。长远的影响将是导致职业承诺和职业自我效能感的降低，专业认同感丧失，放弃教师职业，“未教先怠”。有研究表明师范生的职业承诺和职业自我效能感在教育实习前后会发生重大冲突和转变，无教育实习经历的学生，其对教师职业的认同度高于有过教育实习经历的学生。② 还有实证表明，有近两成的师范生在实习后对自己的从教选择、现实教育生活中教师们的专业精神以及师德修养产生怀疑，教师理想形象有整体性动摇之忧。③

① Simon Veenman. Perceived Problems of Beginning Teachers [J]. Review of Educational Research，1984，54（2）：143－178.

② 张晓辉，邱意淳，赵宏玉等. 教育实习对师范生职业发展的影响：基于典型个案的质性研究 [J]. 教师教育研究，2015（11）.

③ 刘华. 实习教师专业发展深层次问题探析：兼论教师教育课程改革措施 [J]. 教育发展研究，2012（15/16）.

（二）“边缘性参与”使师范生易受到学校消极文化的不良影响

师范生的教育实习是一种情景性、实践性学习。“合法的边缘性参与”是实践性学习的主要途径。事实上，实习中师范生就是以“合法的边缘性参与”的方式介入实习学校的教学与管理。“合法的边缘性参与”是指这样一个事实：即实习教师非正式教师，其不可能完全地参与实习学校的所有活动，而只能作为部分活动的参与者。“合法”指的是在参与教育教学活动时，实习教师的“教师”身份得到接纳和尊重；“边缘”指的是实习教师与作为充分参与者的正式教师要求相比，赋权很小，甚至没有，在准时、努力、责任和工作量等方面的要求低；“参与”即是实习学校对实习教师实践的营养供给和实习教师的主观能动发挥，后者表现为主动甄选前者的供给而学习。

人类学的情景学习理论表明，合法的边缘性参与所获得的不仅是知识和技能，更重要的是群体文化和习惯的吸收。每个学校都有自己的文化，某种程度上，学校文化可被认为是学校群体的行为、制度、规范、礼仪和愿景，以及群体所认同的潜规则、潜意识和潜假设的价值系统。学校文化是“一条活动着情感、社会习俗和群体行为的河流，永远不断地在学校内部流动着”①，它能够浸润入学校的每个方面，潜移默化地同化这个学校中的所有成员。既然是价值系统，学校文化就存在积极和消极，先进和落后之分。

师范生在进入实习学校前就常被告诫，要“遵守实习学校的规章制度”，“服从实习学校指导教师的安排”，很多师范院校把这两条作为“铁律”。事实上，师范生和高师院校要获得实习学校的接纳，也必须如此。尽管师范生是以一种“合法”的身份进入实习学校，但现实中“边缘性”的地位，使得他们在实习学校的科层体制中，“充其量只是一个社会傀儡，实习所得完全复制原有规范”②，他们不能“擅自主张”，必须“入乡随俗”，顺从和适应实习学

① 谢翌，马云鹏. 重建学校文化：优质学校建构的主要任务［J］. 华东师范大学学报（教育科学版），2005（1）.

② K. M. Zeicher. Myths and Realities：Field-based Experience in Pre-service Teacher Education［R］. A Paper Presented at the Meeting of the Midwestern and Wisconsin Education Research Association，Milwaukee，1979. 9.

校的规范和习俗。所谓的参与，实质上是“按学校意志去做事”。例如，在一所“应试文化”浓厚的实习学校，它是难以容许实习生实行自己的“素质教育”理念的；而在一所高度行政化的学校，教师之间难以形成民主、合作的共同体，实习生往往会被指导教师控制和支配。师范生怀揣满腔热情、无限憧憬和美好理想来到实习学校，但最终其理想可能会在实习学校的消极文化面前，要么破灭，要么被同化。

对于师范生来说，了解和体验实习学校的文化，本是教育实习的目标和内容之一，如果实习学校的文化是积极的、进步的，对他们的专业社会化无疑会注入“正能量”，不无裨益。我们当然希望每所学校的文化都是积极和先进的，但现实却未必如此。如果是不良的甚至是消极而落后的学校文化，那给师范生专业成长带来的将是起阻碍作用的“负能量”。众多的研究表明，在教育实习期间，师范生除了可能习得教育实习课程中的预期内容外，更有可能在实习学校学到大学教师教育者不希望他们学习的教学态度或行为，也即“学坏”了。这就是实习学校消极文化的同化作用。著者在长期的实习带队中就发现，某实习学校“派性主义文化”盛行，教师“互立山头”“站队竞争”，结果实习教师中也闹不团结、闹派别。有学者通过对众多师范生实习日记的分析，发现实习学校中消极的“圈子文化”和“考试文化”对师范生专业发展起反作用。① 一项对“顶岗支教”实习生的调查研究认为，如果师范生在一所学校的实习时间超过半年，“他的思想和观念就会退化很多”，在教学方面的创新意识会萎缩。② 显然，这些都是消极而落后的学校文化对师范生负面影响的结果。

（三）“有限情境”造成师范生只能对狭隘经验简单复制

如果说，师范生教育实习之前对各种如何为师的学习只是纸上谈兵，那么教育实习就为其提供了一个真实的学习情境，是一次实战练兵，有助于师

---

① 范兆雄. 高师实习生的文化灵性分析 [J]. 课程·教材·教法，2014 (4).

② 白娴棠. 教育改革背景下的顶岗支教实习模式存在的问题：基于山西师范大学支教学生的视角 [J]. 现代中小学教育，2012 (5).

范生在真实专业情境中建构专业知识，发展专业实践能力。受现实各种因素和条件制约，一般来讲，师范生的教育实习，往往是选定一所实习学校、确定一个班级、跟随一位指导教师（多是这个班级的某学科教师或班主任）进行一定时间的教学和班主任实习。这样的方式有其好处，那就是便于大学和实习学校对师范生的管理，也能使师范生的实习工作具体明确，循章而行。但其局限也是明显的，那就是这样的学习情境尽管是真实而且专业的，但只能固定在一个班级中，面对的是有限的学习对象和时空，因而依然单一、刻板而孤立，是“一间教室”的实习，而非整所学校的实习；是面对特定学生的实习，而非面对不同教学对象的实习。而有限的学习情境，使师范生对教学的认识和实践能力的获得局限于某些或某种特定情境，无法拥有更具普遍性和迁移性的实践能力。

对于师范生这种固定在一个班级和一个指导教师上的实习方式，古德莱德提出了批评，他认为这种每个教室配备一位师范生和一位现场指导教师的实习模式是“一种具有严重缺陷的模式”，“无法培养未来的教师成为整个学校的职员”。① 师范生被一次性地分配给实习学校的某一指导教师，并随之在其任教的固定班级中进行实习，就会出现实习生在“同一间教室”学习教学和管理的局面。此时，“这间教室”“这个班级”就成为演练或者验证师范生教学技能和方法的训练场，他们在实习期间只能在同一种教学环境下重复同样的工作，而不能对复杂而多样化的教学情境或环境做出随机的判断、应对。这样一来，师范生虽然从大学“学”的教室走入了中小学“教”的教室，从虚无的教学场景走进了真实的教学天地，但这片天地还只是“坐井观天”中的小天地，他们对教育教学的理解和体认囿于一个班级的教育教学的情况，片面、有限，还可能肤浅。而且“一间教室”内的实习，师范生容易产生困惑和焦虑感，因为他们对未来即将面对的不可预知的全新的复杂的大片天地毫无把握，无法“在适当的地点”“适当的时间”“以适当的方式判断并做适

---

① 杨秀玉．教师教育实习的局限性研究：以西方学者的观点为中心［J］．外国教育研究，2013（11）．

当的事情”。①

国外学者的研究表明，在有限的情境下进行的教育实习，还可能会导致不良的结果。一是，师范生实习之初对班级投入的责任感会迅速地转变为权威性、控制性，很少会顾及学生的想法；二是，师范生很快地模仿和沿袭指导教师的教学管理模式，而缺少创意；三是，师范生会因为对待学生的问题，以及与指导教师理念的差异而焦虑，甚而引发冲突。②

（四）“基于学校”的实习有可能降低教师教育的专业性

发生教学的地方是学校。师范院校的目标是把师范生培养为合格的中小学教师。因此，把师范生的教育实习安排在中小学，把指导师范生实习的任务部分交给中小学一线教师，即“基于学校”的教育实习，这是必然而且必需的。在当前的现实中，“基于学校”的教育实习愈来愈得到强化，例如各种“U—S”“U—G—S”合作成为热门。“顶岗实习”成为师范生最主要和常见实习模式，很多还没有修完相关专业课程的师范生，在没有获得教师资格证的情况下，在大三时就被送到中小学作为正式教师顶岗使用。另外“学徒制”式的实习方式也非常盛行。高师院校延聘和吸收大量中小学一线教师作为师范生的指导教师，参与教师培养。

教育实习基于学校有其必要性，但同时也存在着局限。一是中小学教师作为教师教育者的资质很难保证。对他们作为教师教育者的资格如何确认，以及教师教育理念能否保证符合教师培养的要求，这些都需要打上问号。何况，中小学指导教师的实践性知识未必就是合理的、有效的。师范生以学徒的身份长期追随某一位教师，难免成为其“师傅”的克隆体或复制品，囿于经验模仿甚而模式僵化，而失去专业个性和创造力。事实上，此般问题和现象在初任教师的“师徒制”上就已体现出来。杜威就认为，学徒式从最佳做

---

① 麦金太尔. 追寻美德：道德理论研究［M］. 宋英杰，译. 南京：译林出版社，2008.

② Sinclair，K. E. &Nicoll，V. The sources and experience of anxiety in practice teaching［R］. Paper presented at the South Pacific Association for Teacher Education Conference，Sydney 1980. 1.

法的示范和练习中学习，注重照搬和模仿以往的经验和传统的做法，因而它是狭隘的、特殊的，受地点和环境的局限。① 二是大学教师教育者的专业性作用难以发挥。由于大学和中小学培养目标与管理体制的差异，大学教师和中小学教师在专长上有差异。高校教师教育者以学术和理论研究见长，而中小学教师以教学技能和经验为重。由于师范生长期在中小学实习，中小学对于其校内的教学管理是“我的地盘我做主”，而大学教师教育者受各种因素限制，又不可能与师范生一起长驻中小学。如此，即使中小学教师在指导师范生的过程中出现错误，大学教师也无法进行纠正和理论辨析。而缺少理论的关照，师范生教育实习就有可能矮化为技艺化的练习。杜威就曾告诫：在专业发展过程中，过度强调实际经验，可能会引起实习教师无疑问地接受辅导教师之技巧而不探究反省。② 事实也如此。目前一个普遍的现象是，师范生“在实习中遇到问题时，通常是求助于一线的教师而不是用专业理论去思考问题”。有研究者在很自然的情境中对刚刚结束教育实习的师范生进行访谈，问及“实习中，当遇到教育教学问题时，是否自觉地寻求教育理论的帮助”时，回答“是”的学生几乎没有。③“他们找到的出路有时甚至是使用自己在中小学读书时老师们所常用的教育教学方式。”④

技艺化的教育实习并不意味着师范生能由此得到专业成长。我们将视野拓宽到整个教师队伍，就会发现一个事实：很多正式教师一直在“做教师”，一直在“教学”，而且是在学校组织中极充裕地“做”和“教”，其经验和技艺似乎并不缺乏，但并不是所有的教师都能快速、真正，乃至终身成长，他们当中甚至很多在“实践”中陷入了职业倦怠的泥潭而止步不前。另外，教师培养大学化本是人类教育发展到一定阶段的必然，是对早期传统的“技艺化”教师培养方式的扬弃。大学以自身学术实力和人文积淀，以及理论研究上的优势，为师资培养奠定专业知识基础。实习场所和指导力量过度下移，

---

① 李·S. 舒尔曼. 理论、实践与教育的专业化 [J]. 王幼真，刘捷，编译. 比较教育研究，1999 (3).

② 罗纶新. 教育实习理论与实务之探讨 [J]. 教育科学期刊，2002 (2).

③ 刘旭. 论教师专业实践品性 [J]. 教育研究，2009 (2).

④ 杨燕燕. 论教师职前实践教学的取向转换 [J]. 教育研究，2012 (5).

师范生在中小学长时间地实习，则教师教育有重走传统的“技艺化”教师培养之路之虞，大学在教师教育中的功能和作用，如学术品格的培养和塑造等也有被边缘化的可能。抛弃大学在教师培养中的学术专业性，而过度关注技能和经验，大学将沦为职业培训机构，教师教育将不再是“教育”而是“训练”或“培训”。再进一步讲，如果教育实习就是师范生在中小学教学获得经验和技艺，那么只需将他们直接放到正式的教学岗位磨练即可，没有必要再由大学进行职前教师教育。

二、师范生教育实习风险的规避

教育实习存在风险，并不是就要弱化或放弃这种职前教师最主要的实践方式。相反，我们还必须进一步强化教育实习，并通过改革来完善教育实习，规避其风险。从理想的角度说，教育实习的完善要依赖整个教师教育体制的变革，那涉及的面很广，不是我们所能解决的。本书所谈及的改善教育实习，规避其风险的策略，只从当前师范院校的教育实习安排部署、组织实施本身进行探讨。

（一）提供多样性实习教学情境

通过对教育实习时空上的调整和部署，为师范生提供多样性的情境，分散性获取教师和教学经验，克服教育实习情境单一的局限，实现“能适应多种情境”的教育实习。

教育实习时间和地点的分散性与多样性。教育实习时间相对分散，无需一定要集中在某个时段。在大学四年期间，不同年级都可安排师范生进入中小学实习，而且要保证四年不断线。大学低年级以“体验性”实习为主，高年级以教学实践为主，实现师范生在中小学实习中对经验的获取是多次性，而非一次性的，实践机会既非集中但又连贯，分布在整个职前教育阶段的不同时期。实习时间的分散，师范生能在职前教育初期就接触学校的现场教学，获得直观而具体的教学经验，对未来的职业及职业环境有初步了解，在学做教师之初就将经验获取与理论学习融通。由于学校体验始终贯穿职前教育期间，师范生在教育实习中的现实冲击或可减少和避免。结合实习时间的分散性安排，对实习学校的安排应尽量顾及多区域、多类型、多层次性，而不是唯一和固定的。以此使师范生能面向不同年龄段、不同区域、不同层次的学生进行教学，体验教学对象与教学情境的多样性与复杂性，提升对不同情境教学问题的把握能力。即便在一所学校中的实习，也应让师范生参与到对整个学校教育教学工作的体验中去，而不是只固定于一个班。

教育实习任务和程序的全面性和渐进性。师范生教育实习的任务不能仅限于教学和班主任工作，实习生应作为学校组织的正式一员，参加各种活动，"体验教师角色的全部内涵"。教育调查、教学研究、教师合作、组织课外活动、协助进行学校管理、与社区和家长互动等社会活动也应成为实习的任务要求。实施实习的程序可由浅入深、循序渐进。如先是一般性的参观、考察或访谈，再针对具体教育教学问题进行有目的小范围的探究，之后再是全面的学校教育实践的展开。在渐进的实践过程中师范生不断由职场的"边缘"向"核心"深入发展，在逐步获取全面经验的过程中发现并聚焦于特定的问题，从而在整个实习过程中获得有效的学习。

有条件的话可实行"临床式"的实习。一些发达国家的教师教育就实行这种"能适应多种情境"的实习。如荷兰乌特勒支大学的"现实主义"教育实习项目硕士层次的教育实习，要求职前教师半年变换一个实习学校，以开拓其面对现实教育的视野，获取更广泛和迁移性的知识。加拿大奥尔伯塔大学学年教育实习以及英国职前教师的教育实习，实习教师都是对不同年级和班级进行教学、管理，形成"有整个学校的体验"。①

"能适应多种情境"的教育实习还需注重实习前在虚拟性教学情境中的练习。不确定性情境中的学习需要以在安全、稳定的情境中的学习为基础，在进入实习学校正式教学前，师范生在大学应进行虚拟情境中的模拟实习、角色扮演，为真实多样性情境中的教育实习打好基础。通过对教与学的过程的

① 杨秀玉．教师教育实习的局限性研究：以西方学者的观点为中心［J］．外国教育研究，2013（11）．

分解与演练，实现对每一教学过程与技能的有效把握，减少在学校实习中的失误，最大限度地降低实习教学对学生造成的不良影响，也避免师范生突然进入真实的教育教学情境而受到错误格式塔的影响，产生胜任力方面的现实冲击。这也是“基于学校”实习与“基于大学”实习的互补。

（二）强化师范生的反思性实践

教师教育理论与实践证明，教师的反思是推动其专业发展的重要力量。反思也是师范生教育实习能够真正取得效果的重要手段。“通过学习如何反思，实习教师可以发展一种成长的能力。换句话说，实习教师可以借此成为自我引导的学习者。”① 缺少反思的实习，“就算师范生花再多的时间在学校，高质量的学习经验也是不会自动产生的”②。师范生“进入实习，关注的中心是‘教什么’和‘如何教’”，通过反思，他们的视域自然打开，“从知道‘怎样教’到‘理解’教学，结果是概念的发展。反思成为在这个领域解决问题的综合知识的工具，于是出现对学术知识和实践经验的贯通理解”。③ 因此，师范生有效的反思能够深刻而合理地理解实习中的教育事件和问题，辩证而批判性地对待指导教师的指导，以及实习学校的文化，从而规避狭隘经验简单复制以及学校消极文化负面影响的风险，提高教育实习的专业品性。

明确实习反思的任务和要求。在教育实习中应向师范生阐述反思的意义，明确反思的目标和内容，以及具体的任务要求。编撰诸如“教育实习反思指南”等资料，提供反思框架和建议；规定完成一定数量和质量的专业反思记录（包括撰写反思日记或周记）；建立网络系统，支持和促进师范生与实习小组伙伴及指导教师们进行合作反思。要求师范生以写作来记录和展现真实经

---

① Fred A. J. Konhagen，Jos Kessels，Bob Koster，Bram Lagerwerf，Theo Wubbels. Linking Practice and Theory-the Pedagogy of Realistic Teacher Education [M]. Mahwah：Lawrence Erlbaum Associates，Publisher，2001. 49.

② Keith Swanwick. The Necessity of Teacher Education. In Norman J. Graves. Initial Teacher Education：Policies and Progress [M]. London：Kogan Page，1990：97.

③ Ottesen E. Reflection in Teacher Education [J]. Reflective Practice，2007，8 (1)：31—46.

历的教育生活，以团队交流、讨论等教研活动来敞开自己对教育教学事件、问题及认识，以及自我对此的困惑与分析，理性审视自己的教师工作。

提供实习反思的技术指导。在师范生进行教育实习前，可开设相关课程，指导其反思的策略、方法以及利用反思工具。实习中，指导教师以理论转化为实践的明晰范例（如案例、叙事、日志、自传、专业教学档案袋等）示范反思性实践；指导师范生搜集、整理和留存音像文档等各种“实习档案袋资料”，撰写反思日志、课例分析、个人总结及研究报告等反思性教研文章；指导实习生开展小组讨论、集体观课备课听课评课等。督促和反馈师范生的反思活动，引导其在分析、解决教育教学问题的过程中审视并检讨自己的教育教学理念乃至学校教育的社会文化情境，促进其技术性、实践性、批判性反思能力的发展及教育实践智慧的生长，以建构良好的专业素养。

在实习中“嵌入”理论。教育实习不是简单的技能训练，而是在真实教育情境中浸润着教育专业理论知识、批判性反思，形成教学实践能力的过程。在师范生的实习中，教育理论必须到场。可通过定期开展理论性的研讨活动，将理论“嵌入”到教育实习中。活动可在实习学校，也可回大学进行。发挥大学指导教师理论的专长，引导师范生正确和更为深入地理解教育实习中的各种现象和问题，廓清认识，释疑解惑，以教育理论的嵌入，帮助师范生在实习中生成性地学习，理论实践结合建构起实践性知识。正如日本教师教育课程开发专家岩田康之所强调：师范生必须实际接触教育现场的经验，但即使接触的机会再多，若未将现场的课题与大学进行的研究相互联系起来进行观察，也是难以形成解决现实教育问题的能力的。① 师范生教育实习的组织需要以教育现场的学习及对其的思考为轴心。

实行“档案袋”评价方式。“档案袋”评价能将所有证明师范生实习表现的材料归类集中，相对于只是以实习鉴定表打分的评价方法，更为综合和合理。实习档案袋材料应多样而全面，如：课程教学计划，学生的作业、测验，教学或班工作影像，师范生的日志叙事、教学后记、反思记录，指导教师的记录评语和建议意见，同伴的建议和意见，学生的评价和反馈等。实习“档

① 杨燕燕．论教师职前实践教学的取向转换［J］．教育研究，2012（5）．

案袋”评价，对师范生表现的评价不再局限于指导教师“一己之见”的最终结论，师范生本人及同伴都能发出自己的声音。“档案袋”所呈现的依据足以见证师范生实习成功与喜悦、汗水和艰辛的经历和进步过程，也能促使评价主体在实习中等待一定的时间来理解这些进步。同时，师范生充实完善“档案袋”的过程与“档案袋”本身同样重要，因为它既是强化师范生实践反思的途径，也是师范生在实践中学习的方式。

对教育实习的反思还应延伸至实习之后。实习的结束，并非学习和反思的终结。师范生还应带着从实践一线而来的经验、困惑和疑难继续努力实现实践与理论的融合，“增添自我对实践的理性反思和批判意识，扩大自我的教育视野和理论胸怀”。指导教师也应继续提供资源、提示线索，促进师范生对理论与实践“互嵌”关系的体认，将其经验性实践提升为专业性实践，降低实习“技艺化”的风险。

（三）提高指导教师的质量和指导能力

费曼南瑟认为教育实习中师范生指导工作失败的原因通常是指导教师的培训工作做得不够充分。① 这里面实际上包含着两层意思：一是作为师范生教育经历中的重要他人，指导教师在其实习中具有举足轻重的作用；二是对指导教师进行教师培训，保证指导教师的质量，对师范生教育实习的成功相当重要。因此，加强指导教师队伍建设与管理的科学化、规范化、制度化，提高其指导的能力，对于规避风险，具有重要意义。

建立指导教师遴选制度。改变以往教师自愿报名，或由学校指定的指导教师配备模式，尝试建立实习指导教师遴选制度。师范院校可以根据实际情况，设定科学、合理的指导教师任职资格标准，规范选拔程序。可建立实习指导教师个人档案制，这有利于师范院校和师范生了解指导教师教育教学观念、指导方法和风格，为师资配备提供参考；档案也能够体现出指导教师的专业水平、指导能力，促进其专业发展。

---

① Feiman-Nemser，S. Helping novices learn to teach Lessons from an exemplary support teacher［J］. Journal of Teacher Education，2001（1）：17—30.

明确指导教师职责，强化考核和评价机制。国内外研究表明，指导教师指导工作明确、职责清晰，有助于师范生的教学实践体验，以及指导教师自身专业技能的提高。① 师范院校和实习学校应全面调研、多方论证，共同制订详实而明确的实习教师指导工作内容，在此基础上建立起科学合理的评价考核制度。评价考核要突出互评性，也就是要强调师范生对实习指导教师在专业知识、教学技能、指导方法、工作态度等方面的评价，评价结果应存于指导教师个人档案。可把多年不同届别的学生评价意见作为指导教师的综合考核依据，并作为遴选的条件之一。在评价中也应体现出一定的针对性，例如可以通过选择性激励，鼓励大学指导教师常驻实习学校，加强与实习学校的联系。

构建新的指导教师与实习教师的关系。指导教师的角色和身份对于师范生实践知识的建构，以及实习期间的心理反应极度相关。把指导教师和师范生之间简单地定为“师傅”和“徒弟”的角色关系存在相当多的弊端，例如指导教师对实习教师的控制，实习教师只是对指导教师的模仿、传承、接受等。而指导教师与实习教师之间也是一种封闭、竞争的关系。实习教师与指导教师应转换角色。帕杰克指出，如果要达到理想的教学指导效果，指导教师同实习教师呈现的角色应该具有相似性。② 因此，指导教师和实习教师相互之间应建构起“同事性关系”。“同事性关系”促使指导教师、实习教师不再自我封闭，而是对话与交流，反思与包容，形成一个相互启发、相互激励、相互尊重的合作氛围。每个教师（包括指导教师、实习教师）作为完全的参与者珍视和反思自己和其他同事由经验体验发展而来的意义理解，并基于个人感知经验、体验想象的局限与他人进行对话，尝试理解教育教学的复杂性与整体性，从而“穿透个人主义的围墙”。

加强对指导教师的培训。西方国家教师教育中的导师制度要求指导教师

---

① 孙曼丽，洪明. 如何造就实习指导者：美国新教师入职指导教师培训制度述评[J]. 教师教育研究，2016（1）.

② Edward Pajak. Honoring diverse teaching styles guide for supervisors [R]. Association for Supervision and Curriculum Development，2003：57.

必须经过专门培训，以确保有效指导。师范院校有必要加强与实习学校的联系，实施指导教师培训项目。培训内容既主要针对师范生教育实习的目的，也要同指导教师的专业发展需求联系起来。特别要将指导教师如何反思，如何多元化、个性化指导师范生作为培训重点。帕杰克将实习指导模式归纳为四大类，即原创性模式、人文指导模式、技术指导模式和发展反思模式，① 其中原创指导模式是当前实习指导中最为缺乏的，因此难以培养实习生个性化的教学风格。培训方式要多样化，防止眼高手低。可根据指导教师个人档案，请优秀指导教师言传身教。

（四）师范院校和实习学校共建“文化融合型”共同体

师范生教育实习必定要回到中小学，但是正如前述，并非任何一所中小学都适宜师范生实习，也并非在任何一所中小学的实习都能促进师范生实践能力的提升。“基于学校”的实习局限和因此带来的风险，要求师范院校重视实习学校的选择，并与之建立新型关系。

注重实习学校的选择。古德莱德认为“大学若想培养出更好的教师，就必须将模范中小学作为实践的场所”。美国教师专业发展学校（PDS）的实践也证明“如果没有优秀的中小学安排师范生进行见习与实习，教师教育就不可能是优秀的”②。因此，师范院校应加强对教育实习合作学校的选择。一般来讲，“模范”或“优秀”学校应具有以下特征：学校文化先进而健康，充满活力和生机；学校愿意并重视教育实习工作，有着与师范院校合作培养教师的责任；教学质量好，教学理念和模式能够与课程改革的方向一致；指导实习的师资力量强，资源丰富；有教育教学改革的意愿与行动；不存在安全隐患。美国大学的教育学院在选择作为伙伴学校的“PDS”时就相当严格，要求学校服务于不同学生群体，向学生展示有效的教学与学习活动，致力于追

---

① Edward Pajak. Honoring diverse teaching styles guide for supervisors [R]. Association for Supervision and Curriculum Development，2003：57.

② 丁邦平. 论美国教师教育的改革与创新：教师专业发展学校及其对我们的启示[J]. 首都师范大学学报（社会科学版），2001（2）.

求卓越和平等的教学与学校改革，成功地达成了国家学业标准，对教师的专业发展实践负有责任等。① 这对我们应有启示。

师范院校与实习学校共建“文化融合型”共同体。一般认为大学与中小学合作存在三种类型：利益联合型、智慧补合型、文化融合型。这三种不同类型在合作动机、地位认知、身份界定、角色关系、关注重心、行动过程、力量投入、自身体验及评价内容等方面均存有重要区别。② 当前的师范院校与实习学校的合作大多是利益联合型，部分是智慧互补性，很少是文化融合型。师范院校重视和长于学术研究，核心文化因子是理论性和研究性；中小学强调和强于日常经验和实践智慧，文化根子是实践性和日常性。因此，只是利益的合作或是智慧的互补，还不足以弥合二者之间的文化冲突，当师范生长期在中小学实习，自然极有可能演变成狭隘经验的简单模仿和陈旧观念的移植，导致其实践的专业性降低。共建文化融合型共同体就成为规避这种风险的最好的途径。师范院校与实习学校经过文化碰撞、交流，相互影响，最终创生出能够高效率推动双方合作、高质量促进双方发展的新文化，能保证双方在相互依存和尊重的基础上共同探索、创新和发展。达至文化融合境界的师范院校与中小学是谁也离不开谁的共生性依伴。所以，对师范院校来说，与实习学校走向深度合作和文化融合，是一个重要的课题。只有双方文化融合，师范生的教育实习才能克服其局限，规避其风险，教育实习质量才能有保障，达到真正促进明日之师专业发展的目的。

---

①　胡惠闵，汪明帅．美国教师专业发展学校与教育实习改革的经验与启示［J］．全球教育展望，2011（7）．

②　吴康宁．从利益联合到文化融合：走向大学与中小学的深度合作［J］．南京师大学报（社会科学版），2010（3）．

第三节　观照职前教师生命成长

教育是生命影响生命的活动，它始于生命，达于灵魂。教育的原点和宗旨是“润泽生命，成就生命”。要完成这一使命，教育者必须具备完整而完善的生命情怀。教师的专业发展，在一定意义上也即教师生命情怀的发展。因为它在很大程度上反映了教师对其自身发展和对其所从事的专业所具有的生命意趣、生命体认、生命把握，决定了其在专业领域内的发展和所能达到或形成的生命气象、生命况味、生命格局。教师教育是指向教师并致力于提升教师的教育。裨益于教师的生命成长并切实赋予教师之作为人的生命关怀，是教师教育的终极价值与根本指向。从生命视角彰显富于人性的教育关怀，是教师教育的责任担负与价值承担。高师是教师教育的重要机构，课程是实现教育教学的基础，师范生是明日之教师，因此高等师范院校教育类课程，应以“人本”作为课程的核心价值取向，强化教师生命教育，弘扬人的主体精神，把关注师范生的生命成长、精神品格提升作为自己的品性和追求。

一、高师教师教育课程忽视师范生生命成长

作为培养教师的核心基础，高师教育类课程应“以人为本”，“正确对待知识、技能、智慧，塑造人完善与自由的心灵”，“关注生命教育，体验生命的深度与理想的高度”①，全面实现其育人价值。审视当前高师教育类课程，忽视学生生命成长的现象依然严重。

---

① 刘启迪. 课程文化：涵义、价值取向与建设策略［J］课程·教材·教法，2005(10).

（一）“结构技术”的课程价值取向

课程价值取向决定了高师教师教育课程的设置。“课程价值就是指课程满足主体一定需要的属性，即是说课程的存在、作用及变化对于一定主体需要及其发展的适合”，课程价值取向“是指在某种价值观的支配下，人们对课程的有意识地选择与取舍”。①课程价值取向的不同不仅会影响人们对课程的整体认识，它对课程开发过程的各个环节如课程目标的确定、课程内容的选择、课程实施以及课程评价等都有着至关重要的作用。一般地，课程价值取向总是在结构技术价值和经验人本价值中取舍。前者关注的是课程能教给受教育者什么知识和技术，后者关注的是课程如何能促进人的发展。教师教育课程的价值取向是结构技术价值还是经验人本价值，又决定于教师教育对于要培养什么样教师的设定以及相应的认识论基础。我国教师教育采用的是一条预成性、技术型的教师成长之路，即一条根据特定教师教育理论和以往成功教师的成长经验所勾画出的、以教师教育课程方式呈现的发展路径，师范生遵循着这条路径而成长为教师并实现专业的发展。师范生被认为只要能够学到知识和技能，就能理所当然地成为一名教师。这样，决定了课程在设计上是以结构技术为取向。

因此，高师教育类课程以实用功利或工具理性为出发，以专业知识和技能为本位，强调理论的绝对性和技能的普适性，着眼于对师范生的“训练”而非“培育”，忽视其作为“人”的整体性和主体性。教师教育的首要任务是使未来教师掌握尽可能多的学科知识，教育类课程的目的是确保未来教师能准确高效地传授中小学教科书所呈现的知识。课程也被分为相应等级，形成一种自上而下的线性关系：“原理”性质的教育类课程居于首要地位；实践环节作为理论的应用，居于教师培养计划的末端；而被看作是理论与实践之间中介环节的学科课程与教学论，则处于中间地位。课程的教学一是以讲授为主的形式向师范生传输抽象的教育理论知识，假定他们在掌握了这些普遍化

① 靳玉乐，杨红．试论传统文化与课程价值取向［J］．西南师范大学学报（哲学社会科学版），1997（6）．

的理论后就能应用于教育教学实践；二是以训练为主的形式对师范生进行行为目标、班级管理、有效教学，以及教学手段等技术性能力的培养，将历史上优秀和骨干教师身上带有经验性、典型性的“技艺”（如教学设计、教材把握、教态教姿、板书设计、普通话、“三字一画”等）赋予一种普遍有效性，将之挖掘出来作为标准，供师范生对照反复训练。教学被视为一门科学，拥有一个实证性的知识框架作为教学实践依赖的基础，教学过程成为一个技术过程。教师的专业性体现为确定性的、技术性的、可操作性的专业知识和技能，专业性的提升就在于知识的增多和技能的不断熟练。① 而高师就是将师范生培养成为技术性职业的执行者——教学技术员。

结构技术价值取向的高师教育类课程，虽然适应现代性的要求，但不符合教育的特性。教育的出发点不是传授知识，而是点化和促进生命。毋庸置疑，教育离不开知识的传授，但这知识应是融入生命的知识，是具有生命建构意义上的知识。教师通过教学传授知识，教学需要技术，但“教师发展，并不仅仅包含技术的维度，如知识与教学技能，而主要是一种道德的和情感的维度”。② 教育是生命影响生命的活动，教师是育人的人，人的整体性、生命性决定了教师的发展必须是整体的发展、生命的发展。“整体的教师不能是一个技师，执行一系列的练习手册或者表演他或她在教师培训项目中学到的笔记。整体教师应该对学生的需要保持强烈的敏感，同时，非常清楚地知道此时、此地世界给予此人的挑战和可能性。”③ 这种“生命的整体性，是指人的生命是多层次、多方面的整合体，生命有多方面的需要：生理的、心理的、社会的、物理的、精神的、行为的、认知的、价值的、信仰的。任何一种活动，人都是以一个完整的生命体的方式参与和投入，而不只是局部的、孤立的、某一方面的参与和投入”。④ 因此，技术不是教师职业实践的根本，不足以作为教师专业化的根据，无法支撑起教师专业化的实践。随着教师专业化

---

① 王艳玲．培养实践反思者的教师教育课程［D］．上海：华东师范大学，2008.

② 姜勇．现象学视野中的教师发展观［J］．全球教育展望，2007（2）.

③ 姜勇．现象学视野中的教师发展观［J］．全球教育展望，2007（2）.

④ 叶澜．时代精神与新教育理想的构建：中国基础教育改革的跨世纪思考［A］．顾明远．素质教育的理论探讨［C］．北京：中国和平出版社．1996.

的进程，教育教学更富挑战性。教师的专业发展，仅仅依靠其事实特性（即事实要求、一般要求）来完成显然是不可能的；教师专业发展必须挖掘教师的自我发展意识，仰仗其价值特性，即在事实特性的基础上，激发教师的内在生命价值和生命的活力，使其把教育活动当作一种事业，一种境界加以追求。教师专业成长必须两种导向相互统一，将教师的生命成长融入专业发展的进程，激发其生命自我价值，撑起和找寻专业发展中生命发展的空间和机会。教师成长不应是技术成长型，而是生命成长型。

（二）教师生命教育内容缺失

高师教育类课程通常包括公共教育理论课（教育学、心理学）、学科课程与教学论，以及一些实践性课程，如见习实习、微格训练、教师职业技能课等。近年来，此类课程有了较大的改革，课程设置数量增多，课程教学内容扩容。有学者对全国主要高师院校教育类课程进行调查后发现，“许多院校在‘老三门’基础上，增加了现代教育技术、教育研究方法、教育心理学、基础教育改革研究、班主任工作和课堂教学技能训练等课程”。① 这些课程应该说涵盖了教师职业素养的方方面面，但是，从教师整体生命发展的结构来说，课程还存在很大的缺陷和不足。

人的完整的生命包括三个层面：自然生命、社会生命、精神生命。自然生命即身体的生命，是人之生命的根本，是生命存在的物质载体和本能的存在方式，强健的体魄是生命的源泉。社会生命即社会化人的生活方式，是人在社会中的角色和身份的责权利担当。它背负着人生的诸多意义，承上启下、展现风采，位居生命的中间状态。精神生命，是前两种生命的升华。它赋予人灵性，使人有了灵魂，是人之生命的精髓与特质。精神是感性与理性的结合，是生命意义引领下生命情感、意志和理性等的综合。意义是精神的核心、统帅，有意义引导的生命能在追求意义的人生历程中形成丰沛的情感、坚强的意志、牢固的信念和理性的精神。三种生命体现出人的身体、心理、智慧、

① 刘建银，于兴国. 我国教师教育课程设置改革的新进展与分析 [J]. 课程·教材·教法，2010 (2).

价值、道德的完整性和统一性，它们是生命系统的不同要素，发挥着不同的功能。人之三种生命缺一不可，否则，其生命将不再完整。

由于高师课程以“技术型”为价值取向，只关注教师如何拥有知识和技能，而对获取知识和技能的“人”却不关心。因此，在课程内容上，有关师范生生命成长的内容相当贫乏。具体来说，在对人的生命三个层面上，都不能有足够的关照。一是自然生命课程阙如。教育作为一种人为的、为人的生命活动，须臾离不开教师身体，因而是一种身体化实践。可以说，教师身体是教学生活的基石，是教学生活的构成要素。在当下的社会，教师是个职业病相对严重的行业，但是现有高师教育类课程中有关教师职业卫生的课程却没有相应的关注，体现出对教师生命健康的漠视，师范生在为生之时和为师之后都不知如何预防职业病。二是社会生命课程苍白。根据霍兰德职业性向理论，教师是属于“社会型”的职业。教师应该善于交往、乐于合作，关心社会问题，注重社会义务和社会道德。教师在社会中有着自身角色定位的责权利。但是，在高师教育类课程中，除了职业实践能力，社会生命教育的任务交给了学生自己、家长、社会等，鲜有专门的课程。三是精神生命课程空白。除了严格要求师范生掌握学科知识和形成职业技能，高师教育类课程很少甚至没能引领学生对生命的审思，对价值和意义的追问。只要求师范生知道“教什么”，能“怎么教”，但不能让他们理解“为谁而教”“为什么教”。课程对精神生命关注的缺乏，导致未来教师精神生命先天不良，不足以支撑思考人生价值、坚定生命信念；不足以支撑获取关于生命的、生活的美好体验；不足以支撑人生规划与自我实现。①

（三）课程教学忽视师范生生命体验

教育活动是一种实践性的活动，教师是教育的实践主体。高师教育类课程不仅要传授学生既定的理论知识，而且要观照学生的教育体验，帮助学生在体验中学会教学，学会为师，学会成长。体验作为一个哲学概念，主要是指主体与客体之间的一种特殊的关系状态。在生命哲学家那里，体验特指生

① 罗生全. 教师生命教育课程体系建构 [J]. 教师教育研究，2010 (4).

命体验。体验是人的存在方式，它具有本体论意义，是人的素质形成与发展的核心环节，是主体通过把握自身而把握外部世界的一种认识方式，主体的内心世界与外部世界通过主体的内省体验而融合为一体。美国华盛顿儿童博物馆有句格言：我听见就忘记了，我看见就记住了，我做了就理解了；荀子认为“不闻不若闻之，闻之不若见之，见之不若知之，知之不若行之。学至于行之而止矣”。即是对体验的重要性的理解。未来教师在学习如何为师的过程中，有丰富的教育体验，才能形成实践智慧，增强教育教学能力，揭示出教育世界所蕴含的丰富含义。鲜活的体验是不断成长的，教师教育应该让师范生通过教育体验，整体性、生成性地成长，而决不能把限定的、片段的、预设的“经验”和“技艺”作为课程天经地义地强加给师范生。教师教育必须向师范生提供教育教学“生命”世界所渗透的经验，必须把师范生的学习与真实的教育场景、真实的教学生活联系起来，使得他们能够借助实际体验同充满不确定性的教学世界进行沟通。

但是在目前的高师教育类课程当中，师范生能够得到教育体验的时间和机会相当有限。师范生在接受培养期间其所获大多是“纸上得来”或“嘴上得来”。

一是高师教育类课程基本上还是一种“知而后行”的教学模式。先学习理论知识，后进行实践锻炼，这种理论与实践相割裂的二分法使师范生少有对“教师”和教育教学的生命体验。师范生在其成为“教师”的过程中，似乎一直在静听，只有到临近毕业时才有了为期 8 周或稍长些的实习。马克思主义认为，人的生命实践活动及其属性的感受和体验，是人评价和取舍一切事物积极活动的最终价值尺度。由于没有教育体验，师范生几乎领悟不到教师和教育教学工作的甘苦，感受不到成为教师应该具备什么，体会不到教师事业的崇高。一切都是外在的告诉他“应该这样做教师”，潜伏于他生命深处的潜能很难勃发出来。因为没有体验，师范生感受不到教育教学的复杂性、特殊性，不能加深对教育教学的认识，并由此逐渐认识到教师面对的教育问题主要不是理论的或技术的问题，而是一个实践的问题，是一个教师在现场如何行动的问题。没有体验，也使师范生不能及早地意识到自己知识与能力方面的欠缺，以增强其专业学习的针对性和目的性。而当他从实习中察觉自己存在不足时，已无改进的机会。即使在有限的实践环节，由于过于关注技术、技能、程序知识，忽略了教师个人实践知识是与其自身的文化底蕴内涵相连通，与经典教学范型相连通，与教师所具备的理念、信念、情感、态度、价值观相连通的，其体验也是一种肤浅的、不深刻的体验，形成不了实践智慧。师范生的生命存在是以实践反思过程中的自我展示、自我完善来表达的，但这种主动与创造的生命权利，在课程实施中被剥夺了。

二是高师教育类课程教学中以“传授—接受”为主要教学方式。培养中小学未来之师的高校教师们坐在书斋，固守自己的理论天地，在与中小学教育教学隔离的地方建构以及传授着将用于中小学教育教学的理论和知识。高师教育类课程只钟情于教育教学理论的创新和传授，对教学的具体措施缺乏必要的支持，对讲授的理论知识缺乏必要的反思。只把未来的教师作为知识的消费者和接收者，而忽视了他们其实也是知识的生产者和创造者，是一个有着强烈生命活力的主体。高师教育类课程关心的是“什么样的知识对于教学是必要的”，强调理论知识和技术的掌握，把专业性置于专业领域的科学知识与专业技术的熟练程度上，进而把师范生培养成“技术熟练者”。不关心“教师实际知道些什么”，忽视教育活动是一种复杂多变、高度综合的生命活动，认识不到教师的专业程度不是单单凭借外铄的技术性知识就能保障的；不能通过各种形式的体验、研究、反思，促使师范生对于自己、自己的专业活动直至相关的物或事有更为深入的“理解”，从而发现其中的“意义”，形成实践性知识，促成“反思性实践”。高师教师教育课程课堂中还存在不遵从教育规律，教学手段、方法陈旧等问题，教师讲授的理论与自己的教学实践矛盾，教师教学缺乏激情和革新的动力，造成教学效率低下、学生厌学、教师厌教的困境，现时教师与未来之师很难互动、对话，双方的生命意义都难以凸显。

（四）单一的课程与教学评价禁锢生命成长

课程与教学评价是依据课程与教学目标对课程方案、组织实施、教学结果进行价值判断的过程，具有诊断、反馈、鉴定、导向等功能。因此，高师教育类课程的课程与教学评价对促进学生的生命成长发挥着重要的作用和功能。但是，目前的课程与教学评价对学生的生命情怀关照很不够，有时还成为禁锢师范生生命成长的工具。具体来说，主要存在以下几个方面的问题。一是评价形式单一。几乎所有的高师院校对教育类课程的评价都是闭卷考试。而且，试题的答案大多都以标准化的形式出现，学生只能通过背诵书本才能完成。学生应付完考试后，几乎没有真正学到什么东西。二是评价主体单一。学生的学习成绩，由任课教师一人来评价。教师仅对课程的学习效果评价，而且只当是一种例行公事。评价中以师范生对教师所教内容的简单再现为准绳，然后给予学生一个没有多少实质性意义的分数，教师并没有认识到教育类课程学习效果评价对师范生的成长的重要性和特殊性。三是评价内容单一。课程以笔试来对学生进行考试，只能考查出师范生背诵了多少知识。但是教育类课程，不仅承载着对基本知识的传授和技能培养的任务，也承载着对师范生生命激发的使命。仅仅从教材或者任课教师的笔记里抽取一些概念和理论作为评价内容，而且只能以教师讲授的观点和结论作为评价标准这显然是不足的。一个教师应该拥有的生命情怀，在评价中得不到反映。

生命的成长就是生命不断超越现有的存在，且人能主动地设计自身超越的方向和路径。但由于实践是人和环境的交互作用，主观能动性的发挥要受到客观条件的制约。师范生要从受教育中实现生命超越，除了需要以自身的先有能力为基础，还要有自由的环境提供他们发挥的空间。高师教育类课程中教师主导评价，重目标轻过程，重共性轻个性，学生的主动性和创造性难以激发。也就是说，现有的教育类课程客观上不具备师范生展现自己生命、实现自己生命超越的条件，难以关照师范生的生命。

二、教师教育课程关照师范生生命成长

高师教育类课程以结构技术性作为课程建构取向，建构了一种单一向度的课程内容体系，生命教育课程严重缺乏，功利性地把职业适应能力作为终

极目标和追求，在很大程度上导致师范生生命的缺失和被遮蔽，给未来教师的发展以及教育事业带来危害。

一是缺乏生命成长的教师专业发展是被动的发展。漠视师范生生命成长的课程只能解决师范生的入职问题，不能使师范生在成为教师后可持续发展。由于没有生命成长打底，他们受困于外在需要，遗失了生命的本源和意义，很难实现自主成长。他们选择教师专业不是出于兴趣考虑，不是作为特长发展，只把教师当成谋生的职业而非实现自我的事业。不能把成长当作个体内在的一种积极发展的历程，而是对外在压力或诱惑的迎合，失去了自主成长的内在依据和动力。只有生命型的成长，才有可能承担起教师生涯的全部生命之重，体现教育工作的事业之本。

二是师范生成为教师后不能尊重儿童的生命成长。“一个充满活力的教师不仅传播知识，而且激励儿童进入更完满的和更有意义的人生”，“社会期待与他们的伦理的、智力的和情感的品质，以使他们日后能在他们的学生身上培养他们同样的品质”。[①] 缺乏生命成长意识的师范生在成为教师之后，他们认识不到自己的生命意义和价值，也不能尊重和激发学生的生命意识。他们在自己的教学之中也会以一种功利性和技术性的态度来对待学生。当前中小学中，以成绩和升学率作为唯一评价指标，以损害学生身心健康为代价获得“好成绩”的现象异常严重，而体罚甚至虐待学生的现象也时有发生。尽管我们不能把全部责任归结为教师教育，但至少我们的教师教育应为此而承担未能关照未来教师生命成长的责任。

三是教师身心不健康的问题日益严重。由于在教师教育中缺乏对师范生的生命教育，而职后的培训中也缺少这一内容，导致不少教师不知如何来维护和保全自己的身心健康，也无法引导学生既学会生存又学会关爱他人。很多教师不能处理好自我与他人、社会及自然的关系。有研究表明，当前中小学教师当中，出现心理问题的教师不在少数，有职业倦怠和职业病的年轻教师越来越多。因此关照师范生的生命成长，促进师范生的生命成长应该是高

---

① 刘捷．建构与整合：论教师专业化的知识基础［J］．课程·教材·教法，2003（4）．

是教师教育课程的追求与责任。

（一）以经验人本价值取向来建构高师教育类课程

关注师范生生命成长的高师教育类课程，应以经验人本价值取向来建构。为此，要避免以往在纯思辨和想当然中勾勒教育类课程的做法，应深入研究现代教育和课程理论，高屋建瓴，从教师的终身发展、生命成长，培养全面发展的人的角度来思考和设计教师教育课程。在课程建构中，确立以人为本的课程宗旨，把教师范生学习某课程、掌握某知识技能转换为通过某课程教学实现其完满生命的成长。教学课程的出发点，不只是训练能教学的技术人员，更是要培养知情行意完满的“全人”。应当摒弃只重技术与方法却不关注师范生人格完满、不以师范生为主体的单纯技术观点。“教育学必须从整个教育学科体系的整体出发，思考并实践自身的重建，走向总领整个教育学科群的在总体上全面研究人的成长发展及其一般规律的‘成人’之学”。[①] 教师专业的技艺应符合伦理目的，服从人的生命成长这一教育精神原则。要强调教师教育课程的整体性。师范生应被看作是一个个完整意义上的生命，他们不应是知识的附庸、技能的傀儡，他们的成长过程也不单纯是学习者经验的积累。高师教育类课程应以丰富和发展师范生的生命为起点，努力增强师范生在学习过程中的生命内涵，强调课程的整体性和过程性，强调在教师培育中对师范生个体生命的关注，促进其生命自由、完善地发展，促进教师职业和个体生命的充实和升华。从关注师范生生命的角度强调课程的整体性，并不是说强调知识系统的整体性和学科结构的完整性，它主要是指人作为个体生命的完整性。每个师范生都是有血有肉、充满智慧和生命活力、富于想象和情感的人，是集生活、学习、审美和创造于一体的鲜活的人。课程应从人的整体发展出发，综合考虑师范生多方面发展的需要。通过课程学习，不仅能够使师范生具备教师职业技能素养，更重要的是形成强烈的生命意识、良好的品格、较强的社会适应力、健全的体魄，以及对专业的正确的情感、态度和价值观。高师教育类课程应是学科世界与生活世界的整合。人高于学科而

---

① 项贤明．教育学的学科反思与重建［J］．教育研究，2003（3）．

非从属于学科，师范生学习各门学科的目的不只是习得各种知识与技能为将来当教师作准备，更是要让各门学科进入其当下的生活世界与其生命特性相遇、相通、相融，从而内化为他们的精神素质，使其的生命价值得以拓展与提升。

（二）教师生命教育应是高师教育类课程的应有内容

以师范生生命成长为出发的高师教育类课程，应该通过开设专门课程，或将相关教育思想融入其他课程之中，让未来的教师对生命有个完整的认识，引导他们在学习活动中体验、思考生命及生活，并获得个体相关的知识、技能和经验。我们可以把这类课程称之为教师生命教育课程，成为高师教育类课程的重要组成部分。教师生命教育课程基于生命成长的三个层次，围绕个体生命活动的三个方面关系（人与自我，人与他人、社会，人与自然），结合学生特点，进行课程内容设计。具体来说，可在以下几个方面进行补充和加强。

一是教师生存意识与生存能力教育。包括身体与营养，健康与锻炼，安全与防范，认识自然与环境保护，抗挫折能力，忧患意识与苦难体验等教育。如，教师职业病的防治、教师发音用嗓课程、教师生理与心理卫生、两性教育、死亡教育等内容。二是教师生活态度与健全人格教育。包括热爱生活，认识、尊重与关爱生命，人际交往，自尊自信，健全人格，鲜明个性，敬业乐业等教育。如教师职业规划、教师幸福、教师积极心理、教师人格、教师专业道德等内容。三是教师理想信仰与真善美教育。包括倡导崇高理想，坚定正确信仰，培育真之情感、善之人性、美之情操等教育。如教育伦理、教育哲学、教师美学、教育经典名著解读等。四是科学艺术与创新精神教育。包括科学与艺术素养，独立思考与批判精神，较强的实践能力与创新精神等教育。① 如教师思维学等。

教师生命教育课程的实施应该放在高师教育类课程的整体设计与实施中来考虑。教师生命教育课程可以通过三个途径设置和实施。一是开设独立的

---

① 王北生. 论教育的生命意识及生命教育的四重构建 [J]. 教育研究，2004 (5).

教师生命教育课程。这是对师范生进行教师生命教育最为有效的途径。这要求高师院校要结合课程规划发展，制订教师生命教育课程纲要，在保证教学课时的前提下，选用专门、系统的生命教育教材与课堂教学活动相配合。二是渗透融合到其他课程当中。教师生命教育课程的一些内容往往与其他课程的内容相关联，因此渗透融合也是开展教师生命教育的一个重要途径。例如，师范生在学习普通话，练习教师口语时，就可以将如何用嗓发音、如何保护嗓音、预防咽喉疾病等教师职业疾病的内容渗透其中。这种方式还可减少课时，减轻学生学习的负担。三是开展专题活动。一些短期的、时效性强的生命教育主题可以系列活动、专题讲座等不固定的课程形式出现；一些时效性强的社会事件具有较丰富的生命教育内涵，在专门课程或融合课程中不能被深入挖掘，也可以专题活动开展。这类生命教育活动应充分发挥学生社团的作用。比如，“5・12”汶川地震中出现的“范跑跑”事件，就可通过辩论赛的形式，就教师生命、学生生命、教师职责等展开讨论，达到廓清学生思想、形成正确认识的作用。

（三）把体验式教学作为高师教育类课程的教学形态

从生命成长的角度看，注重教师的生命意义而不是工具意义应成为高师教育的本然。教师生命教育是我国高师教育类课程所必须改善或者补充的。如果说对教师职业技能的改革主要集中在课程结构和课程内容上的话，那么注重教师的生命意义则需要更多地从课程实施的途径和方式入手，强调师范生生命体验应该是高师教育类课程的重要实施策略。

体验是人的生命体验，体验是一种非规定性的思，是个体周遭生命世界与非生命世界的一种致思或思维图式。以“体验”之思审视教学，体验教学就是师生的一种生命活动或历程，是师生以整全的生命投入教学之中，在与自我、他人生命和世界的相遇互动中感受生命、发展生命。

加强学生的教育体验，可以从增加师范生的实践机会和时间入手。增加教育见习、教育实习的学分和时间；灵活分散教育见习环节，将见习嵌入到教育类课程学习之中，增强理论和实践的联系，确保四年见习实践不断线。

丰富教育实习的内容，不仅训练师范生教育教学技能，还必须融入师范生对教师专业的生命体认。

从生命关照角度看高师教师教育课程实施，更重要的方面是教者与学者的生命互动。课程实施作为在教师和学生相互作用中共同创造和生成的过程，需要教、学双方从各自的角色出发，调动他们全部才智和生活经验共同参与到课程实施过程之中，师生和生生之间要充分有效地交往，充分把握自己精神生命发展的主动权，体验各自的生命意义，这样才能实现师生个体生命的升华，也才能使课程实施凸显生命的意义。在高师教育类课程中，实施以下三种具体教学形式，对强化师范生的生命体验、提升师范生生命成长不无裨益。

一是在各门教育类课程教学中提倡学生的服务学习。“服务学习”是通过计划性的服务活动与结构化的反思过程，将提供给社会的服务与课程联系起来，以满足被服务者的需求，并促进服务者知识、技能的获得及能力的提高，使其在关注社会和关心他人的过程中成长为一个拥有足够的专业知识和能力，富有社会责任感并有能力服务于社会的人的一种教学取向。高师教育类课程中渗入服务学习，能极大地提升师范生的社会生命意识。服务学习的主要内容可以是为中小学开展教学、校本管理辅助和学生辅导等工作，如担当教学助手，传输新的教育教学理论、搜集和准备教学资料，准备和制作教具、课件，辅导学生的课业、心理和行为，设计与引领学生团队活动等，还可以改善服务学校的教学设施、环境条件，对特殊儿童如残障、学困、留守儿童提供帮助。

二是注重师范生个人生命经历的反思体认。师范生在接受教师教育之前，就有着多样的人生经历，在求学过程中形成了对教师专业、教育教学的初步认识。高师教师通过经验讲述或经历叙事向师范生揭示自己的教育生活和生命世界，引导师范生通过讲故事、写传记等方式来考察自己的“前结构”，帮助师范生唤醒经验、认识经验、反思经验、重建经验。师范生讲述故事的过程就是他们与过去的自我对话的过程，与他人对话的过程，也是生命成长的过程。“从叙事的角度，教师生涯其实就是经历充满故事的人生，真实的经历和对经历的体会才是成为合格教师的关键。”①

三是积极开展案例教学，形成师范生的实践与理论批判的互动。案例教学为师范生提供在真实教学情景中诊断与解决具体问题的途径。它关注教育中的“3C”——教育内容（content）、教师认识（cognition）、教育实践情形（context）的特殊性。案例教学可为师范生提供实践借鉴、理论阐释，对教育教学进行深刻的体认和反思。师范生借助各种案例与大量的学生和教师“相遇”，能够更强烈地体验到教师工作的价值和重要性，强化专业认同感和归属感。

（四）课程与教学实行发展性评价

应改变当前高师教育课程中单一的课程与教学评价，注重发展性、多元性评价，实现对师范生的生命关怀。一是改变评价中以闭卷考试为主要形式和以分数为主要依据的评价模式。结合教育类课程具有实践和理论双重性的特点，可引入“真实性评价”。真实评价是设置真实情境或模拟情境，要求学生调动自身的智力因素和非智力因素完成其中的某项任务，通过对学生完成任务状况的考查而达到培养学生知识与能力、过程与方法、情感态度与价值观的目的。这种评价强调评价的全面性、反思性、实践性和主体性，扩展和丰富了评价的目标、对象、内容，突出了对师范生主体意识的尊重，利于师范生的创新与创造。二是在评价取向上，把评价视为教师和学生“协商”进行的共同心理建构过程。在评价者与被评价者的关系上，强调民主、信任、理解，体现主体性原则；在评价标准的选择上，强调重视学生发展的个性化，体现差异性原则；在评价结果的处理上，强调人道主义关怀，体现激励性原则、可接受性原则。三是重视师范生的自我评价。学生的自我评价其实就是学生的自我教育、自我反思、自我选择，是一种“自我内省”。“人在社会中推进生命历程的时候，除了受到环境因素的影响外，还要受到个人的能动性

---

① Walter Doyle&Kathy Carter. Narrative and Learning to Teach: Implication for Teacher Education Curriculum [J]. Curriculum Studies, 2003, 35 (2): 129—137.

和自我选择的影响。”[①] 通过自我评价，师范生能清醒地认识到自我、他人，学会悦纳自己、关注他人，从而实现生命的成长。

“学校不是知识的配给所。学校的首要课题是学生的发展。”[②] 以培养教师为己任的高师更应该把促进明日之教师的生命成长作为自己的首要课题。关照师范生生命的高师教育类课程必将因之而焕发出新的活力。

---

① 刘捷. 专业化：挑战21世纪的教师［M］. 北京：教育科学出版社，2000.

② 钟启泉. 现代课程论［M］. 上海：上海教育出版社，2007.

第二章　明晰教师责任

“教师承担着传播知识、传播思想、传播真理的历史使命，肩负着塑造灵魂、塑造生命、塑造人的时代重任，是教育发展的第一资源，是国家富强、民族振兴、人民幸福的重要基石。”教师责任重大，但并不是说教师责任就是无限的。无限扩大教师责任，实际上也是将教师责任空泛化、虚无化，这将会给教师成长、儿童成长，乃至整个教育事业带来严重后果。教师治理必须明晰教师责任。

第一节　教师关乎儿童幸福

幸福感是儿童心理健康的重要指标，幸福是儿童对其生活质量的直接评价与体验，蕴涵了儿童对生活的理解与领悟，也是反映儿童身心综合状态的重要指数。儿童时期感受幸福，获得幸福与表达幸福对儿童生活具有重大意义。[①] 从哲学的角度，幸福可以被理解为一种能力。因为一个人能否获得幸福，很大程度上取决于他是否能敏锐地感受到幸福之所在；幸福是个体理解幸福，感受幸福和创造幸福的能力。从社会学角度，幸福是个体在与他人关系中获得的美好体验，是经历奋斗目标达成后的自我肯定，是个人在自我完善过程中，自我价值实现与社会认同达到均衡的状态；从心理学角度，幸福是个体加工与处理自己情绪和情感的心理能力，是衡量个体生活质量的重要的综合性心理指标；从教育的角度，增进人的幸福是教育的根本价值与终极目标，体现了教育的道德尺度。教育所能成就的最大功德是给孩子一个幸福而有意义的童年，以此为他们幸福而有意义的一生创造良好的基础。[②] 学生是否幸福，最根本的是学生遇到一个什么样的老师。正如习近平总书记所说："一个人遇到好老师是人生的幸运。"因此，教师的成长关乎儿童的幸福。

一、历史：学校造就童年

童年应该是幸福美好的，学校教育应该是神圣的。然而，现实中童年未必幸福美好，学校教育未必神圣。在一种"病态"的"没有了良心"的学校

---

① 骆琤. "一切为了儿童的幸福"：论儿童幸福感研究的价值、视角和归宿 [J]. 教育探索，2009 (5).

② 王雅丽. 儿童幸福生活的德性内涵与教育错位 [J]. 中小学生教育，2014 (7).

教育中，在一个不会为学生幸福着想的老师的教育下，童年的幸福注定要消失。

回顾童年史，我们可以发现，“童年”与学校教育有着极大的渊源。近几十年来社会学家们的研究说明：童年不只是一个生物学概念，不只是作为客观事实存在的，以一定年龄为界限的时间段，而更是一个社会学、教育学命题。所谓童年，本质上是近代社会变迁的一个产物，它是社会和历史的概念，是社会和历史的建构。大卫·帕金翰认为：“童年是一种社会性建构的观念，在当前关于童年的历史与社会学讨论中已经相当普遍；这种观念甚至越来越被一些心理学家接纳。”他还认为，童年被建构有一个前提，即“儿童”不是一个纯粹由生物学所决定的自然或普遍的范畴。[①] 培利·诺德曼在《阅读儿童文学的乐趣》中说道：“有关儿童与童年的想法，都是社会意识形态的一部分。”他还引用了夏哈尔的一句话：“养育孩子的习惯、教育方针，和父母—孩子的关系，都不是单由生理法则所决定，它们同样也是被文化所建构出来的。”在这建构过程中，学校教育成为培育童年概念的最大温床。法国学者阿利艾斯在他的《儿童的历史——一部家庭生活的社会史》中指出：儿童概念其实只是近代教育制度确立以来形成的一个概念，在那以前，人们对于儿童与成年人的区别并没有明确的意识。尼尔·波兹曼认为“欧洲文明重新创造了学校，从而使童年的概念也变成社会必需了”。他还断定：“凡是有学校的地方，童年的概念就能迅速发展。”[②] 大卫·帕金翰说：“从19世纪末开始实施的义务教育，是社会借以将儿童分隔在成人世界之外的主要手段之一；并且，它也是构成童年现代概念的主要先决条件之一。”我们翻看世界教育的历史，就会看到一个明显的事实，较早发现童年概念的国家，比如，英国、德国、法国，都是学校教育发展迅速的国家。那时，只要有学校，童年的概念就能快速成长。日本的教育学者坂元忠芳这样概括儿童时代的确立过程：“儿童曾经在很长时期里作为缩小的成人，从属于成人的生活。儿童独立的世界

---

① 大卫·帕金翰．童年之死［M］．张建中，译．北京：华夏出版社，2005.

② 尼尔·波兹曼．童年的消逝［M］．吴燕莛，译．桂林：广西师范大学出版社，2004.

没有得到承认。儿童到了六七岁，就被拉进大人的劳动中，在这里，没有发展儿童能动性的余地。但是，近代以后，儿童从参加大人的劳动这种生活中渐渐地被解放出来，通过学校接受系统的教育。如今，尤其是所谓发达诸国的儿童，可以把他们的几乎全部时间花在游戏和学习上。”日本的儿童文学作家古田足日也说过：“我们一直认为儿童的生活就是上学读书，放学以后，则做游戏、学习、帮家里干活。在我是孩子的时候，大人们常说‘好好学习，好好游戏’这句话，儿童自身也认为孩子就该是这样的。”① 可见，学校教育这一制度，对“童年”的确立有着不可分割的联系。可以说，童年的建构历程与现代儿童观的形成历程以及学校教育的现代化进程是同步的。现代学校制度的建立，标志着儿童有了应该属于自己的童年。

童年的被发现和确立，使儿童童年幸福快乐成为可能。在童年还没有被发现和建构以前，儿童从属于成人社会，处于被忽视、轻视甚至丢弃的境地，人们完全以成人的标准要求儿童。中世纪盛行原罪说，认为人是生而有罪的，因此儿童自然是有罪的，这种儿童观暗含的逻辑是把儿童和上帝相对，只有上帝是善的，除此之外皆是恶的。因此，儿童是不可能有幸福和快乐的。正如西方童年史学者所言：“童年的历史恍如一场我们刚刚醒来的噩梦。我们越向前追溯这一历史，就会发现照顾儿童的水准越来越低，而且儿童被杀害、遗弃、责打、恐吓和性虐待的可能性越大。”② 近代学校教育制度建构起了童年概念，确立了童年的价值。人类社会逐步意识到了“童年”作为一个生命的特别阶段，需要充分注意和保护。儿童的生命价值得以重视，童年的生态得以保护，童年的幸福和快乐得以可能。因此，可以这么说，是学校教育帮助儿童找回并保护了他们的幸福和快乐。

童年的幸福快乐与否决定着个人一生的命运甚至人类未来的命运。童年是生活价值的启蒙阶段。“童年是人生最重要的时期，它不是对未来生活作准备的，而是真正的光彩夺目的一段独特的、不可再现的生活。今天的孩子将来会成为什么样的人，这里起决定性作用的是他的童年是怎样度过，童年时

---

① 朱自强．“童年”：一种思想的方法和资源［J］．中国图书评论，2006（6）．

② 施义慧．19世纪英国下层儿童生活史研究述评［J］．史学月刊，2008（4）．

期由谁携手带路，周围世界的哪些东西进入了他的头脑和心灵。”“要使孩子成为有教养的人，第一要有欢乐、幸福及对世界的乐观感受”。① 拥有一个天真无邪、纯洁美丽、幸福快乐的童年是生活勇气、信念、信心和激情得以长久持续的保证。祖先的深度决定了当下生活的内涵和精神分量，而童年的纯度则决定了生活的期待及其可能性的大小。童年不是一种疏离的经验，它给人以亲切感。一个人面对世界的方式、态度和立场的形成，都能在它的童年里面找到依据。一个人只有在童年时期充分地游戏、快乐、幻想，才能够获得一个健康、成熟的人生。童年乌托邦看似无用，像是一段无所事事的时光，却不容许从人的一生中删去。蒙台梭利说：“儿童并不是一个只能从外表观察的毫不相关的人。更确切一点来说，一个人的形成是从他的早期就开始了，童年构成了人一生中最为重要的一部分。儿童时代所过的那种生活是与成人后的幸福紧密相关的。”② 舒曼在写完钢琴曲《童年情景》后，对自己的妻子克拉拉说：“由于回忆起你的童年时代，我在维也纳写下了这部作品。每次弹这些曲子，孩童时期的许多情景就会在脑子里苏醒过来，使我深深感动。”布里翁曾说：“我们在龙格的寓言画里找到这种把成人排除在外的完美宇宙，这种无法言传的境界在舒曼的《童年情景》中尤为神似：那些只把他看成动人小曲的人没有悟到它们的崇高奥秘的深刻意义。”③ 又由于儿童是人类的未来，甚而可以说童年的命运关乎人类未来的命运。人类心理学家霍尔所说“儿童是成人之父”；人类学家泰勒说“儿童是未来的人的父亲”；文学家鲁迅说“童年的情形，便是将来的命运”，“现在的子，便是将来的父，也便是将来的祖”。“儿童不仅仅是作为一种实物存在，更是作为一种精神存在。它能给人类的改善提供一个强有力的刺激。正是儿童的精神决定着人类进步的进程，它甚至也许还能引导人类迈入更高一种文明形式。”“儿童会承担我们所有的错误。那些因为我们的错误而酿成的后果在儿童身上无法磨灭，我们会死去，

---

① 苏霍姆林斯基. 把整个心灵献给孩子［M］. 毕淑芝，等译. 北京：人民教育出版社，1998.

② 蒙台梭利. 童年的秘密［M］. 江雪，译. 天津：天津人民出版社，2003.

③ 谭建光. 试论舒曼《童年情景》的浪漫主义特征［J］. 乐府新声. 2006（1）.

但那些后果跟随儿童一生。对儿童的任何影响都会影响到人类，因为一个人的教育就是在他的心灵的敏感期和秘密时期完成的。”① 可见，幸福快乐的童年对人一生的意义何等深远，对人类的影响何等深远。因此，成年人作为儿童成长的精神导师，应尽可能让他们沐浴充沛的阳光雨露，让儿童度过一个幸福快乐的童年。

二、现实：学校导致童年幸福消逝

历史的轮回常常让我们感到无奈和尴尬。我们在虔诚地感谢几百年前学校教育在建构童年，在找回并保护童年的幸福和快乐中立下的功绩时，却悲凉地发现，几百年后的今天，学校教育竟然成为了剥夺童年幸福快乐的一个杀手。

童年幸福与儿童游戏密不可分。早在1993年，国内有关大学曾与美国迈阿密大学就“中美大学生关于游戏记忆的比较”进行合作研究，结果发现中国儿童游戏的年龄阶段只停留在上小学前，而美国的儿童到10岁时仍然有游戏。② 南京师范大学教育科学学院曾做过关于童年期的回忆的调查，找的对象都是中学生，调查结果是学生们回忆自己的童年和上学以后没有多大区别，也就是说中国儿童的童年在上小学前就画上了句号，甚至根本就没有童年。不用说游戏，就连好好地睡一觉也成为了我们的儿童难以实现的奢望。“中国青少年成长状态调查”等显示：中小学生普遍睡眠不足，早起晚睡两头不见太阳。达到教育部要求的小学生每天10小时睡眠时间的只有16.67%。超过一半的中小学生表示自己最大的愿望是“好好睡一觉”。而睡眠时间不足的主要原因是学习时间长、家庭作业多。③ 据一些媒体报道，很多儿童愿意成为三毛，因为他自由，不用上学。可以这样说，童年的幸福在进入学校那一刻就

① 蒙台梭利. 童年的秘密［M］. 江雪，译. 天津：天津人民出版社，2003.

② 刘雯，Doris Bergen. 中美大学生关于童年时代游戏记忆的比较［J］. 大连理工大学学报（社会科学版）. 1999（2）.

③ 田文生. 调查显示：半数中小学生最大愿望是好好睡一觉［N］. 中国青年报. 2009－2－26.

消失了。

学校教育对童年幸福的剥夺主要体现在两个方面。一个是对学生进行过度的教育，二是进行规训的教育。

过度教育或称教育过度，原本是教育经济学上的一个概念，由美国人弗里曼 1976 年第一次提出。指个人或社会拥有的教育存量超过了现有职业岗位的需要，教育的供给超过了社会的需求。我在这里借用这一概念，但赋予它不同的含义。这里的教育过度指的是教育者对学生施以超越学生身心承载限度学习任务的一种教育现象。教育过度的存在不是偶然的，而是社会在特定发展阶段的产物。现阶段我国中小学中，儿童过度教育主要表现在以下几点。一是教学内容和教学时间过度。崔允漷在新课程实施四年后率领课题组，就“当国家规定的课程逐级落实到学校时，会出现什么情况”这个问题，对我国 25 个省、自治区、直辖市实施义务教育课程方案的情况进行了调查，从学生文具盒里的小小课程表人手，了解到课程执行的真实情况：“课程门类明显偏多，规定课程开设不全；教学时间严重超标，最多比最少高出一半；语数英占绝对优势，初一英语高规定一倍，综合实践难以保证，校本课程内容单一。”① 石鸥的一次抽查表明，平均一名高二学生手里的教材和基础训练用书共 56.5 本，约 560 万字，还不包括普法、环保、国防教育等补充教材。一个十六岁的儿童，一年要读完 560 万字的内容，平均每天约 1.6 万字，即便是看小说，要完成如此大的阅读量也不容易，何况是大量要背记、演练的内容。② 二是机械训练过度。很多学校，针对考试的内容，不厌其烦地一遍遍教给学生，并围绕这些内容编写或购买大量习题集，进行没完没了的习题训练，死记硬背，直至学生烂熟于心。我曾在沿海一所省级示范中学调研发现，该校到高二就已完成了高中三年的全部课程，高三一年全部用来做习题，光语文就做了 300 多套试题。三是补习过度。现在相当多的儿童，尤其是毕业班的，课内苦课外更苦，他们被各种补习活动压得喘不过气来，既有学校里各门功课的补习，又有社会上多如牛毛的各类补习班、特长班，没有了节假日，

---

① 翟帆．国家课程方案为何在执行中走样［N］．中国教育报，2005－12－4．

② 石鸥．教育困惑中的理性追求［M］．长沙：湖南师范大学出版社，2006．

没有了星期天。2006 年 3 月 27 日的《时代》周刊，以“*Are We Pushing Our Kids Too Hard*”为封面故事。封面照是一个穿着校服的东方女孩，手挽作业簿，背着书包，书包插着画笔、木童笛、网球拍，肩膀上还扛着一个小提琴盒子。这么夸张的一幅照片，我们看起来却一点也不陌生。因为，这是我们很多孩子的写照。杂志认为这就是“亚洲被过度安排的儿童”，杂志问我们“到底是要孩子们为成年人挑战做好准备，还是剥夺了他们无忧无虑、无结构生活的童年”？四是教学难度过度。一些学校唯恐学生应试失败，找出许多偏题怪题甚至奥数题让学生逐条过关，这令不少优等生都望而生畏，学困生便可想而知。据说大作家王蒙就曾被他小孙子的语文试题所难倒，作家余华做不出中学语文老师用他写的一篇文章编制出的试题，数学博士做不出小学生的数学题目。五是竞争过度。绝大多数学校天天有测验，周周有考试，测后考后均排名，不停地向学生强化竞争意识，搞得学生忧心忡忡、心神不宁。有学校还在校园内塑起一匹张牙舞爪的狼的雕塑，用以培养儿童的“狼性精神”。

学校教育对童年幸福的剥夺还源于教育的规训。规训（discipline），原意指纪律、训练、训诫、约束的意思。福柯《训练与惩罚》一书中，用“规训”指近代以来一种特殊的权力技术，它通过一种持久的运作机制，把人体重新解剖，探究它、打碎它和重新编排，对人体的各种因素、姿势和行为精心操纵，来造就一群“驯顺的肉体”。规训就是一种“制器”的机制，一种把人的生命本性抽象掉而使其工具化的机制。“规训教育”就是教育通过不同形式的控制权力和控制技术，竭力把儿童培养成“温驯而有用”的工具，强制性地把他们造就成特定类型的人。规训化教育的主要功能是训练，而不是教化，它对儿童的“造就”体现为一种操纵，一种为了“有用”而进行的训练。教育成为了一种为了适应社会需要而对儿童进行的打磨过程。因此，规训教育把儿童作为一种必须要制服、要监视、要支配的对象，是一种“见物不见人”的“制器性”教育，它是只把人作为技术的工具来培养的教育，是对生命完整性的肢解。所以，规训教育中的学校在福柯眼中首先是“监狱群岛”的一个环节。伊里奇则更是认为学校教育是对教育本质的反动，由此激进地提出

“非学校化”。

就目前的学校教育而言，规则多如牛毛，训练触及肉体，规训无处不在，监控滴水不漏，教育过程充满强制、监督、训练和检查。规训以一种高雅的、人道的、隐蔽的方式嵌入到学校生活的各个细节。不夸张地说，当下的校园就是一个典型的由规训组成、由规训维系、由规训控制的场域。学校教育对学生的规训主要体现在对校园的环境、学生的身体、空间的编排、时间的分配、话语的选择的控制上。规训的手段主要包括与此大同小异的四个方面：科层化的教育政策与制度、规范化的教育纪律与要求、“全景敞视主义”的监视、标准化的检查裁决与评价，而且，这四个方面是相互制约相互促进的。限于篇幅，我们不可能对学校如何运用各种规训手段和技术从各方面对儿童进行规训的一一展开描述，我们只从儿童的“可算度性”就足以说明学校对儿童所做的规训。可算度性是一种重要的规训技术，它在学校规训中的作用尤为突出。在学校教育中，再也没有不能被量化的东西了。即使是像智能、情感以及克服困难的能力，也都有了智商（IQ）、情商（EQ）、逆商（AQ）之类的概念。儿童的一切都能够接受测验，被数字抽象化。学校教育过程就是一种使儿童可以被“算度”的过程。儿童从进入学校，就开始被“算度”。从年龄、性别、年级、班级到儿童的成就、惩罚，无一例外地被“算度”。这种“算度”使每个个体都形成了区别于他人的身份标志，成为一种“可算度的人”（calculableselves）。儿童个体成为一种符号，在“全景敞视主义”（panopticism）的关照下时时处于被监视的状态之下。由于儿童抽象成一组符号，这样就使得他们即使不在场也可能被监视。此外，由于儿童被抽象成一组数字，儿童与儿童之间的差别便成了符号与符号之间的差别。在评价与选择过程中，符号这一所指超越了儿童本身而成为儿童行为的统帅，符号成为唯一的依据。学校包括儿童本人拼命追逐的就是在数字上的认可，而蕴含在儿童身上的思想、情感、理念、态度、人格则被排除在外。① 可以说“从儿童进入学校开始，教育的规训就以权力的眼睛监视儿童的一言一行，就以一种

① 杜瑞军. 规训的教育与人的自由［J］. 太原师范学院学报（社会科学版），2004（3）.

考试的技术算度儿童的现实和未来，就用一种势利的身份诱惑刺激着儿童的野心，就用一种奖惩的技术培养着虚伪的道德。在这样的规训结构中，一个人除了努力迎合形塑得到教育所承诺的‘好处’之外，就是被教育的利益彻底抛弃，再别无选择”。①

过度教育和规训教育给儿童造成的伤害是显而易见的。首先，儿童生理上受到伤害，表现为儿童身体素质的下降。儿童在高压下大量透支了脑力与体力，许多人又在精神上饱受失败的打击，因此不少儿童身体素质较差。缺乏运动导致肥胖和超重，缺乏爆发力，较上代人肺活量直线下降；近视率与程度令人担忧。据说目前小学生近视率占三成，初中生达六成，高中生则接近八成。至于儿童亚健康现象则更是普遍存在。其次，儿童心理受到伤害。违背客观规律的教育过度和规训行为对儿童心灵的影响不可小视。这些年儿童中出现严重心理问题并进一步出现问题行为的已不是少数，且出现心理问题的儿童人数呈增加的趋势。据有关方面调查，我国20%儿童有过自杀念头，低龄化犯罪日趋严重。儿童中普遍存在厌学情绪，出现学校恐惧症、焦虑症，抑郁症、强迫症的人数比二十年前多得多，而且很多儿童变得木讷、胆怯、懦弱、猥琐，无主见、无灵性、无纯真、无朝气，成为“缪斯天性意义上的残疾人”。儿童在超负荷的脑力劳动和巨大的心理压力面前，产生种种心理问题甚至问题行为是无法避免的。当儿童在生理上和心理上都存在问题，他的童年还会幸福吗？三是儿童没有了自由，丧失了主体而被物化。在规训的教育中，儿童成为了“笼中鸟”“监狱群岛”的犯人，没有了自由。而自由的价值是无可替代的，是人类幸福美好生活所不可缺少的“维他命”。缺少了维他命的儿童能够健康成长吗？儿童没有一个属于自己的世界，一种属于自己的心灵感知方式，就无法具备抵御被成人文化过早异化的能力。他或者毫无分辨能力地接受所有成年人的教导，造成创造力的过早枯萎和生命活力的过早消失；或者产生逆反心理，盲目地拒绝任何成年人的教导。前者属于鲁迅所说的羔羊型，后者属于鲁迅所说的流氓型。

① 金生鈜.“规训化”教育与儿童的权利［J］. 教育研究与实验，2002（4）.

三、回归：学校教育促进儿童幸福

鲁洁说："无情的现实却不时在拷问我们：当今正在'教育'着亿万青少年儿童的学校能给他们如是的快乐和幸福吗？作为一名教育工作者，我的灵魂常因无颜面对这一问题而经受着痛苦的煎熬！"① 是啊，曾经把童年从苦难的泥沼中找寻回来的学校教育，为什么到了今天却是如此的面目可憎呢？为什么不能为童年的幸福一直守望下去？我们寻找着答案。答案也许很多，但是有两点原因可以确定，其一，我们误解或者人为地扭曲了学校教育的目的和功能，我们的学校教育陷入了极端的功利主义和技术主义的泥潭，成为了一种"病态性""没有良心"的教育；其二，我们的教育中儿童立场长期缺失。我们漠视了孩子，也可以说我们过度地"关注"了他们，我们把儿童等同于成人，等同于我们自己。

学校教育是一种具有特定价值取向、目标追求、活动目的的系统性活动。朱新卓将教育的功能分为本体性功能和派生性功能。② 那么教育的本体功能和派生性功能又是什么呢？我们认为教育的"人性功能"即"使人成人"应该是其本体性功能，而教育的其他实用功能（有用），例如为政治、经济、社会服务等功能是他的派生功能。也就是说教育的原点应该是唤醒儿童的生命意识、建构儿童的精神世界、提升儿童的生活意义和生命价值。亦即对儿童进行人性和生活的启蒙、启明，向儿童展示什么才是值得人过的好生活，什么样的生活又是无意义的，是不值得人去追寻的。柏拉图认为教育就是"照料人的心魄"，夸美纽斯把人称为"可教育的动物"，康德在《论教育》中也说，"人只有受过教育，才能成为人"，都是从教育的本体功能上来理解的。教育的这两种功能在特征上具有差别。前者往往是指向意义的、价值的、终极的以及应然的，而后者往往是指向实用的、功利的、眼前的以及实然的。因此在教育实践活动中，我们常常把教育的本体功能忽视了，而去追求它的派生

① 鲁洁．他们快乐吗？[J]．教育科学论坛，2008（10）．

② 朱新卓．教育的本体性功能：提升人的灵性 [J]．教育研究，2008（9）．

功能。我们普遍认识到教育对提升国家的竞争力、改变个人命运的实用功能，就毫不思索地将教育的派生功能定为教育活动的目的，把教育理解为社会、国家借此可以保存、延续和进步，个体借此得以获得某种素质而在未来过上幸福、完满生活的工具。因为本末倒置，结果教育强烈地追求直接性的“有用”，而且将这种追求发展到唯一甚至极端程度，而遮蔽了人的生命、人的灵性，忽视教育的活动规律，形成教育现实与教育应然目的的价值冲突，导致教育本质异化和精神失落，使教育的效果适得其反，教育成为“病态”的“没有良心”的教育。因此，在对待儿童上，我们把儿童看作是按照一定模式塑造的对象，看作是实现任何其他儿童之外的事物如政治、经济等目的的工具；把儿童独立的生命价值看作隶属于社会和国家的利益，隶属于政治和经济的目的，隶属于他者的利益目的。还有一个典型的例子，比如对知识的教学。人需要知识，但人本来是为了生存、生活才去索取知识的，生活才是第一性的，知识只是生活的工具。对于一个现实的人而言，是生活规定了他对于知识的态度和追求，而不是相反。但因为“知识就是力量”“知识改变命运”，知识能带来很多现实的利益，所以在学校教育中，对知识的追求就成为其最终目标。学校和学生的一切生活都是为了它，它迫使生活本身成了手段。为了知识，人们忘却了自己，忘却了生活，甚至牺牲了自己和自己的生活。“今天的学校，知识学习在各种体制和制度的支撑下，已经成为支配学生生活的全部目的。人们为它而生、为它而死，心甘情愿受它的肢解、为它所宰割。于是就产生了这样的结果：知识得到之时，也是人自身、人的生活被异化之时”。[①] 教育中的过度以及规训，都是极端追求教育实用功能即派生功能的结果。杜威曾说过，“教育的过程在它自身以外没有目的，它就是它自己的目的”。雅斯贝尔斯指出：“所谓教育，不过是人对人的主体间的灵肉交流活动。”“教育活动关注的是人的潜力如何最大限度地调动起来并加以实现，以及人的内部灵性与可能性如何充分生成，质言之，教育是人的灵魂的教育，

① 鲁洁．一个值得反思的教育信条：“塑造知识人”［J］．教书育人（上旬），2005（7）．

而非理智知识和认识的堆积。”① 这应该对我们有所警醒。

教育是有立场的。立场，是认识和处理问题时所处的地位和所抱的态度。即你是为谁的。不同的立场表明了不同的态度，影响着甚至决定着处理事物的方式和结局。“教育的立场应有三条基准线：教育是为了谁的，是依靠谁来展开和进行的，又是从哪里出发的。毋庸置疑，教育是为了儿童的，教育是依靠儿童来展开和进行的，教育应从儿童出发。这就是教育的立场。因此，教育的立场应是儿童立场。”② 儿童立场鲜明地揭示了教育的根本命题，直抵教育的主旨。但是在目前的学校教育中，儿童立场严重缺失，一切教育活动完全是以“成人的立场”来实行。其实，在中国，不仅在教育语境中儿童立场缺失，在整个文化中一直以来就鲜有儿童的存在的空间。鲁迅从自然定律和生物逻辑出发，尖锐地抨击了中国社会中只有成人不见儿童的传统，斥之为是“逆天行事”。他指出必须尊崇“后起的生命”，挚爱年轻的一代，以幼者为本位。他甚至提出：“前者的生命，应该牺牲于他。”③ 早在 20 世纪 30 年代，蒙台梭利在她的《童年的秘密》中就告诫我们：“儿童心理学和儿童的教育一直是从成人的角度，而不是从儿童的角度来进行研究的，因此，他们的结论必须从根本上予以重新审查。”④ 直到今天，这种状况依然没有改变。由于失去了儿童立场，所以我们无视儿童内在的发展力量，蔑视他们的创造能力，贬低他们的意见，限制他们的自由，损害他们的尊严等。其结果是，成人与儿童虽共处于教育世界，但在“成人立场”统治下之下，教育世界中弥漫着成人对儿童的傲慢之意，充斥着成人对儿童的僭越行为。更为可耻的是，我们还屡屡觉得自己在这方面做得不够，往往披着“为了儿童未来的幸福”的面纱，道貌岸然，一厢情愿地用更机巧、更坚硬的手段去蚀刻儿童的心灵，只要儿童不符合我们成人的意愿和标准，我们就对他进行“规训和惩罚”。其实，我们没有把儿童当作人，遑论说当作儿童。我们是把儿童当作了工具，

---

① 雅斯贝尔斯．什么是教育［M］．邹进，译．北京：生活·读书·新知三联书店，1991.

② 成尚荣．儿童立场：教育从这儿出发［J］．人民教育，2007（23）.

③ 鲁迅．坟·我们现在怎样做父亲［M］．北京：人民文学出版社，1991.

④ 蒙台梭利．童年的秘密［M］．金晶，孔伟，译．北京：中国发展出版社，2006.

一种达到我们自身利益和目的的工具。荣格一针见血地指出“在儿童的心理发展中，他要经过祖先的阶段，对其教育也只能达到现有的文化和意识水平。然而，成人却顽固地停留在自己原有的水平上，俨然将自己看作是当代文化的维护者”。卢梭早就预示“野蛮的教育为了不可靠的将来而牺牲自我，使孩子受各种各样的束缚，我认为孩子永远也享受不到所谓的幸福”。①

因此，要想改变目前学校教育剥夺童年幸福的局面，使之成为童年的守护者，教育必须回到“点化和润泽生命”的原点，必须确立教育的儿童立场。

对于如何回归原点，在现有阶段，首先学校教育应反思性反映社会现实的需要。教育的实用功能是直接根植于社会现实的土壤之中，与社会现实的需要发生直接联系。但是，社会现实作为“一个充满前见的原发境域”、一个“灌木丛”，是纷繁复杂的，并不都是理性的和进步的，并不都是或者并不直接就是对教育实践进行改革、评价的终极依据。我们要对现实进行分析和反思，要透过社会现实中重重浮华的迷雾，分辨出急功近利、浮躁冒进的教育需求，以及体现社会进步和历史发展趋势、符合人性生长逻辑的教育需求。教育不应亦步亦趋地跟在社会现实后面“镜式”地反映现实需要，而应反思性反映现实需要，即批判性审视现实、引领现实。其次，教育应超越性适应现实。应该承认，教育必定存在于现实中，但教育却不是为了现实而存在，教育和现实之间所保持的某种张力正是教育存在的根据，也是社会发展的动力。“教育是具有理想性的。对于现实的不满足，就以教育的形式表现出来。对于生活的不满足，实际上是一切的根本动力。”因此教育一方面应以派生性功能体现现实的本真需要，另一方面教育应从根本上即以发展人的生命的方式超越性地适应、满足现实的本真需要。即教育不完全否定现实中合理的实际需要，但必须超越现实的需要，努力去“使人成人”。

那么，教育又如何确立儿童立场呢？首先，我们要努力地去发现儿童、认识儿童。我们之所以不能确立儿童立场，是由于我们像杜威所说“通常用比较的观点看儿童期，而不是用内在发展的观点看待儿童期”。我们往往把儿童和成人作为成长的两极，把成长过程视为从童年到成人期的单向运动。我

① 卢梭．爱弥儿［M］．李平沤，译．北京：商务印书馆，1999．

们根本不了解儿童，但是我们却自以为是。“在人生的秩序中，童年有它的地位，应当把成人看作成人，把孩子看作孩子。”因此，我们必须俯下身子去洞察儿童世界，去发现儿童的本质，去了解儿童的需要，去透视儿童的童心。德国教育家福禄贝尔认为儿童具有神圣的本性，这种信念使福禄贝尔对童年所具有的无限价值充满敬意，他说：“孩子就是我的老师，他们纯洁天真、无所做作……我就像一个诚惶诚恐的学生一样向他们学习。”当我们真正发现和认识了儿童之后，我们将会认识到我们将儿童立场从教育中遮蔽是多么的愚蠢。其次，教育者应该是“长大的儿童”。杜威认为教师在学校中并不是要给儿童强加某种概念，或形成某种习惯，而是作为集体的一个成员来选择对于儿童起作用的影响，并帮助儿童对这些影响做出适当的反应。教师的职务仅仅是依据较多的经验和较成熟的学识，来决定怎样使儿童得到生活的训练。因此，儿童立场始终向教育者发出最为严峻的问题：你该是谁？你该怎么办？我们认为教育者应该是“长大的儿童”。唯有如此，我们才能在更大程度上再现儿童的本质，才能更好地理解儿童、发现儿童、开发儿童、引领儿童、发展儿童。此外，“长大的儿童”提醒我们，教育者要与儿童共同成长，随着儿童一起“长大”，与儿童分享“长大”的快乐。可以说，“长大的儿童”是对教育者在儿童立场上角色、作用最形象最生动最准确的定位。换句话说，教育者应把“儿童的立场”作为自己的行动哲学，而一旦“儿童的立场”成为我们的实践哲学，教育生活的全部都将在我们的意料之中——此时，儿童的不确定性和可期待性，会呈现出一种“童年之美”，而不再是让教育者焦虑的问题或缺陷。

“生命只有一次，且不可逆转，凡施加于生命成长中的过错，是没有纠正的可能的。”童年只有一次，也不可逆转，凡童年失去的幸福和快乐，是永远没有找回的可能。苏霍姆林斯基告诫我们“教育学方面的真正的人道主义精神就在于珍惜孩子有权享受欢乐和幸福”。儿童是伟大的，童年是神圣的。让我们的学校教育在伟大的儿童和神圣的童年面前保持一种谦卑，一种敬仰。愿童年应该幸福而真正幸福；愿教师能给予儿童幸福。

第二节　科学赋予教师责任

教师关乎儿童的幸福。在当下中国的教育变革中，教师在儿童成长中的重要作用越来越被认识，教师在教育教学中的地位越来越被重视，但与之相随的是，教师对儿童成长所负责任有被无限扩大的趋势。教师应该承担其作为教师的责任，但当有限的功能和责任被无限化，其将背上沉重的包袱，在发展的路上只能蹒跚而行，很难健康而有效地成长。因此，关注教育变革中教师责任无限化的现象，探讨其产生的原因，寻求解决的路子，应成为教师治理中的一个视角。

一、教师责任辨析

“作为确定的人，现实的人，你就有规定，就有使命，就有任务，至于是否认识到这一点，那都是无所谓的。”① 从历史唯物主义角度，马克思阐述了社会对人的责任需求。即责任是一种社会需要，生存需要，承担责任是人之所以为人的基石。康德认为：“每一个有道德价值的人都要有所承担。没有任何承担，不负任何责任的东西，不是人而是物件。对人来说责任具有一种必要性，也可叫做自我强制性或约束性。”② 也就是说，一个社会性的人，在社会中都应该承担一定的责任。

教师责任是教师作为“履行教育教学职责的专业人员”（包括作为人的资格和作为某种特定角色的资格）所赋予、并与此相适应地从事某些活动、完成某些任务，以及承担相应后果的法律的和道德的要求。教师必须承担起自

① 马克思，恩格斯. 马克思恩格斯全集，第 3 卷［M］. 北京：人民出版社，1997.

② 康德. 道德形而上学原理［M］. 苗力田，译. 上海：上海人民出版社，2002.

身在教育教学中的责任，且其责任重大。“负责任”几乎是古今中外所有教师人格要求的共同特征。按一般划分，教师的责任可从对象上分为对个人的责任、对其他人的责任、对工作场所学校的责任、对教育领域的责任、对社会的责任，其中，对学生的责任位列首位。① 从范围上分析，教师责任包括以下方面，其一，服务于服务对象的道德承诺；其二，自我监督的专业责任与定期回顾个人实践有效性的责任；其三，扩展个人知识库，反思个人经验与发展个人专长的责任；其四，贡献于个人工作之组织的服务质量的专业与合同式责任；其五，反思与讨论专业之于整个社会之改变的责任。②

教师的工作对象是儿童，且师生关系是一种“不可逆转”的关系，因此，教师的“负责任”实质是指教师应为儿童、为一个人的发展负责。这种责任是对人的生命的承诺。因此教师的责任也就具有了其他责任所不具有的神圣性和沉重感，具有某种意义上的特殊性。教育的本质和特性决定了教师如果逃避这种责任就无异于对生命的摧残和毁灭。基于此，公众都对教师寄予厚望，期望教师能够切实承担起自己的责任。“教师对自己的行为和决策负有责任；对学生、家长、学生的监护人、其他教师、学校领导和一般公众都负有责任。公众把自己的孩子交给教师受教育，他们就有权利期待想要达到的结果。”③ 也基于此，教师责任成为一些教师专业标准中举足轻重的因素，有的甚至将其上升到了事关教育成败的高度。美国加利福尼亚州教师专业标准时就明确指出：“重视专业责任并保持对教学的热情。”④ 在美国，有人把责任制作为重建美国基础教育的三大基本原则之一：“责任制、选择机制和透明化是重建美国基础教育的三大基本原则，三者缺一不可。三者形成合力，将改造

---

① Fischman，W.，Dibara，J. A. and Gardner，H. Creating good education agamst the odds [J]. Cambridge Journal of Education，2006，36（3）：383—398.

② Eraut M. Developing the Profe. s. siou. s（Professional Lecture）[M]. Brighton：University of Sussex，1992.

③ 费奥斯坦·费尔普斯. 教师新概念——教师教育理论与实践 [M]. 王建平，等译. 北京：中国轻工业出版社，2002.

④ 加利福尼亚州教育部. 教师专业标准（1997）[A]. 李方，钟祖荣. 教师专业标准与发展机制：教师专业化国际研究译文集 [C]. 北京：北京出版社，2004.

美国教育体制的重心、权力关系和激励机制。”①

二、教师责任无限化现象

与专业性其他维度相比，教师责任更容易受改革形塑，因为责任是伦理与道德在共作实践中的具体展现，而伦理与道德本身即是社会的产物，受到教育改革之核心价值的影响。诸多研究揭示出，面对表现式管理与教育的仿市场化运作对教师工作的冲击，新的教师责任实践体系正在出现，② 其中就包括教师责任的扩大化。教师责任的扩展是一个在现代社会和现代教育发展历史过程中贯穿始终的特殊现象，尤其是在每次的教育变革之后，教师就会被在原有的责任之上叠加起新的责任。

社会各界在教师必须为儿童负责，且责任重大这一点上，认识出奇地一致。“人们至少在理论上越来越明显地达成这样一个共识：教育的责任，以及由此带来的教师的责任，已经变得比过去更加广泛和复杂。”③ 但是，对于教师究竟该为儿童成长负哪些责任却没有定论。在具体的教育教学事件中，教师责任就往往被无限放大。在中国，很多主流观点和思想往往通过标语、口号的形式体现出来，教育也不例外。在当下的教育变革中，有几条典型的口号甚嚣尘上，颇能反映教师在教育教学中承受着的无限责任。一是“为了学生的一切”，二是“没有教不好的学生，只有教不好的教师”，三是“只有错误的教师，没有错误的学生”。这些口号所包蕴的实质是：教师必须为学生所有的一切负责，教师无论面对何种学生，都应该且能够将其教育成为完美的个体，使之具备全面的知识和完美道德素养，臻于家长和社会所希望的理想状态。“教育理想作为一种指向未来的观念，是指人们对未来教育状态的完美

---

① 克莱特基础教育工作组. 我们的学校与我们的未来：我们仍然处在危险之中吗?［A］. 国家教育发展研究中心. 发达国家教育改革的动向和趋势：第七集［C］. 北京：人民教育出版社，2004.

② 卢乃桂，王丽佳. 教育改革背景下的教师专业性与教师责任［J］. 教师教育研究，2013（1）.

③ 项贤明. 中国西部农村教师社会责任的功能性扩展［J］. 教育研究，2004（10）.

设想，它通常表现为教育目的和教育行为的应然状态，并和教育的实然状态相区分。”① 在这些口号所体现的思想观念中，对教育目的的判断简单而直接，非此即彼：教师必须为学生的一切负责，学生若不能成为家长和社会所期望的个体，则一定是教师出了问题；认定在学校教育中，教师必须使学生成为理想无瑕的教育个体，否则就是教育的不足和教师能力的欠缺，即教育的失败，教师的失败。在教育行为和方式上，此种思想观念认定在教育过程中，无论何种行为，只要出现错误和不如意，学生无责任，有错者唯教师，教师必须为出现的错误承担一切责任和后果。

在这种观念的指导下，教师没有了“分内”“分外”责任的划分，教师责任没有了边界和序向，教师必须无所不能、无所不为、无所不对。正如有学者指出的“当人们把孩子交给教师，就意味着把孩子的发展与进步的责任完全交给了教师。从品德发展到能力培养，从学习到生活，即使学生在学校争吵不慎摔了一跤，即便学生一怒之下从家出走，一切都是教师的责任。教师是圣贤之人，他们为此不但要承担道义上的压力，还得承担经济上、法律上的责任。”② 在现实中教师不仅是教师，还是儿童的监护人、教养者……学校教育、家庭教育、社会教育的责任都原封未动地被转嫁到教师身上。教师还因为不能完全实现这些责任，承担着来自各界的无端指责和批评。

三、教师责任不能无限

理论和实践证明，教师不可能承担起儿童发展的一切责任，教师责任应该明确且有边界。

首先，人的发展是受多因素的影响，比如遗传基因、环境、社会文化等等。教师对儿童的影响只不过是众多因素之一。教育，包括学校教育并非万能的。并不是接受了教育，儿童就一定能向着预期的结果成长。何况学校教

---

① 邓艳，朱方长. 教育理想与人的全面发展［J］. 教育导刊，2004（11）.

② 石鸥. 从学校批评看学校不能承受之重：兼论教育的责任分担［J］. 教育研究，2002（1）.

育只不过是人生发展中的一个阶段，家庭教育、社会教育、自我教育在儿童的成长中同样重要，其影响甚至更加深刻而长久。马克斯·范梅南就说："孩子的发展，不论好的方面还是坏的方面，都不止是我们教育学行为的结果。"①

其次，教师自身的责任能力也不足以完全胜任儿童发展中所要求的一切。艾伦·格沃斯认为责任能力是责任承担的主体基础和行为前提。责任的实现，"首要的问题不是我们所选择的目的，而是我们选择这些目的的能力。而且这种能力先于它可能确认的任何特殊的目的，它存在于主体自身。"② 教师与学生，是完全不同的两个个体，个体的差异性决定了教师并不总是能够应付学生发展中的一切问题。同时教师在培养儿童的过程中，还存在双方尤其是儿童的"意向性"问题。也即儿童对教师的接受性。"内因是发展的动因"，儿童是具有尊严和独特价值的个体，而不是被加工、塑造的原料。个人社会化的过程是一种源于精神内部的，具有个性色彩的内化活动，是不断地脱离旧我，成为新我，从而不断自我完善的过程。个体的成长，并非依靠外界的教育就可能实现，儿童的发展还是决定于儿童自己。何况教师面对的并非仅是一个儿童，而是几十乃至上百个。

再次，教师在对儿童的培养上，并不具有完整而充分的权力和自由。自由在某种意义上是与责任对等的。马志尼说："你们是自由的，因此是负有责任的。"③ 里奇拉克告诫道："只有当一个人能够如他所期望的那样，从一开始就自由地行动时，我们才能对实际上发生的事情追究责任。"④ 不用说在教师真正专业化之前，即使真正实现了专业化，教师的教育教学行为依然会受到各种因素的制约，特别是教育结构的制约。校外的事情"制约并且说明校内的事情"。教师的专业权利和自由总是受到限制。希冀教师为儿童发展负起所

---

① 马克斯·范梅南. 教学机智：教育智慧的意蕴［M］. 李树英，译. 北京：教育科学出版社，2001.

② 艾伦·格沃斯：伦理学要义［M］. 戴杨毅，等译. 北京：中国社会科学出版社，1991.

③ 马志尼. 论人的责任［M］. 吕志士，译，北京：商务印书馆，1995.

④ 里奇拉克. 发现自由意志与个人责任［M］. 许泽民，等译. 贵阳：贵州人民出版社，1991.

有责任，那是将教育和教师高度理想化，实际上将教师超人化，想当然地把教师能力、知识、道德水平、意志等提高到一个完人、圣人的地步，完全对教育环境、结构和条件、教师收入、教师社会地位、教师的社会影响力等现实因素视而不见。实际上，要教师对儿童的全面发展负全责，这只不过是单方面的一厢情愿，这种可能只存在于教育的乌托邦之中。

教师责任的无限化成为教师专业发展的桎梏，给教师的成长带来严重的阻碍。

教师责任无限化使教师难以主动成长。人的时间与精力都是有限的。爱因斯坦曾经说过："负担过重必然导致肤浅。"负担过重往往使人忙忙碌碌，疲于应付，没有足够的时间去消化、深化和细化所获得的知识，去发现知识的个人意义，去建构属于自己心灵财富的知识。当教师终日困扰于杂乱烦琐的事务，戚戚于得失，汲汲于后果，何来精力和时间研究、反思教育教学。而且"一般说来，凡是把过度的期望和生命力放在教学上的教师，从长远的观点看，不会是最有成效的。他很可能'耗尽精力'"。"一个人不论在工作中得到多大的满足，只要那是生活中唯一的中心工作，仍将迅速地到达因工作饱和以致生厌的状态。"① 当教师"耗尽精力"，其生命质量就难以提升，精神就难以解放，发展就不可能有主动性。而"没有教师的生命质量的提升，就很难有高的教育质量；没有教师精神的解放，就很难有学生精神的解放；没有教师的主动发展，就很难有学生的主动发展；没有教师的教育创造，就很难有学生的创造精神"。②

教师责任无限化使教师扭曲成长。教师身负无限责任，常会出于为儿童负责的"良好愿望"，对其一切大包大揽，从学习到生活，挤压他们的自我空间，这既无助于儿童学习，又限制了其创造力的开发以及责任感的养成。而有的教师有着强烈的责任意识，却没有责任能力，这样的教师可能会出于"利他"的良好动机而采取"害他"的手段对待儿童，如过度惩罚甚至体罚

① 江绍伦. 教与育的心理学［M］. 邵瑞珍，等译. 南昌：江西教育出版社，1985.

② 叶澜，白益民，王枬等. 教师角色与教师发展新探［M］. 北京：教育科学出版社，2001.

“恨铁不成钢”的儿童。这样的现象在当前的学校教育中屡见不鲜，这样的老师在成长的过程中就被“责任”挤压而扭曲成长。从某种意义上来说，教师责任也是教师专业发展的方向，教师责任的无限化，也会使教师看不清专业发展的方向，只能漫无目的地无效“成长”。

教师责任无限化还将导致教师责任的消解，甚至逃离教师队伍，遑论专业发展。当把儿童成长的宝全部压在教师身上，教师在心理上会压力倍增。尤其是当教师遇到某些在现有理论和社会规范的逻辑框架中尚未确定和难以清晰界定的边界问题时，其所承受的压力就更大。“为了学生的一切”，并不仅仅意味着教师更多的精力投入，更包含较多教师在“为了学生”时可能发生的意外事件或行为过失及由此引发的法律责任和其他社会责任；尤其是那些相当长时间内难以解除和转移的社会责任，给教师带来的彷徨、苦闷和焦虑，是对教师心灵的折磨和煎熬。就如叔本华的钟摆一样，一边是责任，另一边还是责任，责任的选择是一种“选择的痛苦”，“痛苦的根源在于，必须面对无法放弃也没有人能够替代的责任”。① 又如库珀所说：“当处于两种期盼或倾向之间，而且这两者又都具有重大的价值时，我们会觉得烦恼不堪。‘做了，你要下地狱；不做，你也要下地狱’都同样表达了被夹在两种互不相容的选择之间的那种感觉。”② 这种“痛苦的选择”超过教师的心理限度时，教师队伍将发生分化：部分教师可能将坚守承担责任的优先次序；部分教师可能会为规避风险，采取保护性回应，放弃责任。“只有当且仅当某种责任的人同意承担该责任时，有关行为才能成为相关人的责任。也就是说，只有当有关人通过直接的、间接的或内隐的、心照不宣的方式自愿地接受了这种责任的时候，有关行为才能构成责任。”③ 当教师不愿承担责任风险的时候，他就会对自己所从事的专业敷衍了事，得过且过。当教育责任加重到教师不堪重

---

① 齐格蒙特·鲍曼．生活在碎片之中：论后现代道德［M］．郁建兴，周俊，周莹，译．上海：学林出版社，2002.

② 库珀．行政伦理学：实现行政责任的途径［M］．张秀琴，译．北京：中国人民大学出版社，2001.

③ 王艳．我国教师责任实现的影响因素及现实对策研究［D］．长春：东北师范大学，2008.

负时，只能导致教师逃避教育责任，甚至逃离教师队伍逃避。一旦教师对专业不负责，不再有兴趣，其专业成长也就成为了空话。

四、教师责任何以扩大

欲想教师有效成长，必须明确教师的责任，要明确其责任，必须分析造成教师责任无限化的原因。教师责任无限化的产生既有历史的原因，也有现实的困境，既有理论的误解，更有实践的难处。

首先，教师之外的教育力量弱化。

“人们企图用教育去解决社会和个人发展中的几乎所有领域的问题，并深信教育起到的作用总是正向的、积极的、促进的。”完整的教育系统应该包括家庭教育、学校教育、社会教育和自我教育。由于学校教育是一种有组织、有计划、有选择、成系统的教育，而且在当前社会，尤其是教育变革中，学校教育对人的社会分层、参与社会竞争的作用越来越强大，因而被人们所更为倚重。因此，在对待儿童的教育上，人们更关注学校教育，忽视其他教育形态。长期以来，无论是在教育界，还是在家长和社会舆论中，都流行着这样一种错误的观点：儿童教育，在入学前是家庭的责任，而入学后就只是学校的责任了，“学校教育与家庭教育、社区教育分离”。并且在多数的情况下，家庭和社会并不是学校教育的“同盟者”或“合作者”，而更多地体现为“旁观者”的角色，儿童的发展被维系在教师身上。更为重要的是，学校教育是一种显性的消费型的教育，即受教育者必须向学校这一教育机构支付相应的费用（尽管义务教育中无需受教育者直接支付，但国家承担的经费依然是来自于公众），作为学校教育承担者的教师，在很多地方，其经济来源也依靠着受教育者，因此，人们往往形成这样的一种认识：接受教育就是接受服务，既然我支付了费用，教师就必须为学生的一切负责，如同购买了商品，消费者就有权享受商品的“三包”。同时，随着社会经济形态和生产关系的变化，一些家长对儿童进行家庭教育的时间和精力都显得捉襟见肘，故有意无意地将本属于自己的家庭教育责任转嫁到教师身上。比如留守儿童多的学校、打工者子女学校，教师就更多地担负起儿童监护者和养护者的责任。

从另一个角度看，教师为儿童发展负全责，切合了理想主义的臆想，也迎合了部分社会人群的需要。从理论上说，社会大众的心理总是偏向于支持简单实用的单一理论观点，而讨厌和排斥较为复杂的充满可能性疑问的更为准确的系统理论。让教师“为了学生的一切”，就把教育的复杂性与特殊性、人成长的复杂性和特殊性，全部消弭、遮蔽了，公众无需再去对教育的秘密进行深入地探寻。这事实上是社会浮躁思想在教育领域中的体现。从现实来说，让教师承担儿童成长的全部责任，那么，其他的教育力量就可以享受不用承担自身那部分责任的快意，就可以规避因责任而带来的风险。而教师在这一过程中，就成为了不折不扣的替罪羊。因此，教师责任的无边际，可以说是教师之外的教育力量逃避对儿童教育责任的方式、借口和托词。

耐人寻味的是，在很多时候，教师的责任是被教育学者和教育行政部门所扩展的。如果说一般公众是对教育、教师的功能和责任存在着误解，那为何对教育有着清晰认识的教育学者或教育行政部门也不断地为教师加责？原因可能在于，一部分教育学者或者教育行政人员出于一种为了儿童健康成长的良好愿望，欲通过强化教育和教师的责任，提高教师的责任感，促进教师在教育教学中切实负起培育儿童的责任。当然也不排除当中的一部人，借放大教师、教育的功能与责任，以此抬高自身所处的行业的地位，获得社会、国家对该行业的认可，从而获得更多的权利或其他利益。还有就是，当教育出了问题后，某些教育行政管理部门，不是主动承担自己的责任，而是将责任推向教师，忘记了自己是学校教育的决策者和管理者。因此让教师承担无限责任，也就成为教育行政管理部门对教师、对学校教育进行简单化管理以及无能无效后而打上的一块遮羞布。

其次，教师角色泛化。

角色是责任产生的基础。每个社会成员的责任根据其所扮演的社会角色而定，责任和角色联系在一起。角色责任就是指相对于不同的角色而应该承担的责任。根据社会学的角色理论，一旦个体（组织）处于一定的社会地位或取得一定社会角色后，社会公众便希望其表现出相应的行为，履行并承担相应的责任，这就是角色期待。这样角色责任自然就应运而生了。

教师扮演何种角色，纵观人类教育史，这个看似简单的问题实际上从来就没有得到过真正完全明确而清晰的回答。“教师是谁”竟然成了一个“斯芬克斯之谜”。在西方，现代学校教育制度的创始人夸美纽斯最初把教师定位于知识传授和班级管理者，后来又把教师定位于一种人格完美而无所不能的人，显然他最后也无法给“教师”这个概念的内涵一个确定而明晰的界定。20 世纪 60 年代末，美国教育学者普里亚斯和杨在《教师是许多东西》中用“引路人”“教学者”“榜样”“探索者”“使人现代化的人”等多达 22 种主要角色来描述教师在教育儿童中所起的功能和应承担的责任。① 在当前的教育变革中，人们给予教师的角色更是越来越丰富。检视国内对教师角色的类比，我们可发现，当前人们对教师角色的认定主要有三种形态：一种是师生关系型，诸如慈母、严父、朋友、顾问、对话者等等；一种是师德隐喻型，诸如园丁、蜡烛、灵魂工程师、绿叶等等；一种是教师专业型，诸如学者、专家、研究者、实践者、智者等等。

由于教育关涉个人成长和社会发展，而教师在学校中又直接负责实际的教学教育工作，故教育相关群体对教师抱有殷切期望是必然的。同时，各群体往往因身份、立场及价值取向的不同而影响其教师角色期望的侧重点，这些有差异的取向或立场的共生，使得教育相关群体对教师角色期望的多元与矛盾成为一种必然，其结果是教师要成为一个“混合人”，必须是一个“全人”，要承担人类的一切责任。诚然，立足教育内在的神圣性视角和教育发展的变革性要求以及良好的愿望，去强调教师专业的特殊性，希冀教师能够切实履行其育人的职责，这样的思维本身无可厚非。但是，如果将这些只是出于一己之见，或缺少实证和主次区分而强加给教师，只会导致教师责任的无边际化，造成教师的进退两难。有学者就曾批评这种对教师强加角色的做法，“简单地说，这类比喻如果只是说说而已，不发生影响，那它就是废话。如果发生什么影响，那它既可能增加教师已经相当沉重的负担，又可能成为对教

① 项贤明. 中国西部农村教师社会责任的功能性扩展［J］. 教育研究，2004（10）.

师的苛求。”①

事实上，适应教育变革要求，转变教师角色、丰富角色内涵不是一蹴而就的。“每个教师实际上成为什么样的教师角色，情况虽不尽一致，而一定时代、一定社会中教师角色、地位的一般形态，则是由特定的教育结构所决定的。这种历史形成的教育结构，不以教师的个人意志而转移。所以，要一般地论定教师属于什么类型，宜从什么类型转向什么类型，不能不以教师职能活动所依托的教育结构为依据。”② 我们注重轰轰烈烈的变革，却不顾教师投身现实与实践的危机。结果，教师因此被赋予了更多超越自身概念内涵的角色功能，承担了更多超越自身的个体要求的社会责任。当相当多的教师在尚未有充足知识储备和积极心理准备的情况下，面对分身无术、力不从心的境况，他们必然会产生“生命难以承受之重”的无力感。

第三，教师责任标准虚化。

教师要做到什么、承担哪些责任，应该有个标准。如果只是空泛地说教师应该如何如何，应该承担这个那个责任，却不能对其中的每个概念加以界定，并转换成可行的目标、切实的标准、合理的运作程序、简便的方式方法，其结果只能是无休止地各说各话。不具备必要的条件，教师责任空虚而无边际，其发展方向也就无边际。西方很多国家在其教师专业标准中就明确了教师应承担的责任。如法国小学教师专业标准表述了教师的教育责任和职业道德，其中学教师专业标准从教师实践出发，规定教师应具有：在教育体制中的责任，在课堂上的责任，在学校里的责任。责任界定明确具体，又可执行。③ 在我国，由于研究起步较晚，这方面做得很不够。尽管我们出台的一些法律法规似乎体现了对教师的责任要求，但是都不成系统，不明确，存在着很大的“解读”空间，只给教师提供含义极为宽泛的倾向性指导，而将之精确化则是教师自己的任务。这样一来，在随意性很大的情况下，要想作出负责任的决策，就只能依靠教师的伦理水准和良知。

① 陈桂生．也谈“教师角色”［J］．江西教育科研，2005（6）．

② 陈桂生．教书育人漫话教师“新型号”［J］．教书育人，2009（5）．

③ 钟启泉，等．教师教育课程标准的国际比较研究［J］．全球教育展望，2008（9）．

更重要的是，我们往往将道德理想当作责任担当来要求教师。责任与道德密切相关，但又有区别。二者不是完全重叠的概念，责任只是道德的组成部分。二者在调节社会关系和社会治理中的机制上存在较大差异，在社会管理作用的发挥上也存在一定的差别。如果以道德代替责任，势必扩大责任的范围。我国教师责任认定的依据是基于对教师专业的崇高性认识而作出的对教师的道德理想、人格的期待。在日常社会生活中，人们心目中的教师往往被定格为理想的“道德化身”。但这一种高要求是一种理想的期待，而无坚实的法律基础和社会生活基础，让教师无所适从，也高不可攀。反观美国职业伦理规范，条目不多，表述上多采用限制性语言（不准、不得），对教师的要求定调不高，少有理想主义的东西，这与我国师德规范要求教师作为完人和社会楷模的那种理想主义形成鲜明的对比。在西方，教师责任首先是基于法律的准绳的，各种行为规则都必须定位在法律的框架之内，它首先是对公民的基本义务要求，然后再在充分考虑教师工作的专业特点的基础上提出教师的应负责任。

教师责任需要崇高的理想作为目标，但仅有“理想”是远远不够的。因为只有道德理想的制约引导而没有具体标准的遵循实施，要么是责任无边，要么是责任逃脱。曾引发热议的“范跑跑”“杨不管”等事件就是很好的明证。一边是范、杨两位老师受到教育行政主管部门的处罚，一边却博得了民间人士，特别是大量网民的同情。我们应该看到，教师专业只不过是众多专业中的一种，教师首先是人，然后才是教师。教师都是平凡如你我的凡人，而不是笼罩在崇高光环下的圣人。教师也要生存，也有着在物质和精神上的相应需求。以过高的道德理想来作为教师责任，其后果往往适得其反。因此，建构一个科学、合理、辩证、平等的教师责任标准应该是必要的。

五、教师责任的均衡

黑格尔说：“只能以我所知道的事况归责于我”，“仅仅以摆在我面前的定在为我所认知者为限”。[①] 每个人的责任认知能力与责任能力都是有限的，一个人不可能对一切负责。“所有合乎公正的人不允许他内心和各个原素做不属于本分的任何工作，也不允许他灵魂中分开的阶层彼此干涉，而要实实在在地使他内部秩序井然。”[②] “正义就是只做自己的事而不兼做别人的事。”[③] 人们对责任的承担必须有一定的限度。教师尽管担负着培养儿童的重大职责，但教师承担责任时也必须在专业客观规定的具体范围内进行，在践行责任时尊重其限度的客观规律性。也唯有此，教师才能实现有效成长。由于原因复杂，教师责任无限化问题的解决，也是一个长期的过程，并不能一蹴即至。针对教师责任无限化产生的原因，我们可以从建立责任共同体、减弱对教师的期望值、进行“有组织地舍弃”等途径来加以探讨。

明确界定各界对儿童培养的责任，建立责任共同体。儿童的培养是学校、家庭、社会的共同责任。父母是儿童教育的第一责任人，教育责任的起点在家庭，其次取决于学校，再次归于社会。三者在对待儿童的培育上起着不同但都不可或缺的作用。现代家庭教育因缺失高度专业化的知识技能系统，在谋生技能方面的示范与效仿机制受到限制，从而形成对学校教育的依赖。而学校教育知性化的、课程化的、以有声语言为主的传递机制，相对缺乏初始的、情境的、重复的、效仿的传递机制，在学生情感、价值、态度观的培养上并不充分，这些方面的培养其实更有赖于家庭教育。而社会教育是对一次性的学校教育的补充，在发展学生兴趣爱好和品德、实现社会化，提供可供选择的教育服务，促进学生终身学习方面具有独特价值。正如《美国2000年教育战略》所意识到的：“学校决不会比学校所在的社区所承担的教育义务好得多。”因此，欲解决教师责任无限化的问题，应该根据有关法律法规来划定学校教育责任的边界，建立家庭教育、学校教育与社会教育责任共同体，实现机制互补，在本质上还原教育的完整机制。学校、社会与家庭应在共同合作形成合力上多下功夫，而非一味的彼此责备，互相推诿，转嫁责任。教育

---

① 黑格尔. 法哲学原理［M］. 范扬，张企泰，译. 北京：商务印书馆，1996.

② 周辅成. 西方伦理学名著选辑：上卷［M］. 北京：商务印书馆，1996.

③ 柏拉图. 理想国［M］. 郭斌和，张竹明，译. 北京：商务印书馆，1986.

管理者、教师、家长在培养儿童上的责任不是“泾渭分明”，而是相互联系，甚而融合重叠，但不能因此而认为三者的责任不可划分或不必划分。他们各自所承担的责任应该是各有侧重，必须在一个合理与平衡的线上。譬如有人就认为，社会承担的责任应该是制定和完善相关的法律法规，培育一个有利于青少年成长与发展的法治环境；家庭的责任是协助和监督学校教育。健全和完善教育立法，是澄清学校、家庭和社会的教育责任，明确家庭、学校和社会的责任分担，明确政府、学校、教师、家长和学生各自在教育中的角色责任，确保家庭、社会切实担当起其应承担的对儿童的教育责任的关键。这种做法在西方发达国家已有经验可借鉴。以教师和家长责任分担问题为例，美国教育委员会 1983 年在一份题为“国家在危险中：迫切需要教育改革”的报告中就明确了家长的义务，指出“你们肩负着积极参与教育你们孩子的责任”。1994 年美国通过了《2000 年教育目标法》（*The Goals* 2000：*EducateAmerica Act*），规定家长参与学校教育及加强教师队伍建设，以便“使每所学校都促进与家长的伙伴关系”。2009 年 6 月英国政府出台法令，支持学校与家长签署《家庭—学校协议》（*Home-School Agreements*），协议明确学校的守则，家长应该明白他们自己以及子女应该如何做。在要求家长强制执行养育令这一问题上，学校将被赋予更多的权力，政府支持教师将扰乱学校秩序的学生家长告上法庭。如果年龄在 10—15 岁的儿童违反了《反社会行为法令》（*Anti-Social Behaviour Order*，简称 ASBO），那么学生家长就必须去上强制性的养育培训课。① 无疑，教育责任的明确归属，教育责任共同体的建构，可以在很大程度上解决教师责任无边界化的问题。

运用“分离期待”和“注释期待”正确处理教师的角色责任。教师是培养人之人，社会对教师赋予各种角色，并寄予较高的期望，是可以理解的。但是，这并不意味着可以对教师进行无限的角色叠加和无限的责任放大。因为从理论上说，世上没有一种专业可以集万千期待于一身，每种专业只能担当有限的角色，无论医生、律师、军人还是教师都是如此。从实践来看，无论是出于教师的发展还是出于对教师的管理的需要，对其角色的期待也应限

① 吕思培．英国：不守纪律学生的家长将受惩罚［J］．比较教育，2009（8）．

定在可承担的范围之内。基于此，教育变革中，各界尤其是教育行政管理部门在将角色期待转化为教师角色要求的过程中，应注意把过高的期待转变为恰当的期待。人们在赋予教师各种角色头衔以及责任期待时，往往是一种“应然”的期待，而非“实然”的期待。前者即期待教师应该成为一个什么样的角色，其强调的是“应该”，这种“应该”常常要求教师承担起超出现实的责任；后者则意味着能够根据每位教师的自身条件，给予其合理的期待，期待每位教师都有适合自己的角色和专业成长。从这个角度出发，各界对教师应分清“实然”与“应然”的要求，对教师的期待应根据教师实际的情况，看其能达到何种水平，而不是一味地用“应然”的期待来要求每一位教师。有学者就谈到了如何具体的操作策略，可以包括两项，即“分离期待”和“注释期待”。[①] “分离期待”就是不能把社会对教师的期待笼统地转化为刚性的工作要求，而是将其分离成最低期待和最高期待两个部分，并把其中的最低期待作为教师必须达到的要求，而最高期待则作为鼓励教师努力追求的境界。“注释期待”就是要根据中小学教育任务和教师工作的性质，对社会期待附加以恰当的说明或界定。例如，“创造者”之于中小学教师和之于科技人员应有不同的含义，“教师研究者”之于中小学教师和大学教师也应有不同的要求。另外，对教师该如何适应多种角色并承担相应的责任，需要我们分清教师的角色主次和责任主次。只有这样，教师才能有序、有节、合理地承担责任，而不是无限责任。

建立教师责任标准，对教师责任“有组织地舍弃”。“有组织地舍弃”是美国管理学家彼得·德鲁克（Peter F. Druker）提出的一种管理思想。他认为“我们无法左右变革。我们只能走在变革的前面”，要发挥变革的作用，成为变革的引导者“有组织地放弃是第一个原则，也是所有其他原则的基础。”[②] “有组织地舍弃”的思想启示我们，在教育变革中，并不仅仅意味着要不断增加什么，而且还意味着要我们应该舍弃些什么。如果一味地“增加”而不能有所“舍弃”，变革将会成为一个不堪重负的大包袱，很难前行。自然，这种

---

① 冯大鸣. 教师的疲惫与疲惫的教师：问题与对策［J］. 教育理论与实践，2007（1）.

② 德鲁克. 21世纪的管理挑战［M］. 朱雁冰，译. 北京：机械工业出版社，2009.

舍弃应当是教育行政部门、学校有意识、有计划、有组织地舍弃，而不是由教师自作主张地随意舍弃。否则，被舍弃的，可能恰恰是最有价值、最不该被舍弃的东西。

如果我们进一步将德鲁克的“有组织地舍弃”转化为可操作的策略，那么变教师责任无限为责任有限将是可能而可行的。这里有两个关键的问题必须解决，一是“谁来舍弃”，二是“舍弃什么责任”。否则，由于舍弃从来都不是“受欢迎”的政策，因此人们总是会推迟实施“舍弃”。首先是“谁来执行舍弃”。首要的自然是教育行政部门和学校，二者在教师管理上都起着无可置疑的职能和作用。当然，教师自身的“舍弃”也是不可或缺的。其次是“舍弃的标准”。这是一个难点，也是一个重点，如果这点不能解决，舍弃将会成为盲目的舍弃。教育行政部门在这点上有义不容辞的责任和义务，为此应该制定一个教师责任标准。

教育行政部门应该组织人力物力，充分发动教育的各相关利益人，在结合国情的前提下，通过大样本的问卷调查和典型个案的深度访谈收集数据，明确教师责任的内涵与外延，分解出教师责任的责任主体、责任行为、责任对象、责任限度，构建出合理的教师责任指标评价体系，帮助教师在相互冲突的责任之间进行选择。通过比较不同层次、不同类型学校教师责任的差异，制定教师责任标准。不同层次、不同类型的学校教师，无论是就其责任的内容还是责任的侧重点来说都是不同的。因此需要比较不同学校的定位、使命、实力及各自对教师的期望等，以此分析教师责任的异同点，这样才有真正的实用性和指导性。① 一旦有了责任标准，教师再通过“有组织地舍弃”，他所肩负的责任将明确而具体，合理而有效。

教师专业崇高而伟大，教师责任是对人的生命的承诺，神圣而重大。但教师责任应该有度而非无限。必须将社会的责任还给社会，家长的还给家长，儿童的还给儿童。唯有此，教师才能真正切实有效地负起为儿童发展的责任；也唯有此，教师才能在自身成长的路上轻装上阵，健康而有效地发展。

---

① 何华宇，赵敏，常春爱. 中小学教师责任研究纲要［J］. 中小学教师培训，2009(12).

第三节　激发教师职业动因

人们把出生于1980年后的这一群体统称为“新生代”。当前教师队伍中，新生代已占据半壁江山，正逐渐成为担负教育事业的主流。如何引导新生代中优秀人才进入教师队伍，并做好这一教师群体的治理应成为教育行政部门和学校的重要课题。我们通过扎根理论，对新生代优秀乡村教师是如何主动入职的研究，得出教师职业动因，借此探讨教师发展和教师治理策略。

一、新生代优秀乡村教师主动入职的表现

新生代乡村教师指的是1980后出生的乡村教师。新生代乡村教师经历了中国各个层次的教育改革，包括乡村教育和教师教育改革，被认为是第一代完成“三离”（离土、离乡、离农）身份与角色转变的乡村教师。①

相对于以往代别的乡村教师，新生代乡村教师在培养、招录和流动诸方面都更具开放性和自主性。他们入职通常是依据个人自身资本和市场需求来配置，按照公开、自愿原则，以招考、招聘的方式选录，其择业就业更多的是个人自主决策的结果。如果说新生代之前的乡村教师对职业的选择是一种宰制性下的“宿命”，那么新生代乡村教师的职业选择完全是决定于个人意志。

众多的调查研究显示，新生代多不愿意从事乡村教师职业。如把“为农村中小学培养优秀师资”作为目标之一的免费师范生教育，在实施一届后，

① 郑新蓉．共和国五代乡村教师代际特征研究［J］．贵州师范大学学报（社会科学版），2016（3）．

只有2%的毕业生愿意到乡村学校任教；[①] 实施近10年后发现，有些省市的免费师范生无一下到农村学校。[②] 即使这个群体中有人成为了乡村教师，对这一职业也并非首选，而是被动选择的结果。其之所以选择乡村教师职业，主要是因为自身社会资本不足以在城市找到更好的工作，从而别无选择地选择乡村教师职业。[③] 就如桑德尔所说："对于那些选择范围非常有限的人们而言，自由市场并非那么自由。"[④] 有针对"80后"特岗教师职业选择的研究就发现，其"入职的动机并不复杂，就是社会资本的缺失"。[⑤] 因为缺乏社会资本，无法谋取更好的就业机会，只能报考特岗教师，从事乡村教育工作。由于不是真心地选择乡村教师职业，因此这些被动入职的新生代乡村教师就"身在曹营心在汉"，常怀离乡之意、去职之心，把现有职业作为过渡跳板，"骑驴找马"，不能真正地融入乡村教育，成为改善乡村教育的中坚力量。"乡村教师职业的继承与传递面临着巨大挑战。"[⑥]

新生代乡村教师非主动选择乡村教师职业的结论，有一定的现实性和可信性，但也有以偏概全之嫌。事实上，新生代中主动选择并坚守乡村教师职业的大有人在，他们在平凡的岗位中撑起了乡村教育的一片天。如只看到新生代乡村教师在职业选择上的被动性，而不能看到其主动性；只看到他们的流失，而不能看到其坚守，那是对这一群体的不公平。如只挖掘他们被动入职的原因，而不去探析其为何主动选择乡村教师职业，那么对这一群体的理解和研究总是片面、肤浅和不科学的，对乡村教师建设的理论支持和实践指

---

① 甘丽华，党波涛. 首届免费师范生仅2%愿去农村［N］. 中国青年报，2011－03－12（3）.

② 刘佳，方兴. 定向就业师范生面临问题与有关政策探讨［J］. 高校教育管理，2016（2）.

③ 杜亮，何柳. 社会空间及新一代乡村教师的社会定位过程分析：基于云南两县的案例研究［J］. 教育学报，2016（12）.

④ 迈克尔·桑德尔. 公正：该如何做是好［M］. 朱慧玲，译. 北京：中信出版社，2011.

⑤ 刘敏，石亚兵. 乡村教师流失的动力机制分析与乡土情怀教师的培养：基于80后"特岗教师"生活史的研究［J］. 当代教育科学，2016（6）.

⑥ 李金奇. 农村教师的身份认同状况及其思考［J］. 教育研究，2011（8）.

导也是不全面的。因此，探讨新生代乡村教师主动入职的动因有着深刻意义。

基于此，我们以近几年由中央电视台和《光明日报》社评选出来的“全国最美乡村教师”中主动选择乡村教职的那部分新生代教师作为研究对象，挖掘他们在职业选择上的共性之处，揭示其主动选择乡村教师职业的动因，并借此探讨乡村教师队伍建设的策略。研究方法以扎根理论为主。扎根理论是一种系统的质性研究方法，研究者无需理论假设，直接从实际观察入手，通过深入情境的研究搜集数据和资料，并利用数据间的比较，进行抽象化、概念化的思考和分析，从数据资料中归纳提炼出概念和范畴，即在系统搜集资料的基础上寻找反映社会现象的核心概念。① 研究资料来源主要为中央电视台、《光明日报》等主流媒体对该部分最美乡村教师的事迹报道。

中央电视台和《光明日报》社从 2011 年起联合主办“寻找最美乡村教师”大型公益活动，“以农村中小学教师为特定对象，通过深入寻找、发掘、宣传有代表性的、高素质的乡村教师，展示我国农村教育事业的发展，表现感人的乡村教师生活，展示基层教育工作者无私奉献、甘为人梯的风采”。② 2015 年，该活动更名为“寻找最美教师”，评选对象包括而不限于乡村教师。截至 2017 年，活动共评选出新生代“最美乡村教师”和“特别关注乡村教师”（本文统称“最美乡村教师”）共 29 名，他们是新生代乡村教师的优秀代表。

“寻找最美乡村教师”活动，还原了部分新生代乡村教师的日常真实工作、生活景象，使我们得以管窥他们艰苦而高贵的生存状态。应该来说，选择乡村教师职业是全部新生代最美乡村教师的初心，正如《光明日报》评论员文章所说：“他们的事业说不上轰轰烈烈，只需要一个坚定的选择：选择偏远艰苦，选择奉献青春。他们能耐得住寂寞和清贫，踏踏实实地去教好孩子。他们是伟大的，因为他们选择了教师这个太阳底下最光辉的事业。”③ 但为了

① 陈向明. 扎根理论的思路与方法［J］. 教育研究与实验，1999（4）.

② 谢文，刘建林. 为弘扬崇高而寻找：“寻找最美乡村教师”大型系列公益活动综述［N］. 光明日报，2011－09－09（4）.

③ 本报评论员. 智慧如光仁爱大美［N］. 光明日报，2011－09－09（1）.

研究的严谨性，本文从中再选出15位明显而明确“主动选择”乡村教师职业的教师作为研究对象。他们是：孙影、邓丽、吴金城、杨富生、程瑾、陈仕华、郁雪群、吴健、马剑霞、努尔比亚·阿西木、魏庄蓉、胡娜、石明警、谭兰霞、慎魁元。

所谓明显而明确的“主动选择”，指的是在主流媒体的事迹报道中能显性地确定该教师是自愿主动从事乡村教职。具体来说就是在面对能够获得比乡村教师更好的职业时，该教师依然选择乡村教师职业。15位新生代优秀教师主动选择乡村教师职业表现在以下几个方面。

一是主动向下流动。相对于向城性的向上流动，该部分新生代最美乡村教师是主动离开城市奔赴乡村。15名新生代最美乡村教师，全部接受过正规的中等或高等教育。12人毕业于师范院校，10人第一学历为本科（1人拥有双学士学位），1人为硕士。他们都在繁华的城市中度过了自己的大学生活，具备了在城市工作和生活的资本，有的本身已经在城市工作，但最终都选择了乡村教师职业，“人往低处走”，回到乡村，走了一条与传统世俗截然相反的道路。该部分新生代最美乡村教师主动向下流动，有三种情况。一种是大学（中师）毕业时谢绝城市单位的录用，主动回到乡村学校。属这种情况的有杨富生、程瑾、魏庄蓉、郁雪群、努尔比亚·阿西木、慎魁元等。第二种是大学毕业后在城市拥有体面的工作，但最终辞职离开城市，选择到乡村学校任教。孙影、邓丽、谭兰霞、胡娜、陈仕华、吴金城等人属此类。第三种是在乡村学校工作后，有机会离开乡村学校前往条件更好的城市学校，但依然选择留任乡村学校。吴健、马剑霞和石明警就是如此。

二是在艰苦中坚守乡村教育。15位教师主动选择乡村教师职业并非心血来潮的行为，他们不是在乡村学校短暂驻足，作匆匆过客，而是将自己融入和扎根于乡村，成为乡村教育的“自己人”；他们将最美好的青春年华，留在了乡村，献给了乡村教育。这部分群体中的大多数日后都在乡村成家立业，可说把自己的一辈子都交给了乡村教育。最美乡村教师主动选择工作的学校大都是“老少边穷”地区的村落小学，偏远贫困，物资匮乏，条件艰苦，待遇微薄，任务繁重。他们的工资待遇即使是与当地城市的工资比起来都算是低薄的，更不用说与发达省份的城市对比。许多乡村学校的收入，与他们原先在城市工作的收入相比，有云泥之别。但他们承担的工作却繁重而杂多，有的需承担一所小学所有课程的教学任务，有的除了是当老师外，还要“兼职”保姆、保安、厨师、泥水工。

三是工作成绩斐然。15 位新生代最美乡村教师在主动选择乡村教职后，不忘初心，甘守清贫，教书育人，在乡村教育和乡村建设中都做出了优异成绩，最终获得“最美”称号。一方面，作为接受过正规系统教师教育的现代教师，他们具备良好的现代教育知识与理念，教育信息化程度高，创新意识和科研能力也不弱，在教育教学中能取得良好的成绩，成为当地乡村教育现代化的引领者。另一方面，作为乡村社会中的文化精英，他们凭借丰富的城市化现代生活经验，主动、积极地融入村落生活，参与乡村重大社区活动，密切与村民的联系，积极为乡村社会发展服务，运用自己的智慧和能力，通过各种方法帮助村民减少不利的自然条件的束缚，发展生产，成为乡村社会发展的建设者。

二、乡土情感和职业认同：乡村教师主动入职的支柱

研究认为，影响个体职业选择和获得的因素，从求职者角度来讲，主要是其人力资本和社会资本；就职业本身来说，是其待遇、声望，以及工作条件、组织环境等等。15 位主动选择乡村教师职业的新生代最美乡村教师，他们原本就能甚至已经获得了比传统意义上待遇微薄、职业声望低下的乡村教职更好的职业，他们本可选择别样的、更好的生活方式和职业。但这群洋溢城市特征的年轻人，历经繁华而远离繁华，“逃出”乡村而重返乡村，义无反顾地选择乡村儿童，其选择的深层原因值得探讨。

我们依据扎根理论，对 15 位教师的事迹报道搜集整理，对其择业原因不做任何假设，而是紧扣主动选择乡村教师职业主题进行逐字逐句分解，提取报道中突出的、出现频次最高的现象，通过三级编码（开放式编码、主轴编码与选择性编码）对这些现象进行意义解释，发现影响 15 位新生代最美乡村

教师主动选择乡村教职的因素主要是其对乡村的情感和对教师职业的认同，而一般认为影响职业选择的其他重要因素如待遇报酬、工作条件、人际关系、组织环境却作用甚微，甚至几乎不起作用。这个结果与该群体教师的实际情况相吻合。因此，可以说深厚的乡土情感、高度的教师职业认同是新生代优秀乡村教师主动入职的两大动因。

（一）深厚的乡土情感

在15位新生代优秀乡村教师事迹报道中，涉及择业原因出现频率最高的话语是诸如“出身农村，从小就对家乡有感情”“爱乡村，爱家乡”“回报家乡”“从大山走出来的”“为了乡村的孩子”“本来就熟悉农村生活”“喜欢农村”等等。此类话语几乎在每个教师的事迹中都有出现，是开放式编码范畴化中的原始代表性语句（初始概念）。通过扎根理论三级编码，可确定这是影响他们主动选择乡村原因中的情感因素，基于中国乡村社会的乡土性基本特征，可将其确定为乡土情感。

乡土情感是个体对乡村人文自然、社会生活及文化伦理的持久而稳定的自我感受和态度体验，主要表现为对乡村的热爱感、认同感、责任感和满足感。“只有情感才是真正属于个体的，它是内在的、独特的，是人类真实意向的表达。”① “在冷冰冰的理性之下，时刻涌动并直接影响人的生存状态及行为方式的是情感。”② 有乡土情感的人，会对乡村他者生命世界生发出自内心的自然而然的关怀，对乡村依恋、热爱、认同、自豪，看重乡村对自己的意义，关心乡村的未来与发展，愿将自我命运与乡村兴衰联系起来，自觉地担负责任，反哺乡村。乡土情感使人基于乡村、为了乡村，成为真正内嵌入乡村的“自己人”，而不是悬浮于乡村社会的过客或异乡人。

乡村教师的乡土情感是乡村教师对乡村持久而稳定的自我感受和态度体验，主要体现在对乡村儿童的关爱，对乡村教育的执著，及对乡村社会的依

---

① 朱小蔓. 情感是人类精神生命中的主体力量［J］. 南京林业大学学报（人文社会科学版），2001（1）.

② 李继. 论教师情感的断裂与复归［J］. 中国教育学刊，2015（5）.

恋和担当。乡村教育是生发在乡村的教育，乡村教师是乡村教育的主体，“乡村”是个标志，强调了教师的乡村性。在城乡二元结构的现实语境中，城市中心主义在城优于乡的国家话语体系中不断被生产和固化，并严重地影响社会形态和个体选择行为。对很多人来讲，选择教师职业也许不难，难的是选择“乡村”。这是乡村教师下不去、留不住的最大困局所在。乡村教育先驱陶行知先生说：“要想完成乡村教育的使命，属于什么计划方法都是次要的，那超过一切的条件是同志们肯不肯把整个心献给乡村人民和儿童。真教育是心心相印的活动。唯独从心里发出来的，才能打到心的深处。”① “从心里发出来”的就是情感，对乡村教师来说就是乡土情感。决定乡村教师下得去、留得住、教得好的绝不仅仅是学识多、能力强、学历高，核心的是其对乡村社会的亲近与炽热的爱，即浓厚的乡土情感。

15 位新生代最美乡村教师因其有着深厚的乡土情感，“把整个心献给乡村人民和儿童”，所以选择乡村和乡村教师职业。吴金城大学毕业后在深圳找到工作，得知家乡小学缺少老师后，即返乡成为一名乡村教师。他做豆腐卖以补贴学校开支，被称为“豆腐老师”。他说：“有学生的地方，就得有老师，我不做谁来做？我愿意做苗寨的石板，为孩子们铺出一条走出大山的路！”②孙影辞去深圳收入丰厚的白领工作，赴贵州最贫困的乡村支教，再也没离开。她用自己的积蓄建设学校，资助山村儿童，年过 30 岁错失爱情，但她“为了山区的孩子们，我志愿”。③ 石明警放弃进城机会，他对孩子们讲“为什么我选择放弃，因为我深深爱着你们”，“我挑着农村孩子沉甸甸的梦想，我要怀抱大爱在这贫穷落后的地方播撒希望的种子”。④ 郁雪群主动到乡村教书，14 年调动 5 次，越调越偏远，她“愿永远做一株扎根在乡村土地上的向日葵，每天执著守望着一株株破土而出的‘小向日葵’，我们一起面朝阳光、心怀希

① 陶行知. 陶行知全集：第 2 卷 [M]. 成都：四川教育出版社，2005.

② 龙军. “豆腐老师”愿做苗寨石板路 [N]. 光明日报，2012—08—31 (6).

③ 叶海燕. 孙影：为了山区的孩子，我志愿 [N]. 中国妇女报，2011－12－20 (BO1).

④ 石明警. 为了山区的孩子们：我快乐我幸福 [J]. 贵州教育，2015 (20).

望地成长”。① 其他最美乡村教师莫不如此对乡村深怀感情。

选择从根本上来讲就是一种情感活动。“哪里缺乏情感，哪里就缺乏信念（或者不完整）”，“激情及其所激发的行动是最好的人类生活具有内在价值的成分”。② 有论者就认为，“在当下，一个通过接受高等教育而积累了良好文化资本的人如果去乡村任教，越来越显示出个人英雄主义的色彩并与个人的‘卓越德行’相关联”。③ 个人英雄主义色彩更多的是种情感、情怀。新生代最美乡村教师正是有着“捧着一颗心来，不带半根草去”的乡土情感，才会在明知乡村艰苦、乡村教师艰辛，在别人唯恐避之不及时，以一种“舍我其谁”的个人英雄主义，主动选择乡村教职，把其作为“志业”（beruf）而非仅为谋生的职业，当作乐事而非苦差践行，彰显出崇高的德行水平。

黑格尔说，没有激情，任何一个伟大的事业都不曾完成，也不能完成。乡土情感是新生代最美乡村教师主动选择乡村教师职业的内在动因，那这种情感又因何而生？对 15 位教师的人口学特征分析发现，其乡土情感有先赋特点，表现为其出身、生活经历具有乡土性。一是属地来源多为乡村。把高中以前的成长地视为来源属地，12 位老师来源于乡村，占总数的八成，3 位来自县城和地级市，占二成，无一来自省会城市。二是多出身于农民和小学教师家庭。出身农民家庭的 11 位，出身小学教师家庭的 3 位。以上说明这些教师中大多数在读大学前，基本上是在乡村度过。分析还发现，部分老师甚至有留守儿童经历。三是工作地域本土化。15 人中跨省任教的为 2 人，占 13%，其余基本上都是在出生地区域内乡村学校任教。也就是说新生代最美乡村教师中，超过 85%的是“本地人”。

新生代最美乡村教师所浸染的乡土底色，使其先赋性地有着乡土文化背景、血缘关系、生活习惯，具有共同的地域、身份和价值认同。此种状况于他们更容易产生和形成乡土情感。研究表明，个体会对家乡怀有天然的感情，

---

① 郑晋鸣，范雪强．“拼命三娘”的“向日葵梦想”［N］．光明日报，2013－07－12（4）．

② 努斯鲍姆．诗性正义［M］．丁晓东，译．北京：北京大学出版社，2010．

③ 王国明，杨赟悦．文化资本视角下的农村教师补充困境研究［J］．湖南师范大学教育科学学报，2014（3）．

农村出身的人更容易理解和认同农村。事实也如此。慎魁元“出生在大山里，理解农村孩子求学的渴望”[①]。出生于农村的邓丽，“更懂得农村家庭的艰辛、困难和农村孩子的无奈、辛酸，希望通过自己力量，让孩子找到幸福感，因而主动去最艰苦的学校”。[②] 郁雪群用“鱼知水情，草报土恩”来说明自己的择业动机，“我也曾是一名留守儿童，上小学后父母就顾不上我了，所以我特别能理解留守儿童需要什么。”[③] 魏庄蓉硕士毕业选择到大山深处任教，“希望回到我出生的那里!”[④] 谭兰霞“怀揣着献身家乡教育的梦想”，“毅然辞去城市工作”回家乡小学，“我没有理由不爱这些与我有着相似经历的孩子”。乡土底色使最美教师们感同身受，推己及人，乡土感情油然而生，最终把乡村教师作为自己的职业选择。

（二）高度的教师职业认同

有乡土情感，对乡村深怀热爱，也可通过其他方式和途径反哺乡村，为何选择乡村教职？这就涉及新生代最美乡村教师的另一择业动因。在他们事迹当中，与择业原因相关的次高频率话语是如“喜欢当教师”“梦想做一位教师”“当老师不错”“做一名乡村教师很伟大”“下辈子还当老师”“怀抱教师梦想”等，通过三级编码可归结为“教师职业认同”。也就是说，最美乡村教师主动入职还在于他们热爱教师职业，具有高度的职业认同。

教师职业认同是教师对教师职业及内化教师角色的积极认知、体验和行为倾向的综合体，是教师个体经验与其所处的社会、文化和制度环境之间相互作用的结果。[⑤] 教师职业认同为理解“何为教师”“为何成为教师”“如何成为教师”“成为何种教师”提供引导框架，是教师恪守职业承诺的关键，保证

---

① 甘甜. 见证成长是很幸运的事儿［J］. 江西教育，2017（10）.

② 狄奥，蓝静. 最美乡村教师邓丽：大山深处一抹红［N］. 中国青年报，2014－10－13（1）.

③ 郑晋鸣，范雪强. “拼命三娘”的“向日葵梦想”［N］. 光明日报，2013－07－12（4）.

④ 李芳，王欣. 硕士毕业走进深山当老师［J］. 农村新报，2015－09－17（3）.

⑤ 魏淑华，宋广文. 教师职业认同与离职意向：工作满意度的中介作用［J］. 心理学探新，2012（6）.

职业动机的核心，在很大程度上决定教师的职业抉择和留职意向。有学者就认为教师职业认同是乡村教师队伍建设的“本”。[①] 如果说深厚的乡土情感是新生代最美乡村教师选择乡村的心理基础，那么高度的职业认同，则是他们选择教师职业的心理支柱，二者共同构成其主动选择乡村教师职业的心理动因。

被研究的教师都有着高度的职业认同。一是能正确认知乡村教师职业。他们对这一职业本身，及内化的职业角色的意义和对自我的重要程度，都有着积极的认识和评价。胡娜说，“在北京的人潮中，我可有可无。在偏僻的乡村，才能更好地实现自身价值，也能帮孩子们点亮梦想。”[②] 杨富生认为：“为了让学生们能掌握更多的知识，让他们放飞梦想。自己什么样的投入都是值得的，对得起教师这个职业。”[③] 努比亚·阿西木觉得当乡村教师能实现人生价值，“能有更多的孩子在我的帮助下学到知识，是件无比快乐的事情”，她最喜欢的教育名言是陶行知先生说的“在教师手里操着幼年人的命运，更操着民族和人类的命运”。[④] 二是对乡村教师职业有深切的情感体验。他们在对乡村教师认知的基础上产生了该群体的归属感及享有积极的教学效能的感受和体验。马剑霞因不愿离开山村学校而放弃爱情。吴金城说：“有人不理解，我却很快乐。山村孩子有好前程，山村有好面貌，山民过上好日子，自己能当个好老师。付出有回报，所有的忙碌和艰辛都值。”[⑤] 吴健希望留在乡村学校，“那里有我喜爱的工作”，“我就打算在这个学校一直干下去了”！三是有良好的乡村教师行为倾向。这些教师不但积极完成教育教学任务，还承担起乡村教师作为大众知识分子的职责。在乡村日见凋敝，乡村学校日趋式微背景下，他们凭借丰富的城市化现代生活经验、智慧与能力，以各种方法助力

---

① 王鉴，苏杭. 略论乡村教师队伍建设中的“标本兼治”政策［J］. 教师教育研究，2017（1）.

② 曾毅，任爽. “很想成为你，因为你太伟大！”［N］. 光明日报，2013－07－01（4）.

③ 隋二龙. 梦想，在大山深处放飞［N］. 吉林日报，2013－09－02（5）.

④ 艾合买提·买买提. 青春闪耀：记全国优秀教师努比亚·阿西木［J］. 中国民族教育，2009（2）.

⑤ 庄电一. 一位大连女子的“扁担沟情结”［N］. 光明日报，2013－07－10（4）.

儿童成长，建设学校，改变乡村。孙影发起“爱在远山”的助学行动，300 多名贫困生受助。谭兰霞利用网络为特困儿童解决学习生活困难，建设爱心阅览室。郁雪群推广儿童阅读和关爱乡村留守儿童，创建 15 个推广近百个“向日葵阅读活动基地”，使乡村困境儿童拥有“乡村少年宫”。其他如马剑霞扩建学校，杨富生建立公益图书馆，邓丽成立阳光助学协会，陈仕华、程瑾修建学校操场和通校马路，等等。

正是因为新生代最美乡村教师具有高度的职业认同，对自己职业有发自本心的喜爱和热情，赋予其归属感与积极意义，享受教育教学生活，他们主动选择乡村教职，自觉投身乡村教育，并在工作中完善自身专业素质，克服因城乡差别、待遇微薄、工作繁重等问题带来的角色冲突，不断提高自身工作满意度和幸福感，实现了从“规定性角色”到“主体性角色”的超越。

新生代最美乡村教师的职业认同感也可找到来源。弗瑞德曾提出教师通过画时间轴，标示影响自己成长为教师的最大事件和关键人物，撰写个人传记回顾中小学时期的经历及其他影响专业发展的事件，与人分享成长故事的“生命之路”“经验之河”“故事交流”等教师发展职业认同方法。① 新生代最美乡村教师的事迹，其实就展示了他们的生命之路、经验之河和人生故事，在其中可发现其职业认同的建构过程。

一是家庭的熏陶。家庭环境及教养方式“影响着个体的基础性情感的发育及人格的形成”。出自教师家庭的老师，父母日常言行举止所体现出来的教师职业的普遍价值，对其的认识会产生积极的影响。孙影从小的梦想是像妈妈一样做小学老师，虽然大学读的是非师范专业，毕业后从事非教师职业，但最终听从内心召唤，辞职赴贵州乡村教书。胡娜出身教师之家，全家有 14 位教师，她从小就喜欢这职业，父母支持她从北京离职到乡村中学。努比亚从小就模仿当小学教师的母亲做老师。而出身农民家庭的老师，因从小就感受到父母对文化的渴望，对教师这种“文化人”的尊敬和感恩，体会到教师

① KORTHAGEN FRED A J. In search of the essence of a good teacher towards a more holistic approach in teacher education [J]. Teaching and Teacher Education，2004. 20 (1)：77—97.

的价值和意义，因而认同教师职业。马剑霞、石明警等就因之而对教师和教育事业充满了向往。

二是求学经历中榜样教师的影响。魏庄蓉受小学老师牟方应影响，7岁时就立志当小学教师。陈仕华、慎魁元等因崇敬小学时的老师而下决心要做小学教师。郁雪群“很庆幸当年能遇到黄之山、郁仁鸿老师，他们像家人一样陪伴在我身边，我也决心像他们一样，给留守儿童更多关爱”。[①] 杨富生牢记大学老师的教诲：“哪里都有实现梦想的舞台，偏远山村现在需要教师，你一定要坚持下去。”

三是职前教育阶段的教师职业体验。15位教师多为师范专业毕业，从其事迹可见，在大学期间的课程学习、见习实习及其他实践体验活动，对他们认知、感受乡村教师，并由此形成认同感，而选择该职业起了很大作用。非师范院校毕业的吴健，大三时去乡村小学支教，生病受到学生悉心照料，深受感动，觉得当教师幸福，从此不愿离开学生和乡村学校，毕业就去了宁夏扁担沟小学，演绎了“一位大连女子的‘扁担沟情结’”。

新生代最美乡村教师通过其本人与文化、环境的互动，先赋性、结构性和建构性地形成了高度的乡村教师认同，这种认同又强烈地影响了他们的职业选择。从15位新生代最美乡村教师现有的事迹资料做质性分析，影响其主动选择乡村教师职业因素并不多，总的来看，深厚乡土情感和高度职业认同是最主要的两大动因。

三、积极推进新生代主动入职教师

新生代最美乡村教师是新生代乡村教师的优秀代表，他们主动入职的行为及动因具有典型性和示范性，对当前和今后的乡村教师队伍建设有极大借鉴意义。

① 郑晋鸣，范雪强．“拼命三娘”的“向日葵梦想”［N］．光明日报，2013－07－12（4）．

（一）反思现有政策举措，“内外”结合建设乡村教师队伍

新生代最美乡村教师主动选择乡村教师职业的动因主要是内隐于其心灵深处的乡土情感和职业认同，而非经济待遇和物质条件等外在性的因素。这说明作为具有较高文化资本的新生代乡村教师，物质待遇并非其择业的先决条件和最强动力，在某种程度上，内生于其心中的情感、信念、价值观更能有力地引发职业动机和职业承诺。这应引起我们对当前乡村教师队伍建设的一些政策措施的反思。

长期以来，国家和地方对乡村教师队伍建设出台和实施了许多政策和举措。纵览这些政策和举措，对乡村教师的激励主要是集中于物质经济和人力资本的投入，在经济待遇、物质条件、职称编制、城乡交流等方面用力，是种典型的以外源激励为主的扶持性政策，只为乡村教师“输血”而非助其“造血”。政策工具的前提假设是将乡村教师看作单纯的理性经济人，把经济物质作为人的唯一需要。政策夸大了物质在人的行为选择中的作用，忽略了人的社会属性和精神心理的力量。人的需求层次理论证明了人的精神层面的重要性和巨大作用，而当前不断提高乡村教师待遇依然不能吸引更多的优秀人才加盟乡村教师的事实，说明了现有对乡村教师以外源激励为主的政策举措的不足。我国乡村教育的历史和现实都表明，光靠物质条件是办不好乡村教育的。陶行知等先驱们筚路蓝缕以启乡村教育，凭借的是爱乡爱国爱民爱教的情怀。过去和现在涌现出来的大量优秀乡村教师（包括本文中的新生代最美乡村教师），选择和坚守乡村教职都不是因外在物质待遇的“引诱”，而是精神、情感、信念在引导和支持着他们。

乡村教师不仅是个经济人，更是个社会人。“既然教师之成为教师，更多的是‘自造’（self-made），而不是‘被造’（be made）”。[①] 弗瑞德在论及教

① 李斌辉. 论教师的“假性成长”：教育行政的视角［J］. 教育发展研究，2009(22).

师的改变时提出了“洋葱头模型”,① 认为教师发生根本性的改变在于处于洋葱头最核心的“使命”“认同”和“信念”的改变。事实上也如此，各种外在的旨在帮助教师或提升教师能力的行为若没有被教师内在地赋予意义，其成效是有限的。而教师认同，是教师赋予意义的资源。② 还有研究表明，对于职业稳定性，在收入一定或变化不大的情况下，心理感受、精神追求等因素比收入的影响程度更为明显与积极。③ 因此，乡村教师队伍建设应在保证一定的待遇条件下，强化教师的内生性需求，发掘其精神力量。《关于全面深化新时代教师队伍建设改革的意见》要求新时代教师队伍建设要分类施策，应立足我国国情，借鉴国际经验，根据各级各类教师的不同特点和发展实际，考虑区域、城乡差异，有针对性地定向发力。立足我国乡村社会乡土性特点，引导乡村教师形成乡土情感和乡村教师认同，实现“乡土回归”，应是乡村教师队伍建设分类施策的一个重要举措。

（二）建构乡土取向的师范生招生、乡村教师选聘机制

对新生代最美乡村教师的研究表明，具有乡土底色的新生代更容易形成乡土情感和教师职业认同感，因而也更愿意主动入职。基于此，为更好地补充乡村教师，应建构起乡土取向的师范生招生和乡村教师选聘机制。

2015 年以来联合国教科文组织在多个报告中，建议吸引最优秀的并有意服务于偏远落后地区的学生接受教师教育。④ 在我国，乡村教师支持计划出台后，有近半数省份在实施方案中要求师范院校实行定向招生，本土化培养乡村教师。可见全球都已关注和重视乡土背景在乡村教师职业选择上的独特作

---

① KORTHAGEN FRED A J. In search of the essence of a good teacher towards a more holistic approach in teacher education [J]. Teaching and Teacher Education，2004，20 (1)：77—97.

② MacLure，M.. Arguing for your self：identity as an organizing principle in teachers' jobs and lives [J]. British Educational Research. Journal，1993，19 (4)：311—322.

③ 付淑琼. 美国农村教师保障机制研究：以弗吉尼亚州家乡教师项目为例 [J]. 中国教育学刊，2012 (2).

④ 联合国教科文组织. 反思教育：向“全球共同利益”的理念转变 [M]. 联合国教科文组织总部中文科，译. 北京：教育科学出版社，2017.

用。但从目前定向培养实施情况来看，还存在较多问题，一是只定区域而不定城乡，很多定向生是城镇生源；二是定向生并非都愿意从教，有的是因成绩不够好，或家庭经济困难等原因报考，并非出于对乡村教职的热爱。

这就须改进乡村教师定向招生，改变以往只要报考不管城乡来源，只看成绩不管意愿的形式。对于定向生源，应主要定向于区域内的农村生源，还需综合考评学生的综合素质。实施职业性向测试，考察定向生的心理特征、情感倾向、从教潜质和职业动机等，确保其与乡村教职匹配。动态管理定向生，消除制度壁垒，避免一定而终，为有志于乡村从教或不宜乡村从教的定向生提供顺畅的进入或退出渠道。在此方面，美国“培养自己人”的乡村教师培养项目的做法值得借鉴。① 其做法是高校在初、高中招聘教师候选人，让其提前接触同伴互助、辅导营、角色塑造及教育理论课，以引导他们完成学业，愿意从事教学。面向中学生的“主队计划”和“教师军校生计划”，都向高中学生提供介绍教师职业的课程，并尝试进行教学体验，之后再由学生自愿报考教师学院。该项目实施的效果很好，也因此成为“最杰出的两个未来教育者项目”之一。

乡村教师的选聘也应体现乡土取向。具有乡土背景更易有乡土回归情节，在相同待遇条件下，这种准教师最有可能选择和坚守乡村教职。澳大利亚招聘乡村教师就优先考虑有农村背景的应聘者。美国招募乡村教师会考虑应聘者的性格和背景，热爱乡村、有家乡情结的毕业生是首选对象。选聘时还可把应聘者乡土情感及乡村教师认同感作为招聘条件考察。如评判应聘者对乡村教师的认知和评价，考察其对乡村生活和乡村儿童的态度及了解状况，对乡村学校课程与教学的认知和评价。需注意的是，就我国当前乡村教育实际，不能对乡村教师的学历做过高要求，只要拥有教师资格，具备规定的素质和能力，对乡村充满感情，认同职业，对乡村教育有使命感，他们就是乡村教师良好人选。

---

① 周芬芬. 农村教师短缺：美国州和学区的对策［J］. 比较教育研究，2016（6）.

（三）加强职前教师乡土情感和职业认同感的培养

职前教育为乡村教育准备教师。鉴于乡土情感和教师职业认同在乡村教师职业选择中的重要性，职前教育应通过各种途径培养可能成为乡村教师的学生的乡土情怀和职业认同。师范生无实际教师工作经验，相较于在职教师，其乡土情感、职业认同具有明显的未来指向性，主要在于驱动他们勤奋学习，为毕业后从事乡村教育做好准备，并能在职业决策中选择乡村教职。

强化课程学习。内在情感和信念的产生都是建立在对事物的认知之上。师范院校应开设相关乡村教育类课程，职前教师通过课程学习，能激发和唤醒自身的乡土情感和职业认同。一是理论课程。如乡村社会学、乡村教育学及各种相关的专题研讨。鼓励师范生开展服务性学习，在学习中了解乡村社会发展的道路、现实状况，认识乡村教育在振兴乡村社会中的意义和价值。二是技能课程。如乡村课堂微格训练、乡村教师职业技能训练等，让师范生形成乡村教学技能；如“复式教学”技能等，提高其乡村教学效能。三是实践课程。如乡村学校见习实习、社会实践等课程。师范生进入乡村学校真实教学情境，熟悉了解乡村儿童，体验感受乡村教学，认知理解乡村文化。

加强情感教育。时常向学生展现当前乡村教育现状，唤醒并维持师范生乡村情怀。密切与当地乡村学校的联系，适时组织学生赴校参观、学习、交流，开展支教、帮扶乡村儿童活动。鼓励学生假期返乡体验，对比家乡与母校的今昔变化，了解和感受乡村教育和乡村文化生态，以教育者而非学生的视角去审视家乡教育状况，通过撰写日记或日志，表达感受和体验。开展以感恩乡村为主题的实地调研活动，让师范生切身体验乡村文化、感受乡村魅力，树立回归乡村、支援乡村的从教理念和反哺意识。

通过榜样引领。教师教育者特别是教师教育类课程老师，要做好对职前教师乡村情感和职业认同的言传身教。师范院校应聘请或增加一线优秀乡村教师作为课程教师，使准教师对乡村教师有更多更深入的认识。还要发挥“新乡贤”群体的典范作用，以定期讲座或座谈方式，聘请如“最美乡村教师”“最美大学生村官”“最美乡村医生”等新乡贤群体作为师范生的人生导师，为学生引路。

（四）形塑关于“乡村”“乡村教师”的正面想象，重塑乡村文化价值和尊师重教风气

新生代最美乡村教师主动入职的动因表明，乡土情感和乡村教师认同是优秀乡村教师所具有的社会性格，它们也应是乡村教师必备的重要专业素养。不同于其他情感体验和职业认同，二者具有很强的乡村境域性，从当前的社会大背景来说，它们的形成还需在全社会形塑关于“乡村”“乡村教师”的正面想象，重塑乡村文化价值和尊师重教风气。

乡村既是地域范畴，又是文化符号，乡村教育也不只是空间和时间的概念，更有着意义和价值的存在。二者能否为个体教师主观上所接受和认同，取决于教师如何为“乡村”和“乡村教师”赋予意义，而赋予何种意义又受社会中已有公共叙述的影响。如当全社会对乡村都持“贫穷”“愚昧”“落后”的印象，对乡村教师持“低素质”“低地位”等污名化的形象认识时，教师（准教师）很难为之赋予积极意义。因而，国家有必要借助舆论资源在全社会形塑和构建关于“乡村”及“乡村教师”的正面想象。“乡村”并非贫穷、落后的代名词，而是自然、淳朴的美好象征，是乡愁的渊薮。去当乡村教师，意味着教师追求自然简单、本真单纯的生活方式。选择乡村教职，致力于乡村教育，建设美好乡村，既是新一代青年的责任，亦是教师在职业生涯中挑战自我，发展自我，实现自我的途径。事实上，在某些地区已出现“逆城市化”现象，一些城市人群离城往乡村生活。因此，此种正面想象已有一定社会基础。新生代最美乡村教师事迹中就可发现，他们常赞叹乡村民风淳朴、儿童朴实，自然环境优美，人际关系简单。这种对不同教学环境和对象的碰触，实际上也拓展着教师自我发展的可能性。现实中有不少乡村教师就是如此作意义赋予并投入实践的。相关部门应多方面汇聚合力这些能量，形成正面的社会舆论导向。

重塑乡村文化价值和尊师重教风气。雷诺兹指出，教师认同受文化脚本

和职场景观的影响。[①] 重塑乡村文化价值是提高乡村教师职业认同的重要路径。从教育上来说，就是要树立城乡教育特征思维，[②] 即由城乡教育的优劣思维转向城乡教育的特征思维。前者标签化地把城市教育看作是现代的、优质的，乡村教育是落后的、劣质的；而后者则是要把城市教育与乡村教育看作是两种不同特征的教育。乡村教育是要依据乡村的特点、优势，融入现代教育理念，办属于乡村的教育，而不是对城市教育亦步亦趋，陷入永不可及的“文化苦旅”。具体来说，乡村学校在培养目标、课程内容、师生评价体系等方面应加强与乡村实际生活的内在关联，校本课程和校园文化建设应突出乡村文化的育人价值。此外，还需重塑乡村教师教书育人的普遍价值，再树乡村尊师重教的风气，破除乡村社会中的“读书无用论”，让乡村教师不再与城市学校拼升学率，而是接地气地立足乡村，安心地教在当下，体验做真正的乡村教育事业，享受乡村教师职业带来的成就和荣耀。

我们通过对部分新生代最美乡村教师事迹的内容分析，揭示了其主动选择乡村教师职业的两大动因，并借此对如何进行乡村教师队伍建设提出了建议。但由于研究对象的范围过小，数量不多，加之缺少与研究对象的深度交流，而影响教师入职的因素又是多方面的，因而得出的结论可能不全面，有必要在以后的研究中更进一步深入和细化。

① 周成海. 导正教师认同教师教育的重要使命［J］. 中国教育学刊，2007（11）.

② 邬志辉. 2017 中国农村教育发展报告［EB/OL］.（2017－12－27）. http：//www.jyb.cn/zcg/xwy/wzxw/201712/t20171223_900288.html.

第三章　引领教师课改

课程改革是提高我国教育质量的必然要求，不进行课程改革教育就不能得到发展。课程改革中教师作用巨大，课程改革的成功与否，与教师息息相关。可以说教师既是课程改革的主体和生力军，也是课程改革的最大障碍和阻力。课程改革的成功依赖于成长起来的教师，教师的成长应是来自于在课程改革实践中的锻炼和磨砺。教师治理，应引领教师践行课程改革，在课改中成长，在成长中课改。

第一节　培育课程理论素养

课程理论对于从事课程教学的一线教师的成长作用应该是不言而喻的。但现实是中小学教师疏离了理论，“在一些本应由高理论群体构成的教育工作者队伍中，看到的却是低理论群体”。① 课程理论无用，在教师们看来，就是理论与他们的教学实践脱节，就是理论不能联系他们教学的实际。“教育理论与实践脱离的问题是一个多年煮不烂的老问题”（叶澜语）。我们认为当前的课程理论研究中确实存在着严重的与实践脱节的问题，但当我们用辩证的眼光审视当前的现实后发现，这一问题的出现，理论研究者固然不可免责，但实践者也应承担责任。不仅仅理论脱离了实践，实践也在有意无意地反对或摆脱理论。教师应在课程改革中提高理论素养，促进自身成长，这是保证自己能正确地进行课程改革的前提。

一、正确处理理论与实践的关系

教育实践者——广大教师认为当前的课程理论脱离课程实践，课程理论不能指导教育教学实践，是基于这样一种认识：理论必定来源于实践，又必须回归实践，接受实践的检验。从理论的终极意义说，这种认识无疑是正确的，因为理论的终极源泉在于实践。但是这种简单的认识导致人们对课程理论与教育教学实践关系认识的浅表性、简单化，不能深刻揭示二者之间复杂、丰富的关系内涵。理论来源于实践的终极性，决不排除理论源泉的多样性，不排除在一定维度上，理论还可来之于理论，来之于感悟，来之于思想体系。例如，马克思主义就是在对德国古典哲学、英国古典政治经济学和英法空想

① 石鸥．教学别论［M］．长沙：湖南教育出版社，1998.

社会主义三大理论的合理吸收发展而来，赞科夫一般发展思想的基础来源于维果茨基的“最近发展区”理论。在课程理论探索中，有来源于实践的课程理论，有来源于哲学的课程理论，有来源于科学的课程理论，也有来源于“知识形式集合”的课程理论等。理论的形成可以基于某种已经存在的学术理论，即由概念体系、语言而来。片面理解理论与实践的关系，只强调理论应来之于实践，而对理论本身重视不够，就会导致一方面出现轻视教育理论的自然主义苗头，另一方面会使相当部分理论研究自觉纠缠于经验总结层面而不能自拔，忽视其他理论科学的营养。教育理论（课程理论也是教育理论）的重要特征之一是它包含着丰富的心理学、社会学、历史学和哲学的理论要素和理论概念。没有这些学科，恐怕现在还找不到独成体系的教育理论——尽管恒有教育实践。因此，片面地要求理论研究者必须来自于教育教学第一线，必须从事教育教学实践，就如同要求一个人还得从猿人一步步进化而来一样不现实。

四十多年前一个“实践是检验真理的唯一标准”的论断，让我们进入了一个崭新的时代。这个论断当然是正确的，但这依然是从终极意义上来说的。实践的成败与理论的关系非常复杂。理论一旦形成，它就有了自己的个性，它可以与实践同步，但更多时候是超越实践或落后于实践。因此，在当下的实践中，对理论功能的评判是相当复杂的，我们难以对理论在实践中的效用进行当下评价。杜威的实用主义教育思想在很长一段时间，受到美国人的青睐，但若干年后，特别是在苏联人造卫星上天后，却受到千夫所指。因此，我们不能简单地说教学实践是检验课程理论正确与否的唯一标准。教学实践本身并不是权威，一种课程理论在实践上成功与否并不是验证其正确性的充分条件。课程理论不是技术学、规则学，也不能像自然科学那样从中产生出技术和规则，它不能向教学实践承诺纯粹的教育技术和规则，当然不能用自然科学的范式衡量和评价课程理论。教学实践不成功并不意味着理论存在问题，而一般是“在理论不能成功的地方，人们认为它失败了”。① 从现实来看，

---

① 迪尔登. 教育领域中的理论与实践［A］. 瞿葆奎. 教育学文集·教育与教育学［C］. 北京：人民教育出版社，1993.

教学实践的存在形态是人的活动和行为，人有个体与群体之分，且总是以一定的时空、环境和资源作为必要条件，所以教学实践除共通性外，总还具有鲜明的历史性、地域性、生成性和综合特殊性。教学实践的成败与众多的因素相关，既有社会政治、经济、文化、科技等宏观方面的因素，又有教育制度、教育设施、教育主体、受教育者原有基础等微观因素。实践者的教学活动虽受一定课程理论的引导，但常会因以上各种因素和实践者自身功利性要求的影响而偏离教育规律。

新课程改革以“为了每一个学生的发展”为核心理念，在具体的理念上倡导全人教育，关注情感、态度、价值观，反对过分注重知识传承和技能训练；要求建构综合性、均衡性与选择性的新课程结构；强调实现课程内容的现代化，淡化每门学科领域内的“双基”，精选对学生终身学习与发展必备的基础知识和技能；提倡建构性学习，强调自主、合作、探究的学习方式；提倡形成正确的评价观念，建立评价项目多元、方式多样的发展性评价体系，改变过分偏重知识记忆与纸笔考试以及过于强调评价的选拔与甄别功能的倾向。但是，在这种理念指导下的教学，学生的考试成绩、升学率，未必就能强于传统的应试教育。那么是否能说，这些新理念就是错误的，应试教育的思想就是正确的？再者，既然课程理论是通过实践者的角度对实践发生影响，因此也受制于实践者对理论的理解、领悟和运用是否合理等因素。我们提倡“素质教育”，很多实践者就把搞音体美兴趣小组当作素质教育的全部，在他们看来素质教育就是培养音体美兴趣。新课程提出“师生平等对话”的理念，但是，一些实践者把对话理解为就是师生的一问一答，所以我们看到当下的很多课堂教学都是教师满堂地问，学生殚精竭虑地答，这自然会产生新的教学问题。但是，我们能据此就认为“素质教育”的思想和“平等对话”的理念就是错误的吗？目前的一些理论如愉快教育、成功教育、目标教学理论、先学后教理论等在一些学校能取得成功，在其他学校却失败，怎么来认定这些理论是正确或错误？一个基本正确的课程理论在教学实践中由于条件的不具备可能会失败，而一个错误的课程理论在实践上却可能会看似有效。日常经验水平的教学实践并没有验证课程理论的本质力量，只有在人为控制的实验条件下才能确定课程理论的科学性和教育规律的客观性，才能对教学工作的科学假说及其推论进行验证。“教育理论和教育实践的生命在于教育实验。”但教育实验也不是万能的，实验方法也具有明显的局限性。运用实验法研究教育问题，要求对教师、学生、教材、教法和场景的正确把握，甚至时间和精力都加以严格的控制，在教育教学过程中，研究者要做到严密控制实验条件是极为困难的，而“控制”恰恰又是实验方法的灵魂。因此，即使是用教育试验来证明某种理论，我们说，依然是困难重重的。

因此，当教育实践一旦陷入困境时，实践者所需要做的，不应当是对课程理论进行指责，而是要对导致实践失败的因素进行科学、合理的归因。不能因实践失败而丧失与理论对话的信心。

二、课程理论不可能是处方

在课程改革中，广大实践者——教师轻视课程理论，因为理论常常对他们“无用”。其实，实践者并不是不要理论，他们需要的是一种拿来即可为我所用，能够具体操作的，具有实用价值的理论。我们或许对这样的情景早已司空见惯——在新课程培训当中，在一些有关课程改革的讲座、专题报告后，实践者的反应往往是：理论挺好的，也应该那样做，但是你能告诉我“怎么做”吗？“怎么做”这一问题是教育实践界共同的心声。在不断拷问“怎样做”的背后已显示出教育实践者对何种理论的需求。在一次关于课程理论与实践的对话中，一位老师这样说：“我们需要一些理论工作者帮我们提升，但不要那种上位的理论，而是要与现实进行相互关照、相互渗透的理论……”一位从事管理的实践者这样说：“对于实践工作者来说，是有条件的需要理论，理论总是为我们解决问题所用的。理论工作者常喜欢把实践工作者的某一个活动案例放大，这导致实践工作者对理论的拒绝。我们并不欢迎所有的研究者，我们也是有所选择的。”① 有研究者先后十余次到某中学，参与语文

① 王海英. 在“教育理论脱离实践”的背后［J］. 湖南师范大学教育科学学报，2005（9）.

组集体备课活动，他们对老师从语文教学内容重构等理论讲起，推荐阅读相关理论书刊，研讨从哪些角度确定本课教学内容，颇费了一番工夫。一个月过去，对一篇目的研讨还处于确定教学内容阶段，有老师急了："教授，能不能告诉我'一、二、三'，这篇课文怎么上?""教授，您说怎么教，我们依您说的做。"[①] 在这些老师心目中，课程理论的功效在于对问题的一触而解，课程理论应该相当于医生给病人开的处方，一线教师"按处方吃药"，即可"药到病除"。综观实践者的声音，可以这样认为：实践者需要的就是能为我所用的策略性的理论，一种"师傅带徒弟"式的实用性理论。实践者也追求理论，但其目的是帮助他们提升，帮助他们对实践进行联通，其核心的目的仍然是"有用"。然而当实践者以"是否有用"来衡量理论的价值，并渴望"有用的"理论的同时，自然也就拒绝了其他"非有用"的理论。用实践者的话来说，"我们对理论也是有所选择的"，选择导致拒绝，尤其是导致对"无用"理论的拒绝。于是，理论在实践者的眼里只简化为一种"实用性的策略"。实践者这样的选择其实是对理论的摆脱，对价值层面的理论的摆脱。因为这种选择必然会蕴含在他们的教育实践中，最终导致教育实践对课程理论的拒绝。

教育理论作为人们对教育的理论性认识，是理性思考的产物。它既是一种事实性认识，又是一种价值性认识，也是一种相对性认识。它包含着对教育的价值性判断，渗透着教育研究者的文化理想及其对生活实践的关怀和人生价值的追求，体现了教育研究者对于人生、人性、集体、社会、国家、民族等基础的巨大的价值载体的经验、洞察和认同。就其性质说，它并不是纯粹理性的或实证的知识体系，而是一个主观的、价值的、有限的领域，它尽可能地揭示教育规律，但本身并不是纯规律的知识体系。因而，教育理论对实践的作用无论是在普适性上，还是在具体作用于教育实践的过程上，都不具有客观科学知识对实践的指导意义，也不具备强制性的效力。[②] 教育理论以概括、抽象判断（程度可以不一）为其共同特征，而概括、抽象的层次与类型的差异则构成其内部的层级与类型。叶澜把教育理论划分为学科基本理论

---

① 陆平. 教学实践的"理论虚脱"现象及对策［J］. 教学与管理，2011 (7).

② 彭泽平. 对教育理论功能的审视和思考［J］. 教育研究，2002 (9).

和应用理论。她还指出理论反映实践有三级水平。① 第一为最初级的水平，理论能正确地描述实践本身。这种理论虽不能算严格的理论，但它已区别于实践，以与实践主体相脱离的符号存在。这种描述对于实践主体也许并没有太多的作用，但可以为其他人的类似实践提供具体的借鉴。第二级水平为对实践的解释和说明，以揭示实践中的因果关系为主要任务。它已经进入了理论形态，但还是对具体实践因果关系的解释和说明。第三级水平为对某类实践的规律揭示，这一级的理论已呈原理的形态，具有较高的抽象度。并不是任何层次的理论都具有同等反映实践的水平。"那种不区分理论层级性，简单要求无论什么理论都要直接带来对实践的操作性效应的观点，至少是对理论与实践关系简单化理解的产物，我以为不应提倡。""如果达不到直接应用的水平，应用理论研究者实践工作者就指责基本理论研究人员脱离实际，这是不公正的"。② 张华把20世纪的各种课程理论划归为四大类：常规性课程理论、描述性课程理论、实践性课程理论和纯粹性课程理论。③ 无论是何种层次类型的课程理论，它舍弃了教育现象的个别性和特殊性，反映了教育活动的内在本质与普遍规律，其具有的抽象性、概括性、系统性和普遍性的特征是不可能消除的。因此，从某种程度上讲，许多课程理论是不能直接转化为教育实践的。课程理论对实践的指导往往是间接的，它并不能直接地、处方式地告诉实践者去解决实践中的问题。

那么，课程理论对于教育实践的意义是什么？首先是唤醒。实践者通过学习课程理论，可以恍然大悟，更好地理解自己的教育处境和教育行为。其次是认识。促进教育实践者对教育实践的理解与认识，使他们形成更为完整的关于教育实践的景象。再次是引导。给教育实践者一种方向感，使他们可以向着理论提供的方向努力。最后是启发。使实践者受到某种启迪，触发他们新的联想与想象，从而走向创新之途。正是在这样一些意义上，课程理论

① 叶澜．教育研究方法论初探［M］．上海：上海教育出版社，1999.

② 叶澜．思维在断裂处穿行：教育理论与教育实践关系的再寻找［J］．中国教育学刊，2001（4）.

③ 张华．从理论与实践的关系看20世纪课程理论发展［J］．教育研究与实验，2000（6）.

推动着、影响着实践者的教育实践。我们只能说课程理论可以为教育实践者提供启发、参考与依据，它不会直接告诉实践者，第一步怎么样，第二步怎么样。那样的话，理论就不是理论了，而是一种操作指南，一种说明书。理论过于注重现实中的单个问题，头痛医头、脚痛医脚，就难以触及整个教育问题的实质，难以对现实教育进行全面、整体、内在和深刻的观照。

因此，实践者因为“选择”不到对自己“有用”的课程理论，而拒绝它或者反对它是大可不必的。设想一种课程理论完全有效是不现实的，这不仅因为教育理论的本质特征决定了课程理论只能为教育实践提供概要的、粗略的，甚至是不确定、不可靠的导引，而且因为“客观世界走着自己的道路，人的实践面对着这个客观世界，因而目的的实现就会遇到困难，甚至会碰到无法解决的问题”。① 所有的教育理论都不可能以具体情境中的少数实践者为指导对象，适合某种情境的指导势必脱离了另外情境的需要。从这个意义上，卡尔对教育理论所作的“既不是形而上的，也不是技术性的，而是一种关于怎样实践‘善’、追求‘善’臻达于‘善’的知识”② 这一判断是合理的。当代课程理论专家德克尔·沃克指出：“任何领域的理论，其好处在于提供一种框架，以便对重要的问题和方法进行概念分析和条理化。然而，课程的理论——那种正确而完整的，可以作为——实际决定依据的理论，根本就不存在。”③ 西蒙也指出：“我们不应要求教育史的研究对任课教师的实践产生直接的影响。”泰勒则认为：“我们把社会研究纳入教师培训计划，并不是因为在学习这些内容与改善教学技术或教学实践之间有一种明显的联系。”④ 实践者对待课程理论的正确态度，应是不幻想有一种万能的理论，能直接为自己解决所有实践中的问题，更不能因为没有“实用”的理论而拒绝理论，应该而

---

① 列宁. 列宁全集：第 38 卷 [M]. 北京：人民出版社，1969.

② Carr，W.. Theories of Theory and Practice [J]. Journal of Philosophyof Education，Vol. 20，No. 2，1986.

③ 艾伦·奥恩斯坦，费朗西斯·汉金斯. 课程：基础、原理和问题 [M]. 柯森，等译. 南京：江苏教育出版社，2002.

④ 迪尔登. 教育领域中的理论与实践 [A]. 瞿葆奎. 教育学文集·教育与教育学 [C]. 北京：人民教育出版社，1993.

且必须通过对理论的学习、吸收，得到理论的启迪与导引，调整自己的实践行为，从而解决实践中的问题。

三、经验不能代替课程理论

作为实践者的一线教师之所以轻视课程理论，还在于他们拥有一定的教育实践经验。经验是指经历、体验，泛指由实践得来的知识或技能。教育经验，主要是指实践者个体在具体的日常教育实践中的经历与体验，以及由此而获得的知识或技能。布迪厄认为，实践者在日常社会生活中的行动总是按照一种“合情合理”的策略进行的，这种策略既不是对外部环境的机械反应，也不是某种理性的盘算、自由地筹划，而是个体在特定的生活与实践环境中逐步形成的。经验，无疑是个体在日常实践中的策略选择与展开。这种策略也就是布迪厄提出的“惯习”（habitus）。惯习是指“存在于社会建构中的性情倾向系统，这些性情倾向在实践中获得，又持续不断地旨在发挥各种实践作用；不断地被结构形塑而成，又不断地处于结构生成过程之中”。教育经验作为实践者个体在日常教育实践过程中所形成的认识与行动图式，即是实践者日常教育实践中的“惯习”。① 一方面，实践者在自身的日常教育实践中，通过重复和积累生产着自身的经验系统；另一方面，他们又不断运用自身的经验图式进行判断、选择、开展自身的教育教学实践。教育经验抑或说是“惯习”，一经形成就具备了惰性和稳定的特征。它使实践者在日常的教育实践中产生对于生存环境的熟悉感与信任感，产生生存于世上的连贯统一的感觉，再生产他们自认为对常规情形合适的实践活动，以维持自身对于现实教育环境的安全感与信任感。经验或惯习常常能够使实践者下意识以及平稳地完成自己的实践活动，尤其是当他们面对新的教育情境时，依然能够凭借经验，“任它风浪起，稳坐钓鱼台”。由于有了经验的作用，实践者对于教育理论就不那么看重了，理论对他们来说就成为了可有可无的东西。

---

① 皮埃尔·布迪厄，华康德．实践与反思：反思社会学导引［M］．李猛，李康，译．北京：中央编译出版社，1998.

教育实践需要教育经验和常识，但仅仅停留在教育经验和常识的层次上是远远不够的，“二十年教育经验也许只是一年工作的二十次重复”。没有教育经验到教育理论的升华，没有感性到理性的跃迁，就不可能获得关于教育的规律性的认识，教育实践就只能在低水平上重复，而这有悖于现代社会对教育实践的要求。倘若我们停留在这样一种层次上，也就不可能有专业的成长和发展，更体验不到教育活动赋予我们的理性和情感满足的乐趣。俄罗斯教育学家打了一个比方说：“总结和不断完善制作煤油灯的先进经验，是根本不可能导致电灯的出现的。对此需要一种全新的思维和探索方向。况且，科学的价值不仅在于研究正面经验，而且也要研究负面经验。”① 因此，关键不在于经验本身，而在于从经验中得出的思想。换句话说，单纯的经验积累并不意味着实践者的专业成长，实践者“要增添自我对实践的理性反思和批判意识，扩大自我的教育视野和理论胸怀。在教育实践的过程中，要形成以一定的理论原则为依据的意识，努力使实践成为理论的一种实践观照”。②

实践者轻视课程理论，还因为他们在实践前已经具备了一定的理论，即“内隐理论”。陈桂生在批评理论必须指导实践的观点时指出，“这种关于‘理论指导’的观念，实际上假定所有实际工作者是在同样的环境、条件下工作的，并假定实际工作者的头脑中是一片‘理论的真空’，可以听凭别人把理论塞进自己的头脑，由于这种假设不能成立，故要求理论指导这样的‘实践’，实际上是对理论的苛求”。③ 确实，教育教学是一种智力性实践。它富含理论，且较频繁地被人们所了解。④ 教师在取得教师职业资格时，已经通过学校教育或其他形式的培训、学习获得了一定的教育理论知识。所以只要基本能教学，教师实质上就已掌握了一定的有关理论（有时可能是无意识的），他们的大脑不可能是“一片空白”。这样，以知识形态表现的理论对他们就不那么新鲜，

---

① 钟启泉. 教学研究的转型及其课题 [J]. 教育研究，2008 (1).

② 彭泽平. 对教育理论功能的审视和思考 [J]. 教育研究，2002 (9).

③ 陈桂生. “教育理论与实践关系问题” 的再认识 [J]. 湖南师范大学教育科学学报，2005 (1).

④ 石鸥. 在 “理论脱离实践” 的背后：关于教育理论与实践的关系的反思 [J]. 高等师范教育研究，1995 (3).

也不那么重要与迫切了。这方面显著不同于工程设计等实践。后者对常人来讲相当陌生，要熟悉它就必须掌握有关理论。这样，理论对他们就既有新鲜感，又觉得实用而必不可少。实践者的内隐理论对教育实践有时候是非常有效的。但是，如果实践者对其一味地固守或依赖，而不能吸收新鲜的理论，更多的时候其会成为实践的包袱。内隐理论具有程序性和缄默性，刚开始很难被实践者自身意识到。因此，教师对自身的反思往往需要教育理论研究者的点拨，帮助实践者厘清自己的个人理论与教育实践之间的关系以及新的理论与实践者个人理论之间的矛盾，将内隐理论显化，然后逐步进行有意识地自我诊断、自我反思和自我校正，并不断将自己的个人理论转化为公共理论。

实践者不欢迎课程理论，还在于他们在对教育目的的认识上存在偏差，方法论上存在问题，在对课程的“处置”上基本上是零权力。教育的宗旨是培养人，促进人的全面发展。但是，在一些实践者的心目中，教育的目的就是“分数”，就是“升学率”。考试中心主义主宰了实践者。他们难以摆脱考试的心理负担和束缚，无法“轻装上阵”，他们的工作陷入“应试—总结—再投入应试”的考试漩涡之中，超脱不得。由于忙于应付各种考试，实践者又陷入事务主义的圈套而难以自拔，主体性不能得到发挥。而且，尽管课程改革以来，实施三级课程管理体制，但教师对课程基本上是无权可言。在这样一种情况下，实践者难以产生对课程理论的热切企盼，甚至相反地会产生对课程理论的顽固排斥。当然，造成实践者对教育目的理解的偏差，以及课程权力旁落，个体的原因自然不可忽视，但目前的教育体制不能不说是主要的原因。哪一天实践者不再为升学率而忙碌，不再被考试所羁绊，能够在课程上赋权，真正实现“诗意地栖息”，他们就会热切地拥抱理论。另外，实践者往往是先在教育教学实践中碰到了问题，才去寻求课程理论来解决它。这种“对症下药”的方法肯定是难以找到非常“实用”的理论，于是理论的地位就自然而然被降低。这是实践者在方法论上出了问题。这就要求实践者改变传统的思维方式，做到首先就需要通过理论来确定究竟是否有实践问题，这个问题到底是什么等等，特别是借助于教育理论观照实践案例，逐渐积累富有个性的对教育实践的见解与创意。果如此，课程理论就不会那么严重地被轻视了。

四、课程理论与课程实践圆融

如前所述，课程理论被实践者所轻视，除理论自身和实践者本身的责任外，课程理论研究者也应负起责任。考察当前课程理论研究状况，我们认为理论研究者在以下几个方面还有待改进。

课程理论“研究问题”失真。吴康宁从教育理论发展或教育实践改善是否迫切需要，研究者本人有无研究的欲望和热情这两个维度来审视教育研究者所确定的“研究问题”，把教育理论研究问题大致区分为四种。[①] 第一种是教育理论的发展或教育实践的改善迫切需要去解释与解决，且研究者本人也有研究欲望与研究热情的问题；第二种是教育理论的发展或教育实践的改善迫切需要去解释与解决，但研究者本人并无相应研究欲望与研究热情的问题；第三种是研究者本人怀有研究欲望与研究热情，但却未必是教育理论的发展或教育实践的改善所迫切需要去解释与解决的问题；第四种是既非教育理论的发展或教育实践的改善所迫切需要去解释与解决，也并非研究者本人一心想去解释与解决的问题。当前的课程理论研究界，研究这四种问题的都大有人在。对于前三种问题的研究，我们说都值得尊重，尤其是第一种问题的研究应是我们迫切需要和大力提倡的。但是第四种研究的问题，不是课程理论研究的“真问题”，而是彻头彻尾的“假问题”，是一种“炮制的问题”。我们可以把研究这类问题的研究者称之为“理论研究的投机分子”。他们的眼睛不是盯着课程理论发展和教育实践中存在的问题，而是紧盯着课程理论研究的“时尚”。他们关心的是何种课程理论研究最“热门”，哪种文章最符合编辑们的口味，以便能尽快发表，以有助于自己职称的评定和收入的提高。而实际上，研究者本身对此种理论的内涵是否清楚都很难讲。也许他们只是在了解这种理论的一点皮毛或一知半解的时候便装作甚解的样子对其大加评论，写

---

① 吴康宁. 教育研究应研究什么样的“问题”：兼谈“真”问题的判断标准 [J]. 教育研究，2002 (11).

出一些前言不搭后语的文章，甚至有时会出现对原理论进行“肢解”或断章取义的现象。对于这样的课程理论，实践者除了摒弃它，还能做什么?

课程理论叙述失语。理论工作者的叙述方式是思辨性的，多数偏于宏大。宏大叙述有着客观性、普遍性、基础性的特点，但往往有意无意地忽略或过滤直接关注现实和实践细节的内容。这种理论语言的有限性，剥夺了情境的丰富性，用概念进行分析、抽象，不可避免地会歪曲被描述的对象。更有一些课程理论研究者，故弄玄虚，故作高深，玩弄文字游戏，用晦涩孤僻的语汇和新奇的形式重复浅显明了、妇孺皆知的教育道理。读这样的理论常常让人云里雾里，不知所云，以致怀疑自己是否是“新文盲”。另外，当实践者把自己的实践知识用通俗的、生活化的语言叙述出来时，又被理论者看成是肤浅的不符合理论叙述规范的东西。由于理论研究的话语（符号）霸权，使实践者只能简单地“移植”“借用”大量晦涩的课程理论的概念术语，丧失了充满个体体验的教育实践话语。因此实践者对理论与其说“敬而远之”，不如说是“畏而远之”。

课程理论本土原创缺失。应当说，从其他成熟学科（如社会学、哲学）移植基本原理和方法来建构课程理论是必要的，从国外引进理论来建构本土的课程理论也是必需的。但很多时候，理论研究者是照搬国外，缺乏本土意识，不能做到“洋为中用”，更缺乏创新。因此，出现了许多“问题在域外，解释在域内”的现象。如当前后现代课程理论泛滥，“如果从纯学理意义上探讨‘后现代’问题，这无可厚非，关键在于无论我们多么积极地投入这种研究并取得多么具有创造性的结论，那也是对别人的问题的研究，不是对自己问题的关注”。① 这样的理论对广大的教师来说，读起来如有隔世之感，当然就不受他们的欢迎。

解铃还得系铃人。教育理论研究者必须克服在理论研究中的各种弊端。首要的，理论研究者必须德才兼备，恪守学术规范，富有科学精神，模范地遵守职业道德规范，真正修好学术操守这门必修课程。“慎思谨言”“冷静自知”是课程理论研究者应具备的基本品性。理论研究者应将学术良知与课程

① 吴黛舒. 教育理论原创的应有之意 [J]. 教育研究，2002 (7).

改革并肩而行，应该关注“时代问题”，而不是“时尚趣味”，关注当下被遮蔽的学术思想的真实根源。课程研究者，要自我反省和批判，对自己问题的前提加以质疑；应是对历史迷思加以“悬置”的反思者，是当下课程理论问题的意义“追问者”，而不是一般意义上的教育思想的“阐释者”。其次，课程理论研究者应该拥有实践情怀。理论研究者应该清醒地认识到课程理论与实践并非两个截然对立的实体，而是课程改革过程中既相互区别又彼此包容、依赖、补充和循环发展的两个方面。一方面，理论对实践的分析探究带来了实践的变革；另一方面，实践的变革又给理论提出了新的要求，推动理论不断发展。课程理论研究者应该积极与实践者沟通对话、合作互动，不只是去简单地“给予”实践者，还应努力从实践中“获取”养料，思考、探索教育问题，不仅要对教育实践有所贡献，而且要对教育理论有所创新。应对自己与实践者的身份有正确的定位，要克服盲目的乐观和自负，克服“启蒙者”“话语权拥有者”居高临下的心态。要认识到理论的规范或批判功能如能得到实践者的认同就会更具力量，更有意义。不要指望实践者对自己的那一套全盘接受，重要的是引起实践者对其教育教学行为的反思。再次，要加强对本土课程理论体系的建构。要正确处理传统与现代、引进与借鉴的关系，力争做到课程研究题材的本土化，课程研究工具的本土化，课程研究系统建构的本土化。在课程理论如何表达实践这一问题上，理论研究者需要从叙述对象、叙述逻辑、叙述风格与叙述线索上重新进行反思与审视，要从观念叙述、实体叙述、宏大叙述及单一本质叙述转变为现实叙述、关系叙述、事件叙述及多元本质叙述。这样，课程理论才能更加恰当、贴切地表达教育实践，从而为实践者所接受。

总之，课程理论研究者和实践者，都必须清醒地认识到自己在课程改革中的职责，不应采取“谁决定谁”的思维模式，相互争夺“话语霸权”，并试图控制对方。双方都应该主动在各自的关系中把握自身、反省自身、映照自身，主动谋求与对方的对话、结合，实现理论和实践的相互靠拢。广大教师应该摒弃“理论无用”的观点，积极地学习理论、运用理论、反思理论，与课程理论研究者形成一个相互支持、相互补充、平等对话的“实践共同体”，其专业发展才会有丰富、充沛、多样的“源头活水”。正如有论者所说：教师们从教育理论中学到的不只是若干个科学的观点和论证，而是深入理论的思维结构和问题阐述。如果说，理论家们在理论中的证据和内容是有一定的时代性和个别性，但是他们提出的问题，他们的思维模式，却是经历如许的岁月沧桑之后，仍然永远值得我们回味和思考……教育理论家们在他们的教育理论中揭示出来的对理想教育的构建和自身对教育不懈的追求可以时时刻刻激荡我们的灵魂，洗涤我们精神。前人的理论为我们提供了思想的资源，无论我们是批判也好，继承也好，都为我们提供了宝贵的财富。①

第二节　走出课改囚徒困境

基础教育课程改革越来越深入，力度也越来越大，表现出来的问题也越来越多。作为课程改革的主体——教师，如何对待课程改革，关系到课改的效率和质量。从目前的状况来看，对于课改的认识，大多数教师是正确的，对课改的态度大多数是持肯定的，但教师群体中也存在着各种对课程改革起着负面作用的杂音。因此，引导教师走出课改的囚徒困境，正确审视课程改革的代价，也应该是教师治理的重要内容。

一、走出新课程改革的“囚徒困境”

随着理论的日渐成熟，博弈论已经成为一种范式，一种研究理性的行动者之间相互作用的理论框架，其应用范围已经超越了纯经济范畴，深入影响着政治学、社会学等社会学科的理论研究。

基础教育新课程改革已经如火如荼地推进多年了，沉浸其中的每一个人

① 何杨勇．教育中的反理论思潮和教师人文素质的提高［J］．江苏高教，2004（3）．

都深刻感受和体验到了改革给基础教育带来的变化。但是，我们应该看到，一些阻碍课程改革顺利展开的因素仍然活跃着，并为课程改革设下了重重陷阱，甚至让课程改革在某些方面举步维艰。从更广泛的意义上说，课程改革与其说是一个教育问题，还不如说是一个社会问题，不能仅仅局限于教育的层面就课程理念、课程实施论课程改革，更应该从整个社会的层面，从参与课程改革的各社会主体的教育行为来进行研究。而参与课程改革的各教育主体的教育行为是一个动态的、相互影响和制约的博弈过程。我们试图从博弈论的视角，审视并分析课程改革困境存在的原因，把握与借鉴博弈论的研究成果，对如何推进和深化课程改革提出策略。

（一）新课程改革的“囚徒困境”

博弈论（game theory）也称对策论。在英语中，game是指人们按照一定的规则活动，使自己能“赢”。博弈论广义地说，“是一门决策科学，它研究决策者在多个可能的行动方案中进行选择的逻辑”。[①] 或者说，“博弈论是研究决策主体的行为发生直接相互作用时候的决策以及这种决策的均衡问题”。[②] 博弈论对决策主体有一个基本的假定：人是理性的。决策主体在决策时总是趋利避害，使自己的利益最大化。

在博弈论中，最经典最基本的是囚徒困境分析法，它描述了追求自身最大利益的理性人，在决策时如何都以自己的最大利益为目标，结果是无法实现最大利益或较大利益，甚至导致对各方都最不利的结局，从而陷入自己设置的困境之中的。这个博弈据说最早是兰德（Rand）公司的科学家德瑞希尔和弗拉德进行形式化的，第一次提到这个模型的是阿尔伯特·塔克尔（Tucker）。美国庞德斯通在《囚徒的困境》一书中曾这样描述：“囚徒的困境已成为我们时代最基本的哲学和科学课题之一，它同我们的生存紧紧联系在

① 朱志方. 社会决策论［M］. 武汉：武汉大学出版社，1998.

② 张维迎. 博弈论与信息经济学［M］. 上海：上海人民出版社，1996.

一起。”①

囚徒困境是这样描述的：两个涉嫌共同犯罪的嫌疑人被警察逮捕，如果两个囚徒都保持沉默，就缺乏他们的犯罪证据，在这种情况下，他们会被判比较轻的刑罚，例如，非法持有武器，判入狱 1 年；如果他们中的一个坦白并提供另一个人的犯罪证据，那么他就会被立即释放，而另一个囚徒就会面临 30 年的刑罚；如果两个囚徒都坦白并相互提供对方的犯罪证据，那么两个人都会被判入狱 15 年。

很明显，在这个博弈中对二人来讲，最好的结局显然莫过于都选择不认罪，就只判 1 年。然而，在双方均无法获悉对方选择的前提下，必然会对自己的困境作如下判断：如果不认罪，结局无非两种，一是自己被对方指认为罪犯而被判处 30 年，二是被判 1 年；如果选择坦白，结局也是两种，一是有可能被判处 15 年，二是有可能因成为证人而被无罪释放。两害相权取其轻，结果双方必然都会选择坦白罪行，于是都被判处了 15 年监禁。出于理性人的行为选择可能性，认罪是最为合理和合算的决定。这个案例解释了何以短视地以利益为目标将导致对大家都不利的结局。亦即双方都采取最优策略时，可能整个对策系统却处于较劣的品质。

我国目前课程改革的实际状态就是一种典型的“囚徒困境”博弈。2001 年 6 月教育部印发《基础教育课程改革纲要（试行）》，吹响了新课程改革的号角。这次课程改革以“为了每一个学生的发展”为核心理念，其力度和深度都是前所未有的。通过多年的实施，可以说基础教育课程改革取得了很大的成效，但也应看到在一些地区和学校，改革的推进非常艰难。在经过一番番的热闹之后，课程改革又归于沉寂，或者是“新瓶装旧酒”“穿新鞋走老路”，应试局面严峻依然，学生学习负担未见明显减轻，实践能力与创新精神的培养仍未得到切实改进，教育似乎仍然是既远离着学生的需求，又未能满足社会发展的需要。同时，基础教育实践者对新课程改革的不满之声也时有所闻，正所谓“专家叫好，教师喊苦，学生喊冤”。当各种教育理论编织着童

① 威廉姆·庞德斯通．囚徒的困境［M］．吴鹤龄，译．北京：北京理工大学出版社，2005.

话的时候，教师和学生却一如既往，披星戴月地应付中考、高考。广大教师对新课程改革也兴趣减退，甚至冷漠。教育部原部长周济在接受《学习时报》记者采访时坦言“应试教育愈演愈烈，素质教育很难全面推进”。① 应试教育愈演愈烈当然可以解读为是对新课程改革成效的一种质疑。华东师范大学课程与教学研究所所长崔允漷教授在新课程实施多年后率领课题组，就“当国家规定的课程逐级落实到学校时，会出现什么情况”这个问题，对全国 25 个省、自治区、直辖市实施义务教育课程方案的情况进行了调查，从学生文具盒里的小小课程表入手，了解到课程执行的真实情况：课程门类明显偏多，规定课程开设不全；教学时间严重超标，最多比最少高出一半；语数英占绝对优势，初一英语高规定一倍，综合实践难以保证，校本课程内容单一。② 这个调查结果对全国新课程整体实施状况的反映应是比较客观、真实的，揭示出了新课程改革阻力重重，任重道远的严峻局面。

新课程改革中具体的理念和策略体现在五个方面。一是倡导全人教育：强调课程要促进每个学生身心健康发展，培养良好品德，培养终身学习的愿望和能力，处理好知识、能力以及情感、态度、价值观的关系，克服课程过分注重知识传承和技能训练的倾向。二是倡导重建新的课程结构：处理好分科与综合、持续与均衡、选修和必修的关系，改革目前课程结构过分强调学科独立、纵向持续、门类过多和缺乏整合的现状，体现课程结构的综合性、均衡性与选择性。三是体现课程内容的现代化：淡化每门学科领域内的“双基”，精选对学生终身学习与发展必备的基础知识和技能，处理好现代社会需求、学科发展需求与学生发展需求在课程内容的选择与组织中的关系，改变目前部分课程内容繁、难、多、旧的现象。四是倡导建构性学习：注重学生的经验与学习兴趣，强调学生主动参与、探究发现、交流合作的学习方式，改变课程实施过程中过分依赖课本、被动学习、死记硬背、机械训练的观念。五是形成正确的评价观念：建立评价项目多元、评价方式多样，既关注结果

---

① 李玉梅. 坚持教育优先发展战略 推进教育持续协调健康发展 [N]. 学习时报，2006－07－25 (4).

② 翟帆. 国家课程方案为何在执行中走样 [N]. 中国教育报，2005－12－4 (3).

更加重视过程的评价体系，突出评价对改进教学实践、促进教师与学生发展的功能，改变课程评价方式过分偏重知识记忆与纸笔考试的现象以及过于强调评价的选拔与甄别功能的倾向。

如果完全按照新课程改革的理念和策略去实施，确实能够促进“每个学生的发展”，但是在具体的课程实践中，理念与现实存在巨大的差距。首先，在所有的考试当中（尤其是中考和高考）还是以知识考查为主，情感、态度价值观很难得到考核；其次，在高考中只考必修课，选修课因种种原因还不能进入高考考试的范围；第三，“精选对学生终身学习与发展必备的基础知识和技能”未必就与考纲中的基础知识和技能考点相对应；第四，提倡学生自主、合作探究的学习，必然要减少学生为准备应试而所需要的学习时间；第五，新课程提倡发展性评价以及评价方式的多元化，但是中考和高考都是终结性评价，都是依靠纸笔来考试，一考定终身。因此，可以这样说，新课程改革从长远来看一定会促进学生的发展，但是从短期来看实施新课程未必能让学生在考试中取得好成绩，甚至还有导致学生考试成绩下降的可能。

通过切身的感受以及媒体的宣传，学生、家长、教师、学校都普遍认识到传统教育的一些弊端，理解到新课程改革的优越性，肯定新课程有利于学生综合素质的提高，有利于学生个性的发展，更有利于学生的身心健康，是关系到国家未来的一件大事。但是，由于实施新课程、采用新的课改理念不必然会提高学生的成绩，相反还可能会导致学生学习成绩的下降，而在目前的教育体制中，学习成绩不仅仅是检验学生学习效果的工具，还被赋予了更多的含义，直接与学生、家长、教师、学校本人的切身利益产生联系。成绩的高低，直接影响到学生的升学，从而可能影响到他未来的职业选择，甚至一生的生活质量，影响到教师的工资待遇、晋级升职，影响到学校的荣誉、竞争力、经费，等等。于是，当面对新课程改革时，学生、家长、教师、学校就不得不面对一个问题：如果我（我的孩子、学校）认真实行课程改革，而其他学校依旧实施应试教育，那我（我的孩子、学校）肯定考不过人家，肯定会吃亏。在这种情况下，别人如何选择就会直接对自身造成影响，而且每个人也几乎都不敢肯定别人会作出什么样的选择。于是，囚徒困境开始出现，到底是认真改还是不改？因为在这个博弈中，大家都知道存在着这样一种博弈支付，如表 3-1 所示。

表 3-1 新课程改革博弈支付矩阵

		B（学生、家长、教师、学校）	
		课程改革	应试教育
A（学生、家长、教师、学校）	课程改革	成绩可能下降 成绩可能下降	成绩可能下降 成绩好
	应试教育	成绩好 成绩可能下降	成绩好 成绩好

在这样的一种问题情境中，与理性的囚徒最终会选择双方都供认的结果一样，家长和学校最自然的选择也就是大家都“轰轰烈烈课程改革，扎扎实实应试教育”。可见，学生、家长、老师和学校均选择不接受课程改革或敷衍改革或还是回到应试教育，是这个博弈的纳什均衡（所谓纳什均衡是指一个策略组合，在这个组合中，每个局中人的策略相对其他局中人的策略都是最优的）。然而，课程改革又是学生、家长、老师和学校乃至全社会所期望的。这样，课程改革就进入了囚徒困境。

从理论上讲，所有的学生、家长、老师和学校都接受新课程改革是可能的。那就是实施新课程必定能够提高成绩，或者说不存在考试和竞争。显然这在实际上又是不可能的。从博弈论的角度来分析，假设有 A、B 两个学生，只能一个进入重点大学，A 就会这样想，如果自己和 B 都接受新课程，那么他们考上大学的机会是各占二分之一；但如果自己接受新课程，而 B 却在接受传统的应试教育，那么结果就是他自己在学业上落后，导致考不上重点大学，而 B 却能考上重点大学。A 不能确定 B 的态度，因此，他只有不接受新课程改革，而愿接受应试教育。B 也同样地考虑选择不接受新课程。在这里，实施新课程的状态是不稳定的，因为它不是最优选择，而应试教育却是每一个人的最优选择。因此，A 和 B 都不接受新课程改革是稳定的均衡状态。而且在这场博弈现实中，局中人是千千万万的学生、家长、老师和学校，构成了博弈的 N 方，博弈的参与者不是两个对手，而是整个社会了。他们的博弈不再是简单的个人行为，而是成为了一种集体行为。而悲剧就在于群体中的每个人都意识到这种悲剧的存在，但又无法摆脱。集体中的个人无力和整个社会博弈，不得不屈从于社会的游戏规则。因此，这场寄予了我们无限希望和憧憬的新课程改革要非常顺利毫无阻力地实施深入下去是比较困难的。

（二）课程改革摆脱困境的策略

如何才能走出囚徒困境？从博弈论的角度来看，可以通过提高博弈参与者的理性水平、改变博弈结构和博弈各方的支付结构、增加博弈各方的信息了解、加强博弈各方合作、进行无限次的重复博弈等途径。由于教育活动特有的规律，进行无限次的重复博弈是不可能的，而局中人的复杂性和不可预知性，增加博弈各方的信息了解、加强博弈各方的合作也存在困难，因此在新课程改革囚徒困境中，走出困境的主要策略还在于提高博弈参与者的理性水平、改变博弈结构和博弈各方的支付结构。

首先，提高新课程改革博弈各主体的理性水平。博弈之所以能够产生是基于参与者都是理性人。新课程改革中的“囚徒困境”，其实质是个体理性与集体理性的背离。博弈主体从利己的个人理性出发，对他人利益持“不合作”态度，只顾一味“争夺”自身利益，完全置他人利益于脑后，其结果可能导致两败俱伤，既不能“主观为己”，更不能“客观为人”。也就是说，个体理性可能导致集体非理性。“集体行动的困境是客观存在的现象，是行动个体理性行为的非合作博弈结果。”① 公共选择理论奠基者曼瑟尔·奥尔森教授的《集体行动的逻辑》一书中阐明了由个人理性向集体理性过渡的问题是最为困难的逻辑，也是人类社会面临的根本性的和一般性的问题。人类行为的本质特征，一方面，从行为动机和理念角度来说，人是自利的，人们对自身利益的最大满足和无止境追求是从事各项活动的最深层的驱策力；另一方面，在行为方式和策略选择上，人们在认识和分析各种经济现象和问题时，最终将归结为一种理性的权衡，归结为一种在众多利益系列中经由比较后的选择。课程改革中的各主体，从“自利”的角度选择不接受改革或敷衍改革，从短期来看，大家都获得了个人的“最大效益”，但是从长远来看这种选择将使新课程改革失败，使“为了每个学生的发展”的目标落空，受到损害的是整个

---

① 陈谭．集体行动的困境：理论阐释与实证分析［J］．中国软科学，2003（9）．

国家、民族。在这场博弈之中，个体自主的理性的微观抉择导致了非理性的宏观恶果，即个体理性对集体理性的否定和破坏，消解了新课程改革的制度和原则。所以，要走出新课程改革的“囚徒困境”，我们既要认可课改中各方合理的私利，不去断然排斥私利，也要引导和规范他们通过利他而合理地利己，使道德成为个人自觉的追求。同时要不断提高各方的理性水平，才可能在课程改革实践层面上处理好当下与未来、个人利益与集体利益、短期利益与长远利益等诸种关系。

新课程改革中各主体理性水平的提高，关键在于转变传统教育观念与思维方式。必须在全社会范围内消解陈旧落后的教育观念与思维方式，建立起与当代社会发展和新课程改革精神相适宜的教育教学观念与思维方式。观念与思维方式的转变不应是空洞无物的套话空话，而应是内涵明确、指向具体、有较强操作性与指导性的改革路线与方案。在新课程改革过程中不乏转变观念与思维方式的呼吁，但具体要扬弃、建构什么样的观念与思维方式，不仅没有十分明确的阐述，而且缺乏广泛的认同。今日的新课程改革迫切需要转变“应试教育”及其所造成的功利主义的价值观、实用主义的成才观，树立素质教育的教育价值理念。观念与思维方式的转变并非一朝一夕、轻而易举的事情，也不可能是通过行政命令而立竿见影的事情，但也绝不是遥遥无期、无能为力、顺其自然的事情。教育行政主管部门要向社会和家长宣传新课程改革的必要性和重要性，在电视、广播、报纸等地方开辟专栏，宣传新课程改革的理念，介绍课程改革成功的经验。学校也应当努力配合，积极建设符合新课程改革要求的学校文化，使学生在潜移默化中接受新思想、新理念。学校应与家长经常沟通交流，广泛听取家长们的意见和建议，最大程度地取得社会和家长的理解和支持。作为引领社会风尚、颂扬时代精神的大众媒体，也应当积极深入课改一线，深层次地去感悟和把握新课程改革的灵魂与旨趣，发掘矛盾，寻求突破。除此之外，各组成要素还应当针对新课程改革实践中出现的难题或偏差展开积极的对话和沟通，努力将其消灭在萌芽状态，促进课改信息和成功经验的传播和分享，形成良性的、动态的、积极的文化氛围，促进新课程改革理念的深入人心。当新课程改革中各主体的思想观念得到转变，理性水平得到提高，走出新课程改革“囚徒困境”就有了先在的基础。

其次，建立新课程改革“选择性激励”制度。走出囚徒困境最好的办法自然是改变博弈结构，即改变博弈规则或游戏规则。课程改革囚徒困境出现的原因是目前教育的博弈结构规定了各种行动或行为的收益或好处：获得高分的会进入好的初中、高中，进入好的大学；对于老师来说，学生的升学率高就意味着其成绩好、奖金高；而对于学校来说，学生的升学率高就能够获得荣誉，得到更多的包括经费在内的办学资源。因此如果能改变这种状况，困境自然会解决。但是，改变博弈结构是一种颠覆性变革，从原点开始推翻囚徒困境成立的条件，从理论上说，这当然也是一种可能。但是新课程改革是在中国教育当下的语境中进行的，中国教育的实情决定了高考制度的长期存在，优质教育资源（特别是优质高等教育资源）的稀缺，决定了竞争的存在。因此试图通过改变和颠覆考试评价的基础来实施新课程，也都是不大现实的。

与激进的改变博弈结构相比，改变博弈双方的支付结构则显得平缓和可行一些。改变支付结构就是改变博弈各方在博弈中的成本和收益。人是经济的动物，每个人天性都要追求自己的利益。“经济人”的观点认为，“每个人生来首先和主要关心自己”，关心的是自己的切身利益。因为他比其他任何人都更适合关心自己，他更深切地关心同自己直接有关的事情，自己的幸福可能比世界上所有其他人的幸福重要。个人利益是人们从事经济和社会活动的出发点。以社会个体的视角，每个人首先都是自利的，然后才可能想到他利。因此，社会的任何改革和创新都不可避免地带来有利益的角逐，所以说不是所有的改革都能得到人们的赞成和支持。每个人都是自己利益的最好判断者，对于改革的支持是有条件的，这个条件就在于支持改革给他的预期收益要超过他为支持改革可能付出的预期成本，如果预期的净收益超过预期的成本，这项改革就可能获得支持。人们对新课程改革的态度同样也是如此，所以，新课程改革还要考虑人们的既得利益和预期成本的问题，也就是新课程改革博弈过程中的“支付函数”问题。如果新课程改革博弈中各主体能够以最小的成本获得最大的收益，那么自然就会积极地接受新课程改革。

改变博弈支付结构，具体地说就是减少合作行为的选择成本和加大不合作行为的选择成本，以此减少机会主义，最终改变博弈结果。考察新课程改革的“囚徒困境”，我们还会发现个人理性之所以背离集体理性，一个重要原因就是A和B之间存在外部性效应：首先A和B之间存在相互依赖性，即任何一方想获得最大收益都必须依赖于另一方的配合，而与此同时，任何一方的背叛都会给对方造成损失；其次A和B之间由于不能够“合作”而产生决策权的分离。我们在课程实施过程中如果能够实现各主体间的合作沟通，达到增进彼此信任的目的，那么各主体就会选择对集体有利的行为，通俗的说就是做出利人又利己的选择，共同投身到新课程改革中去。因此新课程改革中要减少合作行为的选择成本和加大不合作行为的选择成本，使博弈的参与者基于其人的趋利避害的理性形象，主动地选择我们所希望其出现的行为。

作为一种非合作博弈，新课程改革博弈中支付结构的改变，不可能仅靠博弈各方的自觉，还必须要有第三方即政府的介入。政府通过创新制度实现支付结构的改变。“在协调个人理性和集体理性时，制度发挥着关键作用。制度减少了不确定性，使世界变得更能预测。”因此，促进变革的动力最好起源于制度的机制。但制度又如何实现集团利益与个人利益的“双赢”？对这个问题，我们可以借鉴曼瑟尔·奥尔森设计的“选择性激励”（selective incentives）。曼瑟尔·奥尔森认为，“除非一个集体中人数很少，或者除非存在强制或其他某些特殊手段以使个人按照他们的共同利益行事，有理性的、寻求自我利益的个人不会采取行动以实现他们共同的集体利益。换句话说，即使一个大集体中的所有个人都是理性的和追求自我利益的，而且作为一个集体，他们采取行动实现他们共同的利益后都能获益，他们仍然不会自愿采取行动以实现集体的利益。”① 为此必须建立一种“选择性激励”，“这种激励之所以是有选择性的，是因为它要求对集团的每一个成员区别对待，‘赏罚分

① 曼瑟尔·奥尔森. 集体行动的逻辑［M］. 陈郁，郭宇峰，李崇新，译. 上海：上海人民出版社，1995.

明’”。[1]“它们既可以通过惩罚那些没有承担集团行动成本的人来进行强制，也可以通过奖励那些为集体利益而出力的人来进行诱导。集体行动的实现只有通过选择性地面对集团个体的激励，而不是像集体物品对整个集团不加区别，只有这样，那些不参加为实现集团利益而建立的组织，或者没有以别的方式为实现集团利益作出贡献的人所受到的待遇与那些参加的人才会有所不同。”[2] 美国著名学者埃莉诺·奥斯特罗姆教授开发了自主组织和治理公共事务的集体行动制度理论，即自主组织理论，在一定程度上超越了“集体行动困境”。她以公共池塘资源模型为例建构了长期持久灌溉制度的设计原则，其中“分级制裁”与奥尔森之“选择性激励”有异曲同工之妙。她认为，“制度激励”是“可持续发展”的必要条件，实施“监督”和“分级制裁”是必需的。其目的是防止那些想破坏规则的人，使准自愿遵从者确信其他人也遵从。[3] 可见“选择性激励”对于促进集体行动是非常有效的。在新课程实施中，可以对那些积极改革的学校和个人进行“选择性激励”，除了使他能获得正常的集体利益的一个份额之外，再给他一种额外的收益，如加分、荣誉、奖金或单考，甚至制度上预先保障先期实施新课程的学校的升学率等；并同时制订出一套使个人行为与集体利益相一致的规章制度，如新课程评估制度，对积极遵守的予以奖励，对违背的予以惩罚等。这样既可以防止那些想破坏规则的人，也可以使自愿遵从者确信其他人也遵从。也就是说，通过制度的创新改变新课程改革博弈的“支付函数”，从而驱使个人利益与社会利益的一致，从而使全社会都接受新课程改革，投入到新课程改革中去。

新课程改革存在各种各样的困难，这是前进中必有的曲折。分析困难产生的原因，提出克服困难的策略，是所有倾力于中国教育发展的人们的责任和义务。从博弈论的角度来审视新课程改革的困境，并提出对策，也许能够

---

① 曼瑟尔·奥尔森．集体行动的逻辑［M］．陈郁，郭宇峰，李崇新，译．上海：上海人民出版社，1995.

② 曼瑟尔·奥尔森．集体行动的逻辑［M］．陈郁，郭宇峰，李崇新，译．上海：上海人民出版社，1995.

③ 埃莉诺·奥斯特罗姆．公共事物的治理之道：集体行动制度的演进［M］．余逊达，陈旭东，译．上海：上海三联书店，2000.

给我们就如何推进新课程改革的深入带来新的启示和灵感。我们有理由相信新课程改革将在博弈中不断前行。

二、正确审视课程改革的代价

发轫于新世纪初的新课程改革已走过了二十余年的历程。目前，这场当代中国迄今为止最为深广的教育改革的得失利弊、进步与代价，日益成为人们关注和议论的焦点。由于对课改代价认识和预警不足，更缺少成熟的理论反思，因而当课改出现种种问题和代价之后，教育界乃至整个社会对此表现出两种大相径庭的态度——或无动于衷，或惶恐无措。前者只看成绩，对问题和代价或视而不见，或视为“改革必然的经历”，理所当然地把其归结为“交学费”，甚至认为“付再大的代价也值得”。后者只看代价和问题，陷入悲观和失望，对课改全盘否定，继而要求终止改革。无疑地，认识上的错误与混乱，不可能引发实践上的清醒与明智，也不可能科学、合理地评价课改实践，得出正确的结论。此时，正确理解和对待课程改革代价问题尤显重要了。

（一）课程改革代价的本质和根源

代价是与人类历史进程相始终的一个重大矛盾现象。从社会学和哲学的角度来讲，代价是和创价相应的实践的一极，与价值密不可分，指的是主体为了追求或创造一定的目标、价值而作出的舍弃、付出或牺牲，以及由此所造成的一系列消极后果。代价主要体现在得失关系上。课程改革代价指的是改革过程中主体为了实现课改目标而做出的舍弃、付出和牺牲，以及由此所造成的一系列消极后果。课程改革的终极价值是以实现教育的发展而促进人的发展。课改代价的实质是教育发展矛盾运动中所发生的失衡现象。在教育发展矛盾运动中，伴随着教育的进步，难免出现否定形态的教育负效应以及由这种负效应所导致的教育“异化现象”，即否定、压抑、报复人的本质力量，阻碍人和教育发展的“异化物”。这种教育负效应以及所导致的教育“异化现象”，正是课改促进教育发展进程中所付出的代价。

尽管“教育实验（改革）有一条世界公认的伦理原则：不能有不良后果，不能失败，不能把儿童、青少年当作‘白老鼠’”。① 但“社会找不到没有任何社会代价的进步”，课程改革不可能十全十美，课程改革本身以及课改主体的性质和特点是形成课程改革代价的根源。

课程改革是个动态性和复杂性结合的自组织活动，既包含系统内部关于课程和教学等教育元素的变革，又包含着教育与环境之间的相互影响、相互作用。“所有真正的变革都包含着损失、焦虑和争斗。”课改“是一个过程，而非一次事件”，“实质性的变革包含着复杂的过程，复杂的过程本身充满着问题”，因而课程改革是“一次走向未知的目的地的旅行”。② 如此，课改的过程必定曲折迂回，不可能直线前进。课程改革是以“新”的东西（如理念、行为、模式等）去修正或代替“旧”的东西，可以说是课程的现代化演进。“现代化是一个古典意义上的悲剧，它带来的每一个利益都要求人类付出对他们仍有价值的其他东西作为代价。”③ “新”的未必就完美无瑕，“旧”的并非就一无是处。很多情况下，破旧立新是以牺牲传统中好的成分为代价的，即课程改革存在着价值选择问题，往往为了追求这个价值而放弃那个价值追求。教育事关国家、社会和个人，事关千家万户，因此课程改革涉及众多利益群体，不同的利益群体有着不同的诉求，即存在着受益者与非受益者、受益大小多寡之分，相互之间难以调和。某一改革目标和措施对某一群体有利，但却可能损害另一群体的利益，利益体之间往往会互相攻讦、抵制，形成内耗。同时，“教育并非就是教育的事”，诸多教育问题的意蕴在教育之内，更在教育之外，校外的事情“制约并且说明校内的事情”。课程改革需要教育系统内的直接参与，但更需要外在环境的支撑和改善。在这意义上，课程改革并不就是改革课程那么简单，而是一项复杂的社会改革了。当课改与外在环境任何一方面不适切，都可能出问题。

---

① 王策三，刘硕．留下一点反思的历史记录［J］．教育学报，2005（1）．

② 迈克·富兰．变革的力量：透视教育改革［M］．中央教育科学研究所，加拿大多伦多国际学院，译．北京：教育科学出版社，2000．

③ 艾恺．世界范围内的反现代化思潮：论文化守成主义［M］．贵阳：贵州人民出版社，1991．

叶澜教授认为教育变革主体的构成具有复合性，可分为利益主体、决策主体和行为主体三大部分。每一部分内部的构成还有类型与层次的区别。三大部分主体之间存在着不可分割的关系，且在变革的不同阶段发生着转换。[①]课改主体复合性的特点，使主体之间的思想行为都难以协调统一，不同主体不同阶段的转换更是带来身份的迷惑，这些都对课改不利。尤其是人的认识总是具有局限性和相对性，当复合性的改革主体参与复杂性的课改时，只能在一定社会历史条件下去认识和践行，这就可能导致主体在思想观念和行为活动中的局限和偏差，从而带来消极后果，付出代价。同时，主体个人的主观失误和不良思想品德等各种人为因素造成的错误或失误，也会产生背离课改目标取向的恶果，形成代价。例如，课改中的长官意志，“改革意识形态”，作秀造假等等。

如此，代价在课改中就难以避免了。从某种意义上说，课改代价具有一定的合理性。因为社会正是通过改革来探索通向未来之路的，虽然人们在改革过程中一再失误，一再付出代价，但通过代价又获得了新的发展机会。即是说，教育以“改革—代价—改革（克服代价）”的方式螺旋式发展、完善，代价是教育进步的契机和中介。事实上，一部人类教育史，课程改革始终贯穿其中，但是从来没有不付出代价的课改。美国进步主义课程改革革除了传统弊端，却付出了教育质量下滑，破坏传统社会文化稳定性的代价；日本战后的课改，使其科技迅速发展，但却埋下了“教育荒废”的隐患；起于20世纪90年代的中国台湾的课改，后来却被认为“一事无成”。在很多情况下，课程改革不是择优去劣，或两利相权择其大，而是抉择轻重，两害相权择其轻。

认识课程改革代价的本质和根源的意义在于：在课改当中出现了问题，付出了代价，不能就轻言其失败了，不能因此灰心失望，丧失信心。如因有代价，就终止改革，其结果只能是长期困扰中国教育的问题总是得不到解决，我们将一直承担那些早就深恶痛绝的教育弊端所带来的代价。威尔伯在比较了世界上多种发展模式和发展过程后指出，发展“所付出的人的代价都比继

---

① 叶澜．当代中国教育变革的主体及其相互关系［J］．教育研究，2006（8）．

续保持不发达状态的代价要小”。因为，“迅速的经济增长，虽然付出了并增加了一系列新的人的代价，却是最迅速地解决继续沦于不发达所付出的大得多的人的代价的办法”。[①] 教育领域又何尝不是如此？以不发展来逃避发展的代价，以终止课改来逃避课改的代价，无异于因噎废食。

（二）课程改革代价的类型和合理性

概括当前课改代价类型，主要有五种。一是震荡性代价。即课改中新旧交替所带来的不平衡和不稳定。如课改“降低了长期以来形成和公认的价值，传统及其载体和代表者的可靠性”，[②] 带来人们教育价值观念嬗变的剧痛和困惑，以及部分教师的惰性和抵触情绪。二是舍弃性代价。主要是课改中，为了某一优先目标而不得不忍痛放弃另一部分合理有益的目标的后果。如人文性和科学性的难以兼顾，效益和公平的不能平衡，现代性和传统化无法合理地取舍。三是成本性代价。即课改中的各种投入，包括人、力、财、物等有形的成本，也包括制度、文化、社会心理等无形的支持条件。四是失误性代价。主要是我们自身主观的错误或失误所引发的耗费、损失或消极后果等。如课改中的“穿新鞋走老路”。五是“血污性”代价。主要是课改选择的目标、手段等本身带来的消极后果，如同新生儿出生时带来的血污。如课程改革选择自上而下、行政主导的实施路径，固然效率高、推行快、力度大，但难免产生“一刀切”脱离实际的消极后果。

承认课改代价的合理性，并不是说课改中的所有代价都是合理的。合理代价体现在付出的必要性、大小的适度性上。必要性指在追求课改目标的实现中不得不承担的损失和牺牲，承担后对实现课改的目标有着积极的促进和补偿作用；适度性指代价在量上的适宜，即代价和创价相比，代价小于创价。适度性决定课改成效大小，即代价越高，课改成效就越小；而课改成效越大，

---

① 查尔斯·K. 威尔伯. 发达与不发达问题的政治经济学［M］. 北京：中国社会科学出版社，1984.

② 艾恺. 世界范围内的反现代化思潮：论文化守成主义［M］. 贵阳：贵州人民出版社，1991.

代价就应越低。具体而言，课改中的成本性、舍弃性代价和由于新旧交替所引起的震荡性代价是我们所必须付出的代价。成本性代价是课改的支持条件，没有一定的投入支持，再好的课改目标和实施方案都是画饼充饥；而没有对旧观念、旧行为和旧秩序的破除与舍弃，就不能树立新的观念行为和秩序；没有社会震荡的改革，充其量只是脚痛医脚、头痛医头的修修补补。因此，以上三类代价是不可避免的，它们是课改的必要条件，是以否定的形式表现出来的课改过程。而课改中因我们的主观局限及失误，以及我们对自身私欲及利益的极端而恶意的追求所造成的失误性代价和血污性代价，并不是课改中所必要的代价，其非但对课改目标的实现丝毫无益，相反还具有一定的破坏性和损毁性。它们只会导致课改偏离目标，多走弯路，增加难度，阻碍进程。从适度性来说，成本性、震荡性和舍弃性等必然代价要尽可能在度上降低，即要“减”；对于失误性和“血污性”非必要代价，要尽可能避免，即要“杜”。课改追求的应该是以最小的代价获得最大的收益。

课程改革代价不合理将带来严重后果。卡尔认为，守旧所付出的代价落在那些无基本权益的下层社会的人身上，而革新所付的代价是由因改革而丧失特权的人来承担。① 由于学生是受教育者，因而无论是守旧代价还是课改代价都始终由其承担，这就造成课改代价承受主体的错位：发动课改的人不承担课改代价，而本应是利益主体的学生却承受无辜的代价。在其他领域，代价还可补偿，但人的发展受损后是不可能也无法补偿的，且教育对人的影响深远而隐蔽。因而，课改代价也就无法补偿且深远而隐蔽，可能持续一个人的一生，甚至一代和几代人。正如洛克所言：“教育上的错误比别的错误更不可轻犯。教育上的错误正和错配了药一样，第一次弄错了，决不能错第二次、第三次去补救，它们的影响是终身洗刷不掉的。”② 从更长远看，课改代价会形成“飞去来器”现象，即课改的负效应会影响整个社会，从而影响社会中的每一个人。因此，课改中没有“观众”，每一个人都将是课改代价的承受者。不合理的课改代价还会招致人们对其的不信任和不支持。理性人的出发

① 卡尔. 历史是什么［M］. 陈恒，译. 北京：商务印书馆，2008.

② 洛克. 教育漫话［M］. 傅任敢，译. 北京：教育科学出版社，1999.

点，就是个人利益最大化，或者效用最大化。人们对课改的支持与否很大程度上取决于他们从中获得的利益的多寡，特别是在课改的中后期。如果课改代价不合理，利益受损的人们就会对其失去信心和支持，甚至转而抵制和攻击课改。课改中代价过大，“得不偿失”或“得失参半”，都表明课改的失败。

从当前的课改来看，尽管合理和不合理代价都有付出，批评和争议之声也从未停止。但总体上，课改是利大于弊，得大于失，创价大于代价。正如教育部原基础教育二司巡视员、基础教育课程教材发展中心原主任朱慕菊所说：“十年课改使中国的基础教育发生了本质而深刻的变化。”① 但我们不能因此就对课改中的代价麻木不仁、无动于衷，甚至认为是理所当然的“学费”。那种“不惜一切代价”搞课改的思维应该得到批判和摒弃。课改应以最小的代价获得最大的收益。传统的教育弊端丛生，人们对“理想的教育”充满向往，对课改期望甚高，这无疑加大了课改的难度，客观上要求我们应更慎重地对待课改代价问题。尤应注意的是，二十多年后的今天，课改已向更深更广的领域挺进，矛盾更多，风险更大，任何重大失误的后果都是难以估量的，甚至将从根本上扭曲课改的方向，因此必须尽可能地减少和避免一些不合理的代价。

（三）以最低的代价推进课程改革

人是具有能动性、创新性和超越性的社会主体。我们虽然不能避免和完全弥补课改所付出的代价，但可以发挥我们的主观能动性对课改进行调控，以最低的代价推进课改。一方面绝对性地抑制代价，即合理代价尽可能降低，不合理的代价尽可能避免；另一方面相对性地抑制代价，即设法提高课改主体抗风险的能力，增强其对代价的承受力，从而相对地减少课改代价。

树立课改代价意识。回过头来看，课改代价的形成和对代价的非正确认识、不适当行为，都与我们缺乏代价意识有关。所谓代价意识就是对课程改革可能出现的问题和代价的一种思想准备、思想意识以及与之相应的应对态度和知识储备。也就是说，代价意识就是我们对课改代价问题正确认识基础

① 沈祖芸. 课改十年，过程就是一种收获［J］. 基础教育课程，2011（1—2）.

上的积极态度，是我们预防和控制代价的前提和基础。树立了代价意识，我们就会既从正面思考课改的目标、动力、道路、方式和条件，又会从反面分析课改付出的代价以及扬弃代价的途径和方式；树立了代价意识，我们就会辩证地对待课改过程中所付出的代价以及课改与代价的关系这一深层次的问题，把代价作为课改中的一个重要内容来考虑，从而为理解课改提供一条新的思路。在课改当中应该通过宣传、教育，使课改代价意识在课改的所有相关者中得到树立，提高其抗风险的能力，增强其对代价的承受力。

增进课改决策的科学性。课程改革中很多是人为原因而造成的失误性代价，而决策的失误是人为失误的最大因素。因此，要最大限度降低课改代价，增进课改决策的科学性就显得至关重要。首先，课改决策者（一般是政府官员、课程专家）在制订相关课改政策时，课改行为主体在实施相关课改措施时，都应充分估计、科学预测可能造成的代价，通盘地考虑、权衡代价与可预期的课改创价之间的比值关系，“每个人在实施行为之前首先要考虑的不是美好远景的预期，而是行为的风险及后果”,① 只有课改净收益大于代价，课程决策才能通过并实施，否则就必须调整和修正。其次，建立多元参与的课改政策制定体系。课改决策者要广泛调查和科学论证，谨慎决策，要抵制某些权力主义改革者的“经验决策”和个人操纵。建立以社会公正为核心，公开透明、多元参与的课改政策制定体系。除教育行政部门和常规体制外，各种社会力量应自下而上联合起来，监督、质疑、参与课改的决策活动。避免代价的一个重要方法就是多元的参与模式，课改的各种决策不能单由官员、专家决定，整个社会都应该积极参与，尤其是那些将要受到课改影响的人们。再次，建立对决策者的问责制度。我国当前体制中，课程决策者无需为自己的决策失误承担任何责任，能否合理决策则依赖于决策者的良心和操守。这在某种程度上降低了决策者的责任心，增加了决策失误的可能性。因此，需建立问责制，使课改决策者责任透明、具体、明确，并承担因决策不当带来的代价，形成权责对应的代价分配机制。

---

① 薛晓源，刘国良．全球风险世界：现在与未来——德国著名社会学家、风险社会理论创始人乌尔里希·贝克教授访谈录［J］．马克思主义与现实，2005（1）．

重视对课改效果的代价研究和评估。课改效果就是通过对课改的实际结果和理想结果之间的比较，对是否实现了预期目标所进行的分析和判断。对课改效果的代价研究评估是分析课改代价大小、合理与否的前提，是科学认识和推进课改的基础，是决定课改相关政策、文件持续、修正或终结的重要依据。当前人们对课改的评价，有的认为很好，有的认为不好，还有的认为问题与成绩都有。但是究竟取得了什么成绩、存在什么问题，各方都从自己的角度理解，可以说是“自说自话”。从现有的文献资料来看，关于课改成效的评估和结论都是描述性的概括，缺乏可靠的定量和大范围的实证分析。无论是课改决策主体、行为主体还是利益主体，对课改的实施效果都是相当模糊。有关部门应该组织人员对全国二十年来的课改情况进行调研，就像全国性的经济普查一样。通过调查得出准确的第一手资料，计算代价和创价之间的比率，分析哪些地方出现问题，以及问题的原因何在，再根据调查结论制定相关控制代价的措施。课改效果的代价研究和评估，目前是个缺如，这非常不利于课改的推进，应该尽快抓紧开展这方面的工作。

加强对课改代价的补救。一是建构课改问题解决预案。在科学预测的前提下，充分估计可能出现的问题，建立解决问题的预案。二是推出相关配套措施，以弥补先前决策的不足。由于教育的特点，课改代价往往具有滞后性，但很多问题在实践过程中还是有苗头的。实施过程中，一旦出现问题就应及时加以解决，如任其自流，就会积重难返，就可能小问题成大问题，小代价变大代价。应在发现问题时，就及时推出相关措施，使课改问题在萌芽状态得到解决，避免更大代价发生。同时，在课改实施过程中，应该进行阶段性总结，并根据阶段性总结和课改实际情况及社会现实情况构建出新的补救方案。三是对课改中的“弱势群体”提供补偿。课改中往往因为各种原因会让一些弱势群体如农村地区、薄弱学校等承受更大的代价，应有一种补偿机制，使弱势群体的损失得到一定的弥补。比如对农村地区的课改，就要在教师培训、资源投入上比城市地区更加大力度；必要时还可实行“逆向歧视政策”，以补偿弱势群体在课改中受到的不平等待遇，如降低农村和偏远地区高考录取分数，或增加招生名额等等。

总之，“发展是硬道理”，新课程改革的目标没错、方向没错。只要我们能够正确清醒地认识课程改革代价问题，树立课改代价意识，采取更有效的措施，低代价地推进课改，课程改革的目标就有可能实现。

第三节　克服课改倦怠心理

课程改革越来越深入，越来越持久，同时中小学教师也随之出现倦怠心理，不能正确对待课程改革出现的问题，面对课程改革中的一些困境显得手足无措。教师治理必须要帮助教师克服这种课改倦怠心理，使教师始终能以积极的心态、热情的态度投入到课程改革中。

一、教师新课程改革倦怠的表现及危害

新一轮的课程改革已进入一个全面展开、常态化的阶段，各个方面、各个阶层的力量都在为改革做不懈的努力。但是，根据笔者对广东粤西地区(湛江市、茂名市、阳江市) 153 名中小学革骨干教师的调查，发现在课程改革第一线的中小学，在作为课程改革的实施者——中小学教师中，一股课程改革倦怠的暗流正在涌动。中小学教师是新课程改革实施的主体，是课程改革成败的关键所在，如果我们不能及时发现、认识到中小学教师课程改革倦怠心理，并采取积极的应对措施，课程改革就难以持续深入发展，或者结果将会背离初衷。

所谓新课程改革倦怠，指的是教师在经历了新课程改革最初的激情后，因长期处在课程改革环境中而产生的一种个体无法应对外界超出个人能量和资源的过度要求的身心耗竭状态。它包含有三个维度。维度一：热情衰竭。教师情绪和情感都处在极度疲劳状态，性急易怒，容忍度低，对课程改革工

作缺乏热情和活力；有衰竭感、无助感，并对课程改革悲观、失望。维度二：人格解体。教师以一种消极、否定、冷漠的态度对待课程改革；故意减少接触甚至拒绝课程改革，蔑视课程改革，并用标签式语言来描述课程改革。维度三：低成就感。对自己的课程改革工作和价值取向消极评价；认为课改没有什么价值，无法给基础教育、给学生、给自己带来益处，有很强的自卑感和失败感。在对广东粤西地区 153 名曾被评为课程改革骨干的教师（其中国家级骨干 3 人，省级骨干 35 人，县、市级骨干 115 人）的调查中发现，这些教师在新课程改革之初都积极地投入改革之中，而且改革有一定的成效，因而被选为骨干。但是，在经过两三年以后，这些过去的骨干大多都又改弦更张，有的还由新课程改革的鼓吹者和实践者变为了改革的反对者。在问到如何评价课程改革时，90.5%的教师觉得“没意思”“受骗了”。在问及以后还是否将新课程改革进行到底时，73.2%的教师的答复是否定的，有 21.4%的教师认为看情况而定，只有极少数教师表示将改革进行到底。无独有偶，在全国中学语文新课程教学观摩研讨会上，与会专家认为，当前存在的一个突出问题是，广大语文教师对语文课程改革兴趣减退，甚至冷漠，教学理念及教学方法有走回头路的倾向。专家认为这是非常危险的。① 确实，中小学教师的这种课程改革倦怠心理如不加以预防和化解，将会产生严重的后果，小的方面来说影响到这些教师的身心健康、专业发展，大的方面来说将使这场轰轰烈烈、付出了巨大代价的新课程改革中途夭折，无功而终。

二、教师新课程改革倦怠原因分析

为什么那么多的中小学教师在新课程改革开始的时候都积极投入其中，而在经过一段时间后却归于疲惫、冷漠，甚而消极抵触呢？原因是多方面的，通过调查，以下几个方面应是主要原因。

① 李玉波．专家认为：语文课改不能采取休克疗法［N］．中国青年报，2006－08－31．

（一）纷纭无序的“反思”

由于是改革，因此本次新课程改革难免会存在种种缺陷，传统的教育教学中的弊端也不可能立即革除，而且改革中难免又会出现新问题，这些都需要我们去反思。作为一种教育教学研究方式，一种个人专业发展的成长方式，反思是教育者对自己教育教学观念与实践行为以及由此产生的结果进行审视和分析的过程，本质上是理解和实践之间的对话。反思，在一定程度上体现着教育者的教育智慧。教师需要反思，课程改革需要反思，这是无可厚非的。但是，在这股反思热潮中，也暴露出一些不良的倾向：有的人不遗余力地批判在课改中出现的问题，对其中正确的做法鲜有肯定，有以偏概全之嫌；有的人各种误区讲得头头是道，具体怎样解决却轻描淡写。更有借“反思”之名，对新课程改革进行肆意攻伐，把新课程改革批得体无完肤，一无是处，甚而要求停止改革。反思，从一个极端走向另一个极端。在这种杂乱无序甚至全盘否定的“反思”中，广大中小学教师无所适从，总是在怀疑自己是否做错了。结果在新课程改革的信心全失，课改倦怠就在“反思”、怀疑、责难中逐渐形成。

（二）师生关系的失衡

《基础教育课程改革纲要（试行）》中指出：“改变课程实施过于强调接受学习、死记硬背、机械训练的现状，倡导学生主动参与、乐于探究、勤于动手”，“教师在教学过程中应与学生积极互动、共同发展，要处理好传授知识与培养能力的关系，注重培养学生的独立性和自主性，引导学生质疑、调查、探究，在实践中学习，促进学生在教师指导下主动地、富有个性地学习”。这样的决定势必引起传统教育中师生关系模式的根本改变。源于教师人格特征的参照性权力、源于教师专门知识及处理知识能力的被认可的专家性权力、源于教师课堂管理者角色特征的决策性权力，在新的理论和实践的指导中被赋予了新的诠注。教师必须放下“师道尊严”的架子，改变单向灌输的教学方式，与学生建立民主、平等、合作与和谐的师生关系。教师的角色要从单纯的“知识传授者”转变为学生学习知识过程中的“引导者”“参与者”“合作者”“促进者”等等。

新课程改革多年来，我们可以发现，教师的角色确实发生了很大的变化，教师的传统权威、法定权威正渐渐被颠覆、消解，“师道尊严”已成为明日黄花。但是如果教师的传统权威被打破，真的就能形成平等、民主师生关系的话，广大教师也许会感到欣慰。问题是，在提倡师生平等、打破教师的权威的时候，我们陷入了一个非此即彼、抑师扬生的怪圈。在凸显学生的主体性的同时，教师在教学中的主体地位、主导地位也被剥夺了。很多学校片面机械地理解了新课程中的师生观，在实际中一切以学生为中心，只要学生出了问题，就是教师的错；只要是学生对教师有意见，教师就得下岗。教师不能批评学生，批评了就是没有尊重学生，学生或者家长却可以随时训导甚至侮辱教师。有一个特别流行的口号“没有教不好的学生，只有不会教的老师”，经常被一些学校引用，且不说这话不符合实际，就从话语本身来看也存在着逻辑错误，可是它却被许多学校奉为圭臬。在被调查的教师当中有 25 个教师受到家长的谩骂和侮辱，有 8 个教师被学生喊来社会青年威吓，有 9 个教师因批评学生受到学生不同程度的报复，有 61 名教师因批评学生而被学校批评，所有教师都认为“现在的学生难教”。就全国范围来说，学生、家长粗暴对待教师的事件，隔三差五就被媒体报道。对一向依靠权威来管束学生且自身权威意识极浓的教师而言，角色的转换、权威的被消解、地位的被颠覆，本来就已多少带有一定心病，而现在失衡的师生关系，无疑是在他们的伤口上撒盐，给他们带来更大的伤害和痛楚，他们对自己先前热情地投入课程改革感到后悔，对新课程改革的倦怠也就难免了。

（三）专业发展的挑战

新课程改革是对原有的课程体系和课程观念的彻底变革，是对原有课程哲学观和课程价值观的重大调整，它彻底摇撼了传统的课程与教学。新课程提出的一些新的理念并不是传统学校教育中所熟悉和运用的，这些理念对教师的思想观念和教学实践提出了很大的挑战，促使教师在教学实践中对其作出回应。这种回应，主要体现在教师对传统的教师角色的重新定位和理解，并要求转变观念不断进行教师专业发展。有人认为，新世纪中国课程改革中的教师，将是21世纪中国社会最具变化的职业。在这种世纪性的职业变化中，许多中小学教师往往感到不适应，产生心理负担和压力，从而以倦怠的心理对待新课程改革。传统的教育理念突出强调社会本位、教师本位和精英主义，新一轮课程改革则对旧有教育观念进行了大胆扬弃。总体上要求，从整齐划一到注重学生个性与创新，从知识本位的灌输到学生的主动学习，从单一的课堂到回归生活，从强调分科到重视综合，从选拔性评价到以评价促发展，从狭隘封闭到走向国际理解。对于许多教师而言，传统的课程理念、目标、内容、方式方法，已深深扎根于脑海中，且操作运用起来得心应手，这使教师在新旧教育理念的碰撞中，不免产生矛盾和抵触心理。

（四）理念与现实的矛盾

广大中小学教师是热切支持新课程改革的，改革之初，他们对新课程改革充满了希望，并以极大的热情投入其中。但是，很多教师发现新课程改革与自己所处的现实格格不入，自己在课程改革中处处碰壁，在经过一系列的打击后，他们往往对改革失去信心，倦怠心理也自然而然地产生。在调查中发现，骨干教师理念与现实的矛盾主要体现在四个方面。一是头顶悬着“高考”这把“达摩克利斯之剑”。在调查中100%的高中教师认为自己在新课程改革中受高考束缚。很多教师在高一、高二时敢进行改革，但到了高三又走回原来的应试教育之路。二是现实中课程实施资源缺乏。课程资源与课程实施存在着十分密切的关系。课程实施的范围和水平，一方面取决于课程资源的丰富程度，另一方面也取决于课程资源的开发和运用水平。在课程改革的初期，课程实施所需要的空间、材料、设备、设施、环境、场地等课程资源是改革得以推行的物质基础。但目前中学具备的各种教学条件离课程实施的要求有不同程度的差距，最突出的问题就是经费不足、材料和设备缺乏或不足。在调查中，92.3%的教师认为自己所在学校缺乏课程资源而放弃改革。三是社会、家长不理解，学生配合不够。长期以来，我们的课堂是教师满堂灌，学生被动听，这种填鸭式的教学方式助长了学生的惰性和被动学习的习惯。新课程的实施，要求学生的学习方式发生变革。在课程改革初期，有些学生学习肯定会出现某种程度的不适应。他们对自主探究、交流讨论等学习活动积极性不高。学生在学习过程中，总是希望教师像以前一样，直接陈述和告诉标准答案，然后背下来。另外，长期以来各方面对升学意识的灌输，在学生心里留下深深的烙印，特别是面临中考或高考的毕业年级学生，他们时刻都在考虑和担心中考或高考，对新课程改革不热心，甚至认为自己将成为新课改的“受害者”。同时，望子成龙心切的家长，他们只顾眼前孩子的分数，而不考虑孩子的终身发展。虽然新课程与升学并不矛盾，但是，他们仍不愿意接受新课程，也不想了解新课程，他们希望的是教师为考试而教，只要自己的小孩能考高分，最终能考取好的高中和重点大学，除此而别无所求。新课程提倡综合课程、实践课程、活动课程，这些都需要社区的支援，但是社会上对新课程了解不多，理解不深刻，教师在课改中很难得到社会的支持。四是教学管理、教学评价改革滞后。要落实课程改革，评价改革是重要的配套措施，尤其是考试改革。社会与上级教育行政部门如何评价学校，学校如何评价教师，在很大程度上影响着教师对课程改革的热情。目前的教师评价主要还是以分数、升学率做依据和参照，是种奖惩性的评价。教育行政部门、学校以教师的“升学业绩”决定教师的职称、奖金、评优、晋级，甚至岗位的去留。社会也以升学率认定一个教师的“好坏”。有个教师谈到，他所在的镇政府给全镇中小学下发的一份文件中强调：如果镇中学初三年级升高中的升学率、镇里各小学每学年下学期的考试分数不达标，学校和教师要交罚款！而施行新课程有可能在学生的升学率上与应试教育存在差距，因而，很多骨干教师在经过一段时间的改革后，奖惩性的教师评价使他望而却步。另外，班级规模过大、学生人数过多、各种评比竞赛过滥、学校对教师管得过死，这些都使教师的课改理想无法实现，成为教师产生改革倦怠心理的原因。

（五）投入和收益的落差

新课改强调学生的主体性，表面上看教师可更轻松地从教，但是由于新课程没有现成的模式可遵循，教师在参与课程实施过程中，有很多新的工作要做，如参加课程讨论、接受培训、研究课程资源的开发与利用、探讨学生评价等，其工作和生活显得更为紧张和忙碌。本次调查表明：95％以上的教师反映工作量增加了，其表现一是备课时间增加，二是作业评阅时间增长。新课程强调学生综合实践能力和创新能力的培养，因此学生的作业形式会更多样化，同时完成作业的不确定性也会增加，这些都需要教师更为细心地指导。此外教师在反映负担重的同时，也感到心理压力很大。在传统教学中，教师完全可凭经验对教学过程实行有效的控制，而且能很好地完成教学任务。然而，新课程强调教学过程是师生交往、积极互动、共同成长的过程，这样，教学过程不再单由教师一人操控，学生在教学中随时会因师生的相互启发而提出种种问题，有些问题是教师备课时没考虑的，甚至是课本上没有的知识，这种问题一提出，往往容易使老师陷入被动局面。可见新课程改革中教学过程的开放性、复杂性，降低了教师对课堂的控制性和预见性，与此同时，课堂教学的风险性却增大了，这无疑使教师在工作上经常处于应激状态。而且，由于课程改革是一项投入多见效慢，收益周期相当长的活动，改革的成效不是一天两天，一个学期或一学年就能显露出来，它的效果往往要在一届、几届学生甚至整整一代人后才能显示出来。许多骨干教师没有认识到课程改革的长期性、艰巨性，存在急于求成的心理，追求立竿见影的效果，幻想着传统教育的种种弊端能够借助课程改革而被完全革除，希望课程改革的预期目标能马上实现。许多教师在经过一段时间的“课改激情”后，发现自己的努力没有实现预期的效果，便有些心灰意懒，形成课改倦怠心理。

（六）权利与义务的失调

新课程改革尽管在各个方面都已经尽了最大的努力，但是还存在较多不尽如人意的地方，由于这些瑕疵的存在，很多中小学教师在改革过程中，持抵触的态度，从而产生倦怠心理。特别是中小学教师在新课程改革中权利与义务失调。我们说教师是新课程改革的主体，在新课程改革中中小学教师被赋予了许多责任和义务，甚至是承担着事关改革成败的责任。从各种媒体报道和言论论述中，我们也常常读到“课程改革的关键是教师”这样的观点，可以看到对教师的种种指责。但是，中小学教师义务多和责任重，却没有被给予相应的权利。联系实际，不难发现本次课程改革是一场自上而下的改革，无论是对课程的决策、实施、评价，教师只能“上面说什么，下面就做什么”。教师在课程改革中权利缺失，丧失了作为改革主体的地位。有人戏称新课程改革是一场“书斋里的革命”，不无道理。在整个过程中，决策、评价都是由课程专家、学者、教育行政官员决定，教师只管实施，而教师在实施过程中背后却站立着各色“权威”，在一定意义上他们只是权威们意志的体现者和执行者，是理论的附庸和奴仆。史密斯曾一针见血地指出：“在制定其教育政策的时候，很少考虑教师的经验。教师只不过是些公仆，其职责是将别人作出的决定付诸行动，‘传递别人的邮件’——诚如课程理论家威廉·派纳（William Pinar，1988）所言。的确，今天教师个人和集体之所以躁动不安，大多是因为渐渐认识到在当今教育决策中，教师毫无权力。”① 课程改革固然要体现国家意志，但如果仅仅把它看作政府行为，仅仅依靠几个课程专家的支持，将教师排除在外，却又要他们承担起种种责任和义务，无疑抹杀了他们参与课程改革的积极性和创造性，教师产生倦怠心理也就在所难免了。

（七）培训与指导的失效

新课程改革中，广大中学教师需要接受培训，骨干教师更需要培训。被调查的骨干教师，全部参加过各种培训，有在北京、天津举办的国家级培训，有在广州举办的省级培训。但是对培训的效果，95.6%的教师持否定态度，有的甚至对培训嗤之以鼻。经过调查发现，在新课程改革骨干教师培训中存在种种偏差。只注重投入的标准，忽略产出效益的现象相当严重。培训讲究的是哪一级的骨干送北京，哪一级的骨干送省会、送市里，培训已演变成对骨干教师的优待，其焦点并不在于培训之后究竟能产生何种效益。于是，培训的“规格”是提高了，但是培训模式的创新却没有受到足够的重视，在线

① 大卫·杰弗里·史密斯．全球化与后现代教育学［M］．郭洋生，译．北京：教育科学出版社，2000.

互动培训、以问题为本的培训、学校情景模拟培训等国际上流行的培训模式在我们的骨干教师中很少应用。在新课程改革培训中，教育行政部门和培训机构都认为中小学教师缺乏的是理论的指导，中小学骨干教师则更需要理论上的“充电”。于是在各级培训中，一个个大牌教授、课程理论家被请来“传经送宝”，但是几乎所有的培训都企图是让教师“阅读”别人（国内甚至是国外的专家和教授）课程理论。由于没有共同的实践、没有共同的话语基础，结果难免出现“小狗请小羊吃骨头”“鸡对鸭讲”的现象。课程理论虽然被专家们论述得透彻、诱人、有说服力，但诱人的理论说教却对中小学教师的能力提升没有效果。培训中的很多专家没有透彻地了解中小学的课程改革实践，对之缺乏切身的体验和感悟，他们的理论很难击中中小学教育教学实践问题的要害，经常是无关痛痒和大而空，很难真正与中小学骨干教师已经具备的个人想法、体会、认识和见解相印证或对接。中小学教师对专家阐释的理论往往持怀疑态度，有时甚至得出专家原来也是外行的结论。著者就曾亲眼目睹在一次省级骨干培训会上专家被骨干教师轰下台的事件。很多骨干教师在参加了专家学者的培训后都一脸茫然，用他们的话说是“只记得几个新名词”“是一种想当然的理想主义”“专家只指出了要做什么，而没有解决应该怎么去做”，甚至有教师表示怀疑地说让这些专家教授也来基层试试看。还有的培训，专家们“你吹你的调，我敲我的锣”，让中小学骨干教师无所适从；有的专家只是在台上说说国外教育怎样怎样，国内教育又怎样怎样，根本不能指导教学实践；有的培训更是只收钱发证了事。骨干教师一般都愿意在新课程改革中通过培训不断提高自身的能力和素质，从而在改革中大显身手。但是，目前的新课程培训不能满足他们的要求，甚至使他们感到无所适从，因而产生怠倦心理。

三、解决教师新课程改革倦怠心理的策略

针对中小学课程改革中骨干教师的课改倦怠心理，可以从以下几个采取对策进行调整、化解。

（一）相关的社会支持

加强对新课程改革的宣传。建立社会支持系统，首要的是对新课程改革形成良好的公共信任氛围。在一种公共信任的氛围中，教师与学校都会表现出信心与干劲，从而产生强烈的课程改革自觉意识和责任意识。教育管理部门和新闻媒体要大力宣传新课程改革，做好对普通公众的引导，使公众对新课程改革有广泛而正确的认识。对课改中出现的问题要一分为二地看待，“不应该因为对某些问题的批评而导致对整个改革的否定，更不应该因为某些技术上的失误而导致对整个改革的意义的漠视”。①

加大对新课程改革的投入力度。政府要在教育经费“三个增长”的基础上，增设新课程改革专项经费；各级教育行政部门要优化本地教育资源的配置结构，提高资源使用效益；学校也可以充分运用市场手段来筹集课程改革经费。要加大对经济不发达地区和薄弱学校课程改革的扶持力度；提高教师的社会和经济地位，加大对教师的物质鼓励力度，在经济上对他们的工作予以肯定，使教师在经济方面足以维持充裕的生活，在课改中有基本可行的条件，保证其有进行课改的愉快心情和驱动力。

进一步完善新课程改革的方案和措施。一是要加强对课程改革的理论研究和整合，为改革提供深厚的理论基础。二是发挥教师在改革中的主体地位。课程改革是个系统工程，任务重、难度大、要求高，需要动员广大教育工作者共同参与，最大限度地调动他们的积极性。三是要重视课程资源的开发。课程设计者、决策者必须摒弃“重设计、轻实施”的传统策略，重视课程实施过程中具体问题的研究，大力加强不同类型、多层次的课程资源的开发，从而使得教师能在丰富的课程资源基础上，根据课程实施的需要获取适宜的课程资源。

提高新课程培训的质量。要进一步改进教师培训模式，坚持培训、教研、教改相结合，坚持短期面授与长期跟踪指导相结合，坚持集中培训与校本研修相结合。要倡导培训者与教师平等交流对话，了解他们的疑惑和困难；引

---

① 李海林. 语文课程改革的进展、问题及前瞻 [J]. 语文建设，2006 (3).

导教师紧密结合自己的教学实际，深入地进行研讨和思考；要积极探索参与式等有效的培训方式，充分挖掘和运用有关案例，提高教师理论与实践相结合的能力。要加强对培训者的培训，努力促进各级新课程培训者通过多种途径积极参加课程改革实践，了解课程改革进展情况，不断提高培训水平。

正确处理新课程改革与高考的关系。在高考制度不可能在短时期内有根本性改变的情况下，各级教育行政部门应该及时研究新课程改革与高考之间的内在联系，通过制定相关政策处理好新课程如何与高考连接的问题。要淡化对高考的刻意宣传力度，不要人为地拔高高考在社会中的影响程度。要引导公众正确看待高考，认识到新课程改革与高考的不矛盾性。

（二）学校机制的改进

改进学校的管理，赋予教师更大的课改自主权。学校应实行开放民主的行政管理，赋予教师更多的课改自主权与更大的自由度，并且为教师提供更多参与学校课程改革决策的机会，这将有助于激发教师的课改热情与动力，从而使教师具有更强的责任感与归属感。要建立良好的课改组织环境。学校各级管理人员应为教师创设一个民主合作的宽松的校园文化环境，主动关心教师的生活，帮助教师解决课改实际中的问题，协调教师建立良好的人际关系。在宽松和谐的校园文化环境中，教师之间互相帮助、合作共事，互相交流课改心得体会，共同解决课改中出现的问题，这有助于减少教师课改中的工作压力，缓解身心疲惫。

改进教师评价机制。中小学校要改变过去唯“升学率”和学生分数为评判标准的奖惩性评价、终结性评价，应该建立多元化、人性化、动态化的教师发展性评价体系。绩效评价应把重点放在教师在学校改变和学生发展中的作用及努力，以及教师自身发展的过程上。要尊重教师的个体差异，突出教师的主体地位，关注教师的思想和专业进步，进而促进教师与学生的和谐发展。在评价中，学校评价和教师自主评价相结合，学生、家长评价和教师互评相结合，自评、组评、校评相结合，注重评教与评学相结合。让教师在新课程改革中，能够放开手脚，没有羁绊地大显身手。

加强校本研究。新课程下专业能力的缺失，是导致教师对新课程改革产生倦怠心理的一个重要因素。尽管已受到基本的培训，但由于新课程的创新本质，广大教师在新课程实施过程中仍然会在实施技能、方法、策略等方面产生不适应，发生诸如“踩不上新课程的点”“穿新鞋，走老路”等现象，因而亟需具有针对性和教学实践取向的各种形式的以校为本的教学研究，如辅导、观察、评估、与有关教师教育机构建立合作关系等，以便教师在实施新课程的进程中能及时地得到有关专家、同事等的支持与协助，解决教育教学中的实际问题。同时，在此过程中还可促进广大教师内化新课程改革的理念，提升教育教学技能，形成新课程下教师所应具有的专业能力，增强其对新课程改革的信心。

（三）教师个人的调整

在应对工作压力时，教师自身素质直接决定了教师对压力源的认知性质及其应对的方式与效果，故在当前的新课程改革中，为缓解教师的心理压力，预防和化解倦怠心理，除了应改善课程实施环境外，更要引导教师提高自身素质，以增强教师对课改压力的调适能力。

教师要增强对新课程改革的坚定信念和理想，积极认同新课程的价值取向。教师唯有坚持正确的信念与理想，方有对课程改革的积极态度和行为，也才能积极主动地参与到新课程改革中来，这是化解新课程改革倦怠心理的精神动力之源。正如职业倦怠研究专家奎内思所说：对某一事业的信念和理想是职业倦怠的最好解毒剂。

教师要有专业发展的意识。在新课程改革实践中引导教师要自觉地承担“反思性实践者”“课程开发与研究者”等角色，积极进行教育科研。教师在新课程改革中积极进行科研的意识与行动，一方面有利于其专业素质不断得到提高，以丰富的经验有效地应对新课程改革给其带来的应激；另一方面也有助于教师体验到新课程改革的价值，增强其对课改的兴趣，从而能预防和化解课改倦怠。苏联教育家苏霍姆林斯基在《给青年校长的一封信》中就曾指出：“如果你想让教师的劳动给教师带来乐趣，使天天上课不至于变为一种单调乏味的义务，那你就应当引导每一位教师走上从事研究的这条幸福的道路上来。”

教师要能掌握和应用化解新课改下心理压力的方法和技巧。作为一种社会挫折，教师的课改倦怠心理影响着教师对新课程改革的态度和行为，以及教师本人的精神生活质量，进而影响到新课程改革的成败。因此，各方必须高度重视中小学教师在课程改革中的倦怠心理，并采取有效措施加以解决。只有当中小学教师以满腔的热情、旺盛的精力、愉快的心情和良好的风貌投身到课程改革的潮流中去，新课程改革才能得以迎来成功的那一天。

第四章　教师病理诊断

教师在成长的过程中，由于内外多方面的原因，表现出许多病态的症状或者说呈现出非常态的现象，这些现象使教师成长失调、失衡、失常，也给学校发展、学生培养带来负面影响。教师治理必须加强对教师成长病理的认识和控制，探讨矫治教师成长病理的对策，使教师走在正常、正确的成长轨道上。

第一节　教师假性成长诊治

俗话说“不想当将军的士兵不是好士兵”。“不想成为优秀教师的教师不是好教师”，只要是一位教师，都有着朝优秀、卓越进发的意愿。随着教育改革的不断深入，教师在教育工作中的重要作用越来越被人们所认识，教师成长问题也以前所未有的程度被关注和重视。由于教师自身和社会各方的努力，一大批教师逐渐成长起来，优秀教师或专家型教师（我们将其界定为受到教育行政部门认可的，具有某种头衔的教师，如学科带头人、特级教师、名师等）大量涌现。但是，审视众多优秀教师或专家型教师的成长之路，不难发现教师专业发展中存在“假性成长”现象，且非常严重，这必须引起高度关注。在此，我们拟从教育行政的角度对教师假性成长的原因和解决路径作初步探讨。

一、教师假性成长的表现

“成长在许多方面都是一个积极地希望、选择和奔向目标的过程。”一般认为，专业发展中的教师成长主要是指教师作为专业人员，从专业思想到专业知识、专业能力、专业心理品质等方面由不成熟到比较成熟的发展过程，即由一个新手发展成为优秀教师或专家型教师的过程。教师成长过程内在的包括了教师成“人”和成“师”的过程。

所谓“假性成长”，指的是在成长过程中，教师被认为或自认为是优秀教师或专家型教师，但实际上只具备了优秀或专家型教师的一些表面特征，而并未有从质上成长为优秀教师、专家型教师。也即教师的专业知识、专业能力以及专业情意还未完全达到优秀教师或专家型教师的要求，并没有发生

“器质性的变化”，但已被认为是优秀教师或专家型教师。我们认为一些优秀教师是假性成长，主要是源于在他们的成长中存在着种种与真实有效的成长相背离的因素。

首先，不循规律地快速成长。一个耐人寻味的现象是，在新课程改革中成名成“家”的教师往往是青年教师，甚至是刚出校门的大学生。在许多媒体上我们都可以发现大量有关这方面的宣传介绍。很多年轻教师参加工作没几年，初出茅庐就已被认为是学科带头人，甚至名师。而那些虽然没有被宣传报道，但已被地方教育行政部门认定表彰的年轻优秀、专家型教师更是比比皆是。一个省名师上万，一个县名师上千，一个学校名师成百，现在已不是什么稀奇事了。我们认为，由于教师先天禀赋、教育背景、环境条件和个人的主观努力等方面的差异，教师的职业生涯不可能完全一致。但就绝大多数教师而言，其成长的过程和周期是具有相同性的，是有规律的。根据国内外教师职业生涯周期的研究表明，新手到专家的形成是一个长期的过程，需要在特定领域长时间的学习和不断地实践。一般来说，一个教师入职之后，从新手成为专家，要经历适应阶段、发展阶段、成熟阶段、创造阶段（尽管不同的研究者对不同的阶段用不同的定义、概念，但基本可以划为这四个阶段），即新任教师、合格教师、骨干教师和专家教师这几个阶段。而且这四个阶段并不是完全能够直线过渡、正向发展，其中还存在教师成长的“高原期”现象，甚至退缩现象。完整经历这四个阶段一般要教师花费 10 年左右的时间，有的教师甚至终其一生也未必能达到形成自己独有教学风格的专家型教师阶段。因此，教师从新手成长为专家一般至少应具有 10 年以上的从教经历。这个研究与其他领域专业成长的周期研究也是吻合的。有研究表明，在国际象棋、物理、数学、音乐、历史、医学等领域，对于专长形成的研究都存在一种“十年规则”①，也就是说一个专业活动领域内的新手要成长为专家都至少需要 10 年的工作经验。可见，教师要成长为名师是一个相对漫长的过程，非一朝一夕就能实现，更不可能一蹴而就。我们不否认有个别教师由于各种原因，如天资的优秀或者培养措施的科学得力，可能打破这种“十年规

---

① 罗伯逊. 问题解决心理学［M］. 张奇，译. 北京：中国轻工业出版社，2004.

则”，缩短成长为专家型教师的周期，但普遍上教师的成长要经过时间的积淀和长期教学实践的“打磨”。如果大量的教师在极短的教学实践之后，就“忽如一夜春风来，千树万树梨花开”，成为一个个耀眼的专家、名师，那么我们可以肯定这是一种假性成长或至少有假性成长的成分。

其次，非全面的成长。“人”的整体性决定了教师专业发展的整体性。这种整体性意味着教师个体在专业发展上的“全面性”。从另一方面说，教育的本质是培养人，促进人的全面发展，而学生的全面发展必须靠全面发展的教师去身教与言传。现象诠释学者梅南（Manen）曾指出，教师是完整的一个人，他是作为一个完整的人和学生发生互动关系的。如果教师不是一个整体发展的人的话，他无法发现和培养整体发展的学生。一个真正成长起来的教师，应该是在知情意行上全面发展的，他应该具有良好的专业德性、精湛的专业水平、扎实的专业基本功、雄厚的教育教学理论修养、独树一帜的教育风格，以及丰富的教学成果。但是从目前的状况来看，许多教师在成长之中是非全面性的。如果说过去的教师更多的是以“德”来体现其优秀的话，那么今天的优秀教师则主要是以“能”来展示他们的与众不同。许多教师只因参加过一两次讲课比赛，发表或获奖过几篇论文就被认为是专家、名师，而自己也以专家、名师自居，到处上表演课、介绍经验。但实际的情况是，这些教师赖以成名的，大多无外乎是一些表面功夫，一些技能与技巧，或者是容貌和音质等先天的优势条件，而对于教师成长的一些真正内涵，如学养、思想、德行等，却未必有较好的修为。有的名师甚至经年累月表演的就是同一节课。“教师发展，并不仅仅包含技术的维度，如知识与教学技能，而主要是一种道德的和情感的维度。”① 罗恩·米勒（Ron Miller）指出：“整体的教师不能是一个技师，执行一系列的练习手册或者表演他或她在教师培训项目中学到的笔记。整体教师应该对学生的需要保持强烈的敏感，同时，非常清楚地知道此时、此地世界给予此人的挑战和可能性。”② 教师凭借某种外在的优势或巧合而迅速成为“名师”，显然是一种不全面、跛脚的成长，是假性成

① 姜勇．现象学视野中的教师发展观［J］．全球教育展望，2007（2）．
② 姜勇．现象学视野中的教师发展观［J］．全球教育展望，2007（2）．

长。正如中国教育学会原副会长陶西平所指出的，“靠一节课一举成名”，这是“造星”，不能培养出真正的名师。

第三，功利性的成长。一般地，教师获得如“名师”等各种荣誉（称号）之后，教育行政部门、学校会给其以相应的待遇，如提升职务、增加工资、补助津贴等。同时，由于这种荣誉的晕圈效应，会给成名后的教师带来普通教师所不能得到的其他利益，如被邀请讲学、做课、出版教材、担任行政职务，以及往条件更好、待遇更高的学校调动等等。在教育界，“教而优则仕”“教而优则富”已是一种相当普遍的现象。因此，许多教师也渴望着成长为优秀教师，但与其说他们是在追求专业的成长，不如说是在追求“成长”之后带来的外在的利益。以教师的教育科研为例，本来“教师作为研究者”是教育界的共识，是时代对教师的角色提出的新的要求，是教师自身发展的需要，在很多地方科研已成为评选晋职的重要指标。许多教师并不是出于自身教育教学的真实需要进行科研，而是把其作为一种应付评选晋职的功利手段。据调查，在中学教师中，有49.5％的人做研究是为参加评选或者为评职称。① 这种研究基本上是“临时抱佛脚”的产物，论文通常是理论的高帽与牵强附会的例子的拼接。它带给教师的除了外在的实惠之外，还有内心深处对于研究的鄙视、疏远和面对现实的无奈。所以，我们可以发现，尽管有很多优秀教师“成果丰硕”，甚至可以说“著作等身”，但是看不到教师个性化的教育体验与感悟，而几乎都是空洞的政策解读、理念诠释和专家观点的演绎与实证。很多优秀教师对各种新名词、时尚术语如数家珍，对各种理论和理念的解读头头是道，但往往是知行分离，理论仅仅是做装饰门面的花瓶，在常态的教学实践中，这些教师依然是运用传统落后的教育教学形式和方法，机械训练、死记硬背、题海战术依然是他们对付学生的法宝。事实还证明，“名师后”已成为困扰基础教育界的一个难题。许多教师成为名师后，不再追求更进一步的发展，而是热衷于为培训机构讲课评课、为出版商编书卖书等商业活动，追求经济利益；有的不再遵守学校的校纪校规，在学校里唯我独尊，向学校漫天要价；有的甚至借着名师的幌子做一些有损教师形象的事情。显

① 顿继安．教师：成长的期待和发展的低效［J］．中小学管理，2007（12）．

然，为生存、为功利的成长不是一种有效的成长，教师把教书只是当作一种职业，一种“谋生”的手段，而不是实现生命价值的场所、个人生命勃发与价值实现的载体；追求成长，只为了增强自己进入生活或获取地位的能力，以便能够更好地生存。在功利性成长中，教师隐褪了教育激情，湮灭了教育智慧，也失去了追问教育问题的力量；教师变得浮躁，忘记了自己的职责，把学生当作自己成长的“垫脚石”或“试验品”。教师的专业发展应该是没有止境的，“只有更好，没有最好”，即使已经被认为是成长为优秀教师了，依然还存在很大的成长空间，而功利性成长起来的教师在达到某种目的之后，就会丧失成长的动力，很难实现可持续发展。

二、教师假性成长的原因

卢乃桂教授等经过调查后认为“大陆教师专业发展的一个本质特征，就是强烈的行政主导”。[①] 确实，在我国，教师专业发展基本上是由行政主导的。教育行政部门有一套相对独立的教师培训体系，开展常规的教学研究和教师培养工作，以及对教师进行选拔、评价、认定。教师是否成长为优秀教师或专家型教师，没有教育行政部门的认定，一般很难得到公众和社会的认可。那么，为什么由教育行政部门认定的优秀教师和专家型教师还会假性成长呢？

首先，教育行政部门目前的教师成长标准和教师成长的认定方式存在严重偏差。

标准是“对重复性事物和概念所作的统一规定。它以科学、技术和实践经验的综合成果为基础，经有关方面协商一致，由主管机构批准，以特定形式发布，作为共同遵守的准则和依据”。[②] 标准可以有两种用法：一是用作衡量价值或体现原则的说明，二是作为评估工作业绩的测量手段。在第二种意义上，它表明和描述已达到的一定水平标准。教师专业标准的建立是认定教

① 卢乃桂，陈峥. 赋权予教师：教师专业发展中的教师领导 [J]. 教师教育研究，2007 (7).

② 国家标准局. 标准化基本术语 (GB3935.1—83) [S].

师是否成长起来的基础。由于教师专业化以及教师专业发展在我国起步较晚，相关的研究还比较不成熟，有关教师专业发展的很多方面的问题还没有找到解决方法和应对策略，其中对教师专业标准的研究和制定尤为欠缺。有学者就认为专业标准的缺失是制约我国教师专业发展的三个因素之一。① 在当前，国家虽已于2012年颁布了各级（幼儿园、小学、中学）教师专业标准，但是这个标准只是对合格教师的专业基本要求，虽名“专业”标准，实际只是“合格”标准、“通用”标准。对于什么是优秀教师，标准依然缺如。尽管国家标准缺乏，但各地教育行政部门出于各种需要，对教师成长都设定有一个评价指标，也可以说是标准。这些指标的来源主要有三种途径，一是采用实证的手段调查分析原先被认为是专家或名师的教师，寻找其所具备的素质特征；二是通过经验总结的形式或采取历史学的方法对教师成长标准进行归纳；三是从教师所承担的任务或扮演的角色出发，对教师应该具备何种品质和特征进行应然假设。但是，事物的多样性是客观存在的，标准却是人为抽象的。对于多样性的人（优秀教师）和事（比如教学），我们认识到一定的程度，就会发现人的品性和教学的多样性到什么程度，并可以由此制定多少相应的不同形式的标准。因此，无论何种途径得出的标准都可能是零散不成结构系统的，大多只不过是一些表征元素的拼凑，或是十几个、几十个特征词的描述。为了便于衡量和比较，这些表征元素又常常被设计成可以量化的指标。学历、职称、课时数量、论文数量、获奖数量与等级、学生的学习学业成绩等量化了的元素往往成为认定教师成长的指标。从一个侧面来说，数字是有说服力的，它不仅可以评价出教师的工作，也能够评测出教师的成长速度。但教育及教师成长是极其特殊、艰巨和复杂的，康德曾说：“在留给人类的所有的问题中，教育是最大、最难的一个。”杜威也认为，教师这个职业，是各种社会职业中最后被视为需要特殊职业准备的一个工种。一种如此复杂的活动，一个人的成长经历，能否仅用这几个数字就能涵盖和揭示出来，令人怀疑。因为被量化的东西，往往是外在的东西，而作为一个成熟教师所具备的信念、

① 钟启泉．我国“教师教育”制度设计的课题［C］．国际教师教育论坛论文资料集，2005.

德行、情意以及实践智慧是难以通过数字表现出来的。学历、职称、论文数量、获奖数量与等级与成长为优秀教师有相关性，但无必然的相关，正所谓“学者未必是良师”。教师的主要工作是教学，照例通过学生的学业成绩是可以衡量教师的教学质量和水平，但是学生学业成绩的取得不单独由教师的教学决定，而是多因素作用的结果，例如学生的原有水平、努力程度和付出成本等。一个真正优秀的教师应该能够让学生取得好的成绩，但是，一个不成熟甚至不合格的教师通过题海战术、猜题押宝，或者“恶补”“魔鬼训练”等损害学生基本权利和身心健康的手段也可以让学生的学业成绩提高。此外，教育的目的不仅仅在于提高学生的考试成绩，高尚道德品质的发展、良好个性的形成以及综合能力的培养等都是教育所要达到的重要目标。

标准更多时候代表着适应人类要求，即符合人类特定价值观的物的规定性，因而标准必然具备一种导向性。标准在形成之后往往成为支配人的力量，带给人们种种具有惯性的观念、行为以至结果。成长标准的严重偏差，导致的后果就是教师把优秀教师的一部分素质当成优秀教师应具备的全部素质，从而降低对优秀教师的要求。如果有些教师因为自己偶然的努力，某些要素被评选指标认可了，他们就容易把这些小范围的指标当成是成长的全部内涵，认为自己已成长为真正的优秀教师。譬如，指标强调获奖、论文、学生考试成绩，当教师以此为目标，把公开课当成课堂教学的全部，把论文当成教育研究的全部，把考试成绩当成教育目的的全部，这样的教师在其风光的外衣下，内在的教育品质可能连合格教师都未必能达到。这样的教师即使被认定已成长了，那也只是一种假性成长。

教育行政部门认定教师成长时，信息采信主要来源于两种方式：一是教师自我言说的总结汇报方式，二是专家文本审读的评审方式。不容否认，这两种方式都有一定的合理性。但是，它的缺陷也是显而易见的。最大的问题在于这样的认定具有很强的片面性，认定者与被认定者完全隔离，教师的文本与教师的实践脱节，目标与手段分离，很难看到教师教学中真实的一面。千人一面的公文化文字无法记录教师真实的思想、情意和心灵诉求，无法生动呈现个体专业发展的历史。这种在技术上存在严重缺陷的认定方式，降低了认定结果的信度和效度。目前，有些地方教育行政部门在对教师评优时，要求提供一定时长的教学录像，应该说这是一个很好的方法和途径。但是，这几十分钟或十几分钟的教学片段依然可以通过精心的包装“制作”出来，而不是原生态教学实况的呈现。当认定的信度难以保证时，效度也就出现了危机。最终导致我们不得不面对教师成长中的一大怪现象：以素质教育的理念实施教育教学的教师，不如以应试为手段教学的教师受欢迎；说得多做得少的教师、写得多实干少的教师，比脚踏实地的教师更吃香。我们很难区别教师成长中的“教学专家”和“应试专家”，“教育作家”“教育演说家”和“教育做家”。事实也证明，这些习以为常的做法不自觉地孵化了大量的证书型名师、应考名师，催生了教师的假性成长。

其次，教育行政部门依靠强大的行政力量，通过“工程化”来“打造”优秀教师。

自20世纪末以来，国家以及各地各级教育行政部门实施的“国培”“省培”“百千万”“名师名校”等工程如火如荼地开展，至今方兴未艾。教育行政部门在工程实施期间或结束后，分配名额到各个学校，要求评选出多少名师、多少专家、多少骨干等等。学校出于自身利益往往矮子里面选高个，只会多评不会少选，甚至还会通过社交手段等非正常渠道争取更多名额。一般一项工程要持续若干年，每一年评选一批名师，一级评选一级，教师“排排坐，吃果果”等候被评。结果在行政力量的驱动下，在工程化的管理模式下，各种称号的名师、带头人、专家等如雨后春笋般遍布各地，不到三五年，教师们似乎一下子就全部成长起来了。而对于被认为已经“成长起来”的“优秀教师”，教育行政部门往往又只是一评了事，疏于跟进和追踪，结果这些教师抱着老本吃剩饭，也就难以再发展了。许多“名师工程”由此沦为面子工程、形式主义工程。因此，有学者就指出当前我国教师专业发展陷入严重的行政化和工程化误区。①

这种希冀通过各种“工程”，建立各种“快速通道”突破教师成长周期长

---

① 钟启泉. 我国“教师教育”制度设计的课题［C］. 国际教师教育论坛论文资料集，2005.

的难题，在短时间内造就一批专家、名师，以此提高本地教师队伍整体素质的做法，初衷是好的。教师专业发展也的确离不开行政的引导和介入，正如古斯基指出，“在专业发展努力中强调个体而忽略诸如组织特色和制度政治学之类的组织因素的话，会严重限制成功的可能性”，“只强调变革作为组织事务，同样也是无效的”，“关键是要找到有助于在特定背景获得成功的个体过程与组织过程的最佳结合”。① 但行政的力量过于强大，同时也会带来严重的等级化、功利化和短视化行为，非但无助于教师的成长，反而会挤压教师专业自主的空间，甚至剥夺他们专业发展的专业自主权，造成教师“被成长”。在工程实施过程中，不同个性、知识与经验背景的教师必须按照行政部门预先设定好的相同的条条框框去做，教师对自己的专业发展缺乏自主与选择，“整个教师专业发展呈现出权力——强制取向”。诚如有些专家认为的，大多数的专业发展活动是强加，服务于某项改革或组织的目的，可以看作是某种形式的控制。② 而且在促进教师成长的各项工程中“由于名利引导和功利操作过度，已经伴生各种反教育、反文化和反道德的问题”。③

更有甚者，由于教师的专业发展既能体现教育行政部门的政绩和学校管理者的能力，又成为影响学校生源和今后办学的重要因素，一些教育行政部门和学校出于自身利益的功利需要，不惜刻意包装，宣传推介一批批名不符实的优秀教师。由于青年教师对现代教育技术的掌握和对教育理论的熟悉一般优于中老年教师，因此，为了推出名师，学校不惜把各种展示的机会提供给“有希望”成名的青年教师，学习、培训、取经等，这些教师缺什么就补什么；特别是为了能让他们在各种竞赛课上获奖，对这些教师的参赛课精雕细琢，反复演练，甚而弄虚作假。有人调查发现，中小学中“做课、论文评选”等活动的参与者以青年教师为主，而“毕业班把关、抓学生成绩提升等

---

① 王立国. 基于教师专业发展的教师素质标准研究［D］. 兰州：西北师范大学，2007.

② 卢乃桂，陈峥. 赋权予教师：教师专业发展中的教师领导［J］. 教师教育研究，2007（7）.

③ 柯登地. 论教师发展的智能系统和动力系统［J］. 教育发展研究，2009（15/16）.

工作，则主要由中老年教师承担”。① 一旦这些青年教师在某个方面取得一定的成绩，当地教育行政部门、学校就帮助他们挖掘经验，整理事迹材料，利用各种大会小会，或者在各种媒体对其进行“推销”，一个“名师”由此很快就被造出来。通过行政力量和各种工程“造”和“评”，用近乎“大跃进”的方式来促进教师的发展，忽视教师成长的自主性，对教师成长缺少时间的积淀和公众的检验，其拔苗助长和急功近利显而易见，其中的假性成长也就不言而喻。这些教师的成长只不过是被快速催熟的假性成长，是一种功利主义下刻意包装的结果，只能“墙内开花墙外香”。

以量化的指标来评价教师的成长，以文本审读的方式来认定教师成长，以搞“工程”的路子来促进教师成长，其本质上是教师专业“技术理性”，教育行政“工商管理”的一种取向：过分强调外在力量对教师成长的作用，认识不到作为教师发展主体的自身实践活动才是教师成长的根本动力；把教师只是当作教学的工具，试图在教师成长的情境之外来获取、复制和传播“优秀实践”的组成部件；以专业知识和技能为本位，强调理论的绝对性和技能的普适性，着眼于教师的“训练”而非“培育”，忽视教师作为“人”的整体性，教学和教师的成长被简化为可以独立测量的一系列变量；强调现代工业化管理，讲究效率，追求教师专业发展在目标、内容、途径和方法上的整齐划一，忽视教师的个体性。其结果大多数是教师被动成长、单一成长、假性成长，而不是主动成长、全面成长、有效成长。

三、克服教师假性成长的路径

那么教育行政部门应该如何来克服自身存在的不足，解决教师假性成长问题？作为一种组织、系统，教育行政部门在教师成长中主要起引导、规范、激励、服务的作用。对教育行政部门来说，能否真正发挥其职能作用，是实现教师有效成长的关键。

---

① 李晶. 新老更替：教师队伍变化的喜与忧［J］. 中小学管理，2007（7）.

首先，教育行政部门要树立正确的教师成长观。柏拉图说“凡是自动的都是不朽的”，“凡是自动的才是动的初始”，“只有自动的，因为永不脱离自身，才永动不止”。“教师培养主要来自于外部，但我们很少意识到，教师是有自主性的教育者，他们的成长不在外部，而来自于内部。借助外部培训机构的力量有时确实是有用的，但它们不能完全替代教师的自主性，自主性来自于教师的内部生活”（Palmer，1998）。[①] 这种内部生活是教师与学生进行以教学关系为中心、以学生的发展为指向的体验性特殊生活。教师的成长是其生活在以师生之间的“教学关系”为核心的“教学生活”之中的终身的学习者的成长，是在专业化发展的基础上凭借其自身的亲历与体验来实现的自主性的和终身性的成长。教师的成长必然是教师专业的成长、生命的成长、自主的成长。因此，我们必须从观念上超越以往以技术、知识、能力为本位的教师成长观，立足于教育的事业性和教师的生命历程去看待教师的成长，并在实践上帮助教师以生成性的态势成长，自主成长。要实现教师的自主成长，必须唤醒和开发教师的生命成长意识。教育是生命影响生命、生命培育生命的过程，它始于生命，达于精神。只有把精神生命成长作为教师成长的重要内容，教师才可能实现自主成长，才能把成长当作个体内在的一种积极发展的历程，而不是对外在压力或诱惑的迎合。教师在追求精神生命成长时，他的成长愿望与需求是内发的，是在追求人生的意义与价值的过程中自然生发的，此时，他就具有了自主成长的内在依据和动力。而一旦教师在追求成长的过程中失去了精神生命，也就失去了自我，他只能是千方百计地去实现社会、他人对自己的期待和要求，其成长不再是一种自觉的、出自个体本真的意愿，而完全是为了他者的需要、功利的需要，这时的成长只是“规定性角色”（社会自我）的成长，而不是“主体性角色”（个体自我）的成长。前者只能实现教师成长的事实特性，而不能实现其价值特性。事实特性即教师获得新知，提高技能，把自己培养成有知会教的教师，这是教师成长的事实要求，也是最基本的要求。而价值特性，是指教师在实现事实特性的基础上，把教育教学作为一种境界加以追求，能够自觉地关注生命，超越世俗功利，

---

① 姜勇，庞丽娟．论教师的意识唤醒［J］．教育研究与实验，2006（5）．

超越自我，导向个体生命的丰富和完满。“只有当人们把自身的发展作为目的本身时，人类的真正主体才开始形成。因为它意味着，人真正摆脱了对自然、社会必然性的束缚与限制，他的活动动机不再是由外在的生存的需要所施加于他的，而是他自身各方面充分、完美、全面的发展构成了他全部活动的目的。”① 精神生命的成长，将使得教师的成长不再仅仅是为了一纸证书、一份荣誉或是生存技能的提高，而是为了自我的充实与完善，为了个体的幸福与愉悦，为了更有意义的生活。这样成长起来的优秀教师才有可能既“他律”又“自律”，才有可能真正地唤醒自己，同时也唤醒他所接触的人，才有可能不断地持续地发展，拓展更大的可能空间，实现相对于昨日之我的更好的发展。

其次，转变行政管理模式。“在教育市场化改革的情景下，工商管理模式和管理主义在教育活动中出现”，“人们关切的是效率、效能和经济”。② 对优秀教师的单向认定、教师培养中的工程化都是这种“工商行政管理”模式的产物：片面地追求优秀教师的数量和速度；教师被视为执行他人制订的行动与计划的技术性实行者；教师、学校讨论和关注的重点由教学转移到管理系统和教学成果的问责上；教育行政耗费在管理系统上的投资十分庞大，但用在真正引发动机，促进教师成长等方面则相对地较少。这种管理模式必须加以改进。具体在教师成长的问题上，教育行政部门应在管理上做好三点。一是在教师培养上要遵循教师成长周期规律，坚持常态化、日常化、自主化，避免急功近利。要坚决取消、叫停各种所谓的工程项目。教书育人的工作是良心活，是细活。教师是一个需要用心灵体会的职业，教师的成长是一个长期而细致的过程，必须植根于日常的教育生活中，通过平常的实践实现不平常的理想，任何急功近利的打造和催赶往往只能是越俎代庖，适得其反。我们强调学生的教育培养要坚持长期性，其实教师的培养一样也是如此，幻想教师能够一夜成长那是不现实也是不可能的。因此教育行政部门和学校应树立正确的教师发展观、政绩观，以仁爱之心、宽容之心、平常之心，引领教

① 鲁洁. 超越与创新［M］. 北京：人民教育出版社，2001.

② 卢乃桂，钟亚妮. 国际视野中的教师专业发展［J］. 比较教育研究，2006（2）.

师的成长。对教师的培养坚持生活化、常态化、平凡化，使教师立足于教育生活、躬身于日常的实践，触动公众尤其是学生、家长、社会的内心世界。二是降低对教师管理的重心，在服务中实施管理，强化服务和专业支持意识，淡化行政指令意识。教师的成长是个主动的过程。作为管理者重在营造促进教师成长的物质环境、制度环境和文化环境。与其用工程化来催熟教师，不如把更多的人力和资金用于对教师的日常服务当中，为教师规划成长愿景提供指导帮助，提供理论和技术的支撑，提供经费和物质上的帮助；为教师解决教育教学实践中的各种困难，解除教师身上的生存枷锁，提供更多的选择、空间与支持，让教师能静下心来阅读、教学、反思、研究；“唤起教师职业的内在尊严与欢乐”（叶澜语），置教师于乐为、能为而有所作为的主客观良性成长环境之中。三是赋权予教师。教育行政管理部门应该相信和承认教师具有必要的专业能力，相信他们能通过学习实现自我成长，同时为教师提供参与管理的空间，在制订对他们有直接影响的政策（如评价标准）时，让他们充分发表想法与见解，并尽可能地予以考虑与采纳，以减少教师在专业工作中出现的“无力感”，实现教师角色的调整。赋权予教师将促进教师对自己专业身份的认同，而教师只有认同自己作为一位专业教师的身份，他才能真正明晰自己的专业成长方向，实现真正意义上的“扩权增能”，不因变动频仍的改革方案而无所适从，也不至于为追逐华丽与流行的说法而随波逐流。①

第三，改革教师成长评价标准和认定方式。一是要积极研究制定科学合理的教师成长标准。从某种意义上说，教师成长既是一种目的，是教师教育所要追求的目标；也可以说是一种过程，即培养教师使其达到专业所要求标准的过程。教师专业标准的缺失，必然导致教师成长方向的迷失；而一种存在严重偏差的标准，又必然会误导教师教育观念的形成和发展，使教师教育价值观念异位，身处思想困境之中，导致假性成长。教师教育的新要求和教师专业发展的趋势，都呼唤完善的本土的教师专业标准的出台。光有一种合格标准显然已不能指导教师由合格向优秀成长，更不能由此来认定优秀教师。在一些较早实现教师专业化的国家和地区，对教师的认定标准就相应地比较

① 周淑卿．课程发展与教师专业［M］．北京：九州出版社，2006．

完善。例如，美国不仅有合格教师标准，还有 NBPIS 优秀教师专业标准；日本对教师的专业素质有区分性地提出了“任何时代都应具备的素质和能力”和“今后应特别具备的素质和能力”。① 这些应该对我们有所启示。当然，完善优秀教师标准的制定不仅是教育行政部门的任务，社会各界包括学校、教师、家长、学生在内，凡是教育的相关利益人都有相应的责任，但教育行政部门应是组织者和召集人。标准制定中，必须审视我国目前教师专业发展的现状，结合教师专业本身的特性和教师在教育职业活动的地位、作用；要突出教师的终身学习、可持续发展，重视教师的专业品质，强调教师的文化底蕴和多学科知识，注重教师的实践能力，凸显教师成长中的阶段性特征；要充分利用已有教育学和其他学科的最新研究成果，特别是关于教师专业发展研究的最新成果；要立足国情和本土文化，注意地区差异性，同时借鉴和参考国外先进做法。标准要充分考虑各相关利益人，特别是教师的需求，必须有教师的参与，经过多方视角的融合，确定各个方面的标准权重并以易于辨别的样例对教师表现的不同等级作出描述，以在不同的情境中运用。二是改革教师成长的认定和评价方式，建立多元化的教师成长认定体系。特别要重视人类学方法、质性方法的使用。该方法是经验主义和自然主义的，要求认定者深入到被认定者的客体世界中，通过观察、访谈以及投射技术等获取第一手资料，对被认定对象作感性的、整体的、综合的了解，尤其强调认定者和被认定者作深入的交流与沟通，在此基础上作出评价。因而这种认定方法具有较高的效度。相对于传统的量化认定方法，质性的、人类学的认定方法使用多重的资料搜集方法，具有更大的灵活性。在各种资料搜集方法组合的基础上形成的认定设计能够提供比单一认定方法更全面、更复杂的资料，具有更大的可信性。② 要改变教育行政部门作为唯一认定主体的局面。理论上来说，学生、教师自己、家长、管理者、专家、研究者和同行，甚至校友、社

---

① 其木格，林海河. 塑造有魅力的教师：透视当今日本中小学教师教育制度及其改革［J］. 内蒙古师范大学学报（教育科学版），2006（12）.

② 田爱丽，张晓峰. 对现行中小学教师评价制度的调查与分析［J］. 教育理论与实践，2004（3）.

会等作为教师成长直接或间接的利益关系人应该都可以成为教师评价主体。因此，教育行政部门可以引入社会力量、专业团体参与对教师成长的认定。同时，不能忽视作为成长的主体——教师本人、专业团体中的合作者——教师同行、教育的服务对象——学生、教育的投资者和受益人——家长的声音，有时他们的评价更为真实和准确。

教师专业发展是“人”的发展，教师的成长就是“人”的成长。教师的假性成长具有很大的隐蔽性和欺骗性，给教师整体素质的提高带来严重隐患，必须采取有效的措施加以克服和解决，实现教师的有效、真实成长。“既然教师之成为教师，更多的是‘自造’（self-made），而不是‘被造’（be made）。”① 教师是成长的主体，教师个体自然对教师的假性成长有着不可推脱的责任。在此，只是从教育行政的角度作分析探讨，以期能为教师真实有效地成长提供借鉴和帮助。

第二节　教师伪创新病诊治

一段时间以来，许多学校在“创新强校”口号中，在诸方面大张旗鼓地“创新”。从众多的教育媒体中可看到，今天的中国学校，时不时就会有新的理论、点子、举措、模式冒出，各种创新工程、创新项目、创新成果令人眼花缭乱，其中还不乏被冠以“颠覆性变革”“国内首创”等美誉。但吊诡的是，尽管学校“创新”如火如荼，“创新成果”层出不穷，真正持久并能够促进学校和教育发展的却并不多。很多创新就只在媒体报道、方案文本中“新”了一时后，就如昙花般瞬即消逝。学校创新是必然也是必须，既然是创新，就有失败的风险。问题是，一些学校的创新，并非真正的创新，而是一种“伪创新”。因是“伪创新”，失败也就顺理成章，自然而然。为了使学校、教

① 姜勇. 论教师专业发展的后现代转向［J］. 比较教育研究，2005（11）.

师的创新真正科学正确、健康有效地开展，有必要对“伪创新”的现象进行揭露，认识其危害，探讨其根源，寻求解决之道。

一、“伪创新”的表现和危害

我们认为许多学校的创新实际上是一种“伪创新”，并非是主观臆断，或是故作新论、哗众取宠，而是出于科学理性的辨析。

（一）衡量创新的标准

从全球范围来看，对创新的普遍关注和研究起源于“现代创新之父”熊彼特的创新理论。20 世纪初，熊彼特从经济学意义上首提“创新”概念，并创建创新理论。熊彼特认为，创新“是把一种从来没有过的关于生产要素的新组合引入生产体系”，“是生产函数的变动，而这种函数是不能被分解为无限小的步骤的”。① 之后，创新理论开始不仅运用于经济学领域，且被广泛运用到科学技术、哲学社会科学包括教育学等领域。相关学者也从不同的学科、领域对“创新”作出了定义和解释。

尽管不同学科、领域的“创新”定义不尽相同，但对于创新所应具有的特性，却高度一致。伊莱恩·丹敦抽象概括出了创新的四个特性：创造性，即新创意的发现；战略性，即判断是否一个新的、有用的创意；执行性，即把这个新的、有用的创意付诸实施；利益性，即在执行过程中使创意的价值最大化。② 这四个特性也即判断创新的标准。创造性是创新的根本，战略性是创新的保证，执行性是创新的基础，而利益性是创新的归宿。无创造性，不能说是“新”；无战略性，创新即失去目标方向；不可执行，创新只是纸上谈兵；无收益，创新就失去正当性和价值。正如德鲁克认为，创新“其判断标

① Joseph Schumpeter. *The Theory of Economic Development* [M]. Harward University Press，1951：65.

② 伊莱恩·丹敦. 创新的种子 [M]. 陈劲，等译. 北京：知识产权出版社，2005.

准不是科学或技术，而是经济或社会环境中的一种变革，一种价值”。①

学校创新，就是在构成学校教育的各个要素上产生、推行和开发一些不同于当前和以往的新的观念和做法，促使学校教育质量发生进步性结果的活动与过程。创新的领域包括学校教育的各个方面。学校创新也必须符合创新的四个标准。首先，学校所推行和实施的各种理念和做法必须是新颖的。新颖可是学校的原创，或是对新的东西的引入、借鉴，对已有创新进行重组和再现；可是源创新，也可是流创新。新颖不是给他人参观展览的表面现象，而是相对于实践主体而言的新鲜之物。在一个固守传统教育理念和教育教学模式的学校，不论其使用如何先进的现代教育技术，其结果对于师生而言并无实质差异，因而也不能称之为学校创新。其次，学校创新应当自觉地合规律性。尤其是要符合教育规律和人的发展规律，符合自身的战略发展目标，理性而有规划，而不是自发、盲目和随意地创新。再次，学校创新应该是可执行的。学校创新从提出设想到转化为现实，需要一定的条件，并非所有设想都能够转化为事实。设想是观念层面的东西，可以天马行空，但行为却要脚踏实地。学校创新只有不脱离其环境，方案涉及的人、财、物和信息的支持为环境或组织所能满足，才具有现实的可操作性。最后，学校创新一定要讲究收益。需要指出的是，与其他行业和领域不同，学校创新的收益不应体现在创新主体上，而应体现在学校的服务对象，即学生身上。只有有利于全体学生而并非部分或个别学生的发展的学校创新才具有道德上的正当性，否则，即使是这种创新能给学校、教师或部分学生带来利益，也将失去其价值和正当性。因为，学校的功能性目标就是育人，学生才是学校一切工作的出发点和归宿。

（二）“伪创新”的表现和危害

符合以上四个标准的创新才是真正的学校创新，否则就是伪创新。当用这样一种标准来考察当前现实中的学校创新时，就可发现学校中伪创新现象

① 彼得·德鲁克．管理：任务、责任、实践［A］．//孙耀君．西方管理学名著提要［M］．南京：江苏人民出版社，1998.

严重并非虚言。学校伪创新表现为以下几种。

标签式“新瓶装旧酒”的创新。学校提出的创新口号或号召的创新和行动，非常新颖诱惑人。但只要仔细阅读方案，实际考察行动过程，就容易发现：那些所谓的创新，其实并没有多少新的地方，只不过用了些新鲜的概念、新鲜的提法进行包装，贴上一张自认为创新的标签，实行的还是老一套或者是别人已经做过的、说过的，是文字与形式的游戏，是“穿新鞋走老路”。

为所欲为“屁股决定脑袋”的创新。学校不顾自己的实际情况，盲目地引进别人新的做法，“全盘他化”。听说杜郎口模式好，就学杜郎口；听说洋思模式好，又照搬洋思，全不考虑本校的特点，画虎不成反类犬。不遵循教育规律，学校领导突然有了某种创意，不论证其科学性和可行性，在学校中强行推行，其结果不是草草了之，就是以失败收场。学校一个校长一种创新，或者一个校长经常创新，教师不停地忙于学习领会新理念、新规定，全校师生无所适从。

“无中生有”、“华而不实”的创新。学校不是把重点放在抓教育教学上，而是苦心孤诣、百般弄巧在文字上做文章，编新词、开新方，图表、问卷、数据一大堆，炮制所谓的新成果，然后上媒体、作报告，不断自我推销。学校的所谓创新最终结果是形成新的规章制度、方案，但这些规章制度和方案只停留在文字层面，不执行、不贯彻落实，或者不能执行、不能落实。

“无利可图”或是“利不当得”的创新。有些学校的所谓创新，没有任何成效，只不过是折腾而已。但有些学校确实通过一些新的举措取得了一定的成效，不过成效只是给学校或教师带来了某种利益，在学生的全面发展上却没有收效。比如，有学校通过名校办民校等“创新”，学校规模大了，资源丰富了，教师待遇更好了，但教育质量却无提高。“好学校”没有“好教育”的创新依然是伪创新。在“创新强校”中，很多学校把“强校”当作目的，而没有意识到学生发展才是目的，强校也只是手段。

学校的伪创新危害极大。创新理论认为，创新往往与“破坏”同行。即使是真正的创新也会产生“创造性破坏”，何况伪创新。伪创新不会对教育发展带来任何有效价值，只会带来负价值，有破坏无建设，是“破坏性的创造”。伪创新又以创新的面目出现，极具诱惑和迷惑性，其破坏力也就更隐蔽也更大。学校伪创新的危害，从轻的方面来说是瞎折腾，劳民伤财；再重些则是遮蔽了当前学校教育中的真正问题，回避了教育教学中的真实矛盾；更严重的就是对学生的发展造成伤害。卡尔认为，守旧所付出的代价落在那些无基本权益的下层社会的人身上，而革新所付出的代价是由因改革而丧失特权的人来承担。[①] 但学校伪创新却并非如此。如同学校创新的实效应体现在学生身上一样，学校伪创新的危害承受主体也只能是学生，进行伪创新的人却不会承担后果，本应是利益主体的学生会因成为“小白鼠”而承受无辜的代价。人的发展受损后是不可能也无法补偿的，且教育对人的影响深远，因而学校伪创新的危害也就无法弥补且影响深远，可能持续一个人的一生，甚至一代和几代人。“教育上的错误正和错配了药一样，第一次弄错了，决不能借第二次、第三次去补救，它们的影响是终身洗刷不掉的。”[②] 学校伪创新后果还会形成“飞去来器”现象，即伪创新负效应会影响整个社会，从而影响社会中的每一个人。因此，学校创新中没有观众，每一个人都将是伪创新后果的承受者。由于遭受伪创新的欺骗并因此蒙受损失，人们还会对真创新不信任、不支持，甚至抵制和攻击，从而影响、阻碍真正的学校创新。

二、“伪创新”的原因

要探讨学校伪创新出现和产生的机理，必须找出影响学校创新的因素。一方面，“学校是一个复杂的自组织系统，在教育变革中会进行自我组织”；[③] 另一方面，“教育并非就是教育的事”，诸多教育问题的意蕴在教育之内，更在教育之外，校外的事情“制约并且说明校内的事情”。因此，影响学校创新的因素复杂而多样，造成伪创新的原因也纷繁复杂。

---

① 卡尔. 历史是什么［M］. 陈恒，译. 北京：商务印书馆，2008.

② 洛克. 教育漫话［M］. 傅任敢，译. 北京：教育科学出版社，1999.

③ Fullan, M. G. *The future of educational change: System thinkers in action* ［J］. Journal of Educational Change, 2006 (7): 113—122.

（一）创新动机和目的自利性

创新的动力因素有内部的和外部的。学校是教育性公益组织，如要得到社会的支持和获得存在的合法性，其须遵守体制环境中的规则和要求，并通过自我努力，在社会丛林中立身。因而学校创新动力的外部来源主要是国家、政府的政策，内部来源主要是学校自身竞争需要和实践者的教育理想。从理论上来说，无论何种动力引发的创新，其动机和目的都应定位于在促进学校发展的基础上促进学生发展，实现学校的功能性目标，如此才是真创新。但在现实中，很多学校创新的目的并非指向学生发展，而是为了少数个人和组织的某种利益，创新的动机和目的完全被功利所扭曲，其创新也就成为伪创新。

在政策性学校创新中，学校用伪创新追求无形和有形两种"好处"。其一，赢得时尚或博取政治声誉。学校用伪创新来迎合政策的需要，表明其执行了政策，显示其与上级高度统一，以此显摆政绩。伯曼就指出，学校"为创新而创新"的活动完全出于行政之目的，只为使学校显得紧跟潮流。① 霍利则认为，创新乃一种象征性政治，旨在表明学校确实回应了外部呼声，并采取了行动，创新沦为公共组织"危机公关"的有效手段，② 富兰更是认为那些接受抑或被迫接受每项政策进行革新的学校，"实际上却存在着'过多项目'或'无意义问题'的严重现象"。③ 其二，获得资金等有形利益。政策性学校创新中，政府经常以"胡萝卜"（通常是资金或优惠性政策）来诱发学校创新，通过提供一定资源来既促进学校创新，又增加学校的创新力。比如目前上自教育部下自各（市）的一些"创新工程"和"创新项目"都投入了大量

---

① Paul Berman and Milbrey McLaughlin. Federal Programs Supporting Educational Change, Vol. Ⅷ: Implementing and Sustaining Innovations. Santa Monica, CA: Rand, 1978, 14.

② Hawley, W. D., Horses before Carts: Developing Adoptive Schools and the Limits of Organization [J]. Policy Studies Journal, 1976, 4 (4): 335—347.

③ 迈克尔·富兰. 教育变革的新意义 [M]. 赵中建，陈霞，李敏，译. 北京：教育科学出版社，2005.

的资金。学校“创新”实质上是奔“胡萝卜”而去，为了能够获得它们，不择手段地进行搞欺骗、做表面文章、玩文字游戏的伪创新。

学校在竞争压力下的创新可分为两种情况：一是面临生存危机的学校为扭转危机局面而创新；二是无生存危机的学校为自身获得更好的资源，甚至在当地占据垄断地位而创新。从本质上来说竞争性学校创新还是一种自利行为，为了争取资源，学校不会把学生的利益放在首位，甚至会以损害学生利益的“创新”来为自己的竞争服务。如在升学率就是学校竞争力的现实中，许多学校“创新”出了各种提高升学率的妙招，让学生在教室里集体打点滴，补充氨基酸，增加能量，以便能够有体力复习备考，实行“精细化管理”“半军事化管理”，将学生的作息精确到分钟，精确规定吃喝拉撒睡的时间等等。结果这些学校的升学率得到提升，声名鹊起，在招生、政府的投入等方面占尽优势，学校、教师也各有所得，其“创新”也被其他学校效仿。这些所谓的创新虽满足了部分学生升学的需求，但违反教育规律及人的发展规律，与学校创新的真正目的背离，自然是伪创新。

在教育理想召唤下的学校创新最接近创新动力的本质。熊彼特就认为“企业家精神”是推动创新的灵魂。但是问题在于教育理想的价值取向和形成动机在社会发生学意义上具有天然的多样性，教育理想相应地具有内容、边界和层次的差别与多样性。教育理想可能是人道主义的，也可能是功利主义的。[①] 也就是说教育理想存在“谁的教育理想”的问题。我们难以保证学校创新者的教育理想就是理想的教育，也不能保证其教育理想就是学生的或公共的教育理想。基于功利性的教育理想的学校创新自然是一种伪创新，即使创新者的教育理想是理想的教育，但如实现理想的手段不合理，只关注教育的未来性而忽视教育的现实性，使学生生活在对未来的想象中而不是生活在当下的现实中，从而牺牲当前的幸福，那么，这样为追求合理教育理想的创新也是伪创新。

---

① 王东. 谁的教育理想推动教育改革：基于一种教育实践哲学的考察［J］. 当代教育科学，2011（7）.

（二）创新力不足

学校创新力也称学校创新能力，指的是学校发动和实现创新的能力。它是一个多方面、多层级组合的能力体系，主要可以分为创新认知能力和创新实践能力，前者是理解“何为创新”的能力，后者是实践“如何创新”的能力。

学校创新认知能力不足，反映在学校患上的“创新饥渴症”上。当下，“创新”和“改革”一样被理解为是解决一切社会问题，促进进步的重要手段。而教育和学校存在的问题更突出，更与人们的利益相关，因而学校被赋予更多的创新期望。“创新一定是好的”成为一种学校集体意识或者是集体无意识，“必须创新”成为学校的思维定势和实践惯性，“创新”是口号、秘籍、信仰，也是意识形态、政治话语。学校言必称创新，行必要创新，创新成为“人人趋之若鹜的花车”，包治学校教育百病的、急功近利的灵丹妙药和锦囊妙计。学校都渴望登上这辆花车，拥有这些妙药，以显示自己与时俱进、教育有方、育人有道。学校创新认知能力不足，将创新理想化、肤浅化、简单化、庸俗化、非理性化。亚伯拉罕森就说，当创新成为一种时尚时，对组织的负面影响也随即产生。[①] 郑金洲教授在批评某些创新教育时痛陈：“一哄而起的创新教育研究，正逐渐把创新推向庸俗化的边缘；创新教育因未加深刻探究，正沦为新的‘口号教育’。”[②] 饥渴症下的学校创新正是如此。

学校创新实践能力是将创新设想转化为行动，并取得成效的基本手段。以裴娣娜教授为首的团队，对中外学校创新理论和实践进行了长期全面的研究，结合我国国情，建构了一个完整的学校创新实践力评价指标体系。认为学校创新实践力体现在 4 个特质、9 个单元、24 个要素当中。整个能力体系围绕四个方面展开：办学理念、办学目标组成的价值目标系统；课程开发、课堂教学、班级建设组成的育人模式系统；人事制度、组织管理制度组成的

---

① Eric Abrahamson. Managerial Fads and Fashions：The Diffusion and Rejection of Innovations. Academy of Management Review，1991，16（3）：586－612.

② 郑金洲. 审视创新教育［J］. 中小学管理，2000（1）.

制度与管理系统；战略性谋划能力、领导者品格组成的校长领导力。[1] 可见学校创新实践能力要求之广，要求之高，非所有的学校都能具备。

在当前，教育行政部门对学校提创新的要求多，培育其创新能力的支持却很少，指导跟不上，学校创新能力基本上靠“天生”——碰上一个天生有创新能力的校长。当学校创新之心有余，创新之力不足，只凭勇气和热情去创新时，要么是失败，要么就是伪创新。

（三）创新中路径依赖严重

新制度学派最重要的代表人物诺思提出了路径依赖的理论。它指的是旧有的制度，会沿着既定的方向不断自我强化，形成惯性，即使更为先进或优良的新的制度出现，也可能由于晚人一步而无法被接纳或采用，或被“闭锁”在某种被动状态，无从解脱，“除非有足够的力量克服最初创造的惯性，那么这一被创造的模式将持续下去”。[2] 路径依赖说明了过去的绩效对现在和未来的强大影响力，“历史总在发挥着作用”，“人们过去做出的选择决定了他们现在可能的选择”。路径依赖决定了实践主体认识和分析问题的视角，也决定了其采取的行动策略，“支持路径依赖过程的自我强化的反馈机制使组织探索替代性选择变得非常困难”。

在学校创新中，传统文化、旧的教育观念、以往的模式和评价标准、长久的惯习、既得的利益等等都有可能是创新中被依赖的路径。以利益博弈为例，创新的破旧立新，使现有利益格局发生改变，这既为学校和教师追求新的利益提供了契机，也对某些群体和个人的现有利益造成了挑战，引发利益生态的重新洗牌。在此过程中，所有创新主体和利益主体都会对“新”与“旧”给自己带来的利益（非公共利益）或者风险进行预测和评估。当预期的利益小于现在的利益，风险大于目前风险，他就会维持现有状况。也即是出

---

① 裴娣娜，孙鹏. 学校教育创新力研究的几个基本问题［J］. 中国教育学刊，2008（6）.

② B. Guy Peters. Institutional Theory in Political Science［M］. Victoria：Wellington House，1999：64.

于对未知的恐惧和本体性安全的忧虑，以伪创新来应对。而学校自身也存在低成本偏好，当创新须付出高成本时，就可能以不用付出成本或者低成本的伪创新应对。如近来创新的招生制度“校长实名推荐招生”，其意在进一步推进自主招生改革，探索多样化人才培养新模式，为不同类型优秀学生的脱颖而出创造条件。但是，以考试分数决定学生优秀与否是我国一直以来的评价方法，目前还未有其他令所有人信服（特别是利益主体学生、家长）的优秀学生评价方法。而校长又不想放弃实名推荐的机会，因为它会给学校带来名声等好处。经过博弈，校长实名推荐招生过程中，校长还是最“方便”地以学生的考试成绩来推荐，结果这项创新又落入了以考定终身的窠臼，创新有名无实。

美国学者唐斯和莫尔指出，在创新过程中存在公正判决点和象征性采纳点，而创新行为正是介于二者之间。公正判决点即是创新者在试行某种方案之后，以经验对其成本和收益作出准确评估；如果超过此点，就不再创新。象征性采纳点，即只是边缘性地采用新的观念，而自身并不涉足任何风险。这种行为常是为在不招致风险的情况下获得创新名声。① 这也很好地解释了路径依赖对伪创新出现的作用。

（四）对学校创新的监管机制缺失

学校创新既关系到人的发展，又关系到社会公平、正义和效率的均衡实现，不能不慎之又慎。因此，建立和健全学校创新的决策、监测、评估、问责和终结等监管机制非常有必要。可以这么说，学校创新监管机制是学校创新中重要的一环，是理应包含在学校创新之内的。但现实是，在学校创新中监管机制的研究和实践明显缺失。

如果是自上而下的政策性创新，教育行政部门只是要求学校填写各种表格，根据表格来认定学校是否创新、如何创新、创新得如何。这就给了学校以伪创新应对政策来获得利益的机会。而至于学校自下而上的“草根”创新，

---

① Downsgw，Mohrlb. Toward a theory of innovation [J]. Administration & Society，1979，10 (4)：379—408.

教育行政部门几乎不会过问，只有等到该校的“创新成果”被人为地推销出去，才会引起教育行政部门的注意，而他们接下来要做的并不是对该校创新行为和结果进行科学分析评估，而是进一步地包装润色、大张旗鼓地宣传。所以，我们经常在媒体上会看到各种学校创新的成果，而且只要经媒体报道了的，该创新就被认为一定成功了。这也是为什么许多教育新理论、新模式被学界认为都是“媒体造出来”的。当然，学校创新中也可能有监控，监控主要有两种形式，一是来自于上级对学校创新情况的主动检查，二是来自于学校的工作汇报。可是这两种形式几乎都流于形式：在学校的精心安排和布置下，领导所见所闻的都是学校希望他们看到和听到的，学校在工作汇报中报喜不报忧，也就出现了对于创新运行情况的虚报、瞒报和假报的各种造假现象。

在现有体制下，学校创新失败、伪创新也很少有人或学校因此受到问责。这就造成学校伪创新敢于随意、肆意而为。对于那些伪创新，也没有人去研究总结原因，分析它造成的危害，而是一轮接一轮的学校创新方案走马灯似地出台，“城头变幻大王旗”。“教育改革的历史反映了这种倾向，当改革观点没有被完全实现时，努力就失去了动力和可信度。这种倾向被移到了一个更紧迫的新的兴趣学校发展变革研究点上，而不是评价和反思这些努力面对的障碍。”① 因此，建立健全完善的学校创新监管机制应是解决学校伪创新现象的重要课题。

三、克服“伪创新”的策略

在其他领域，如技术领域的创新，即使失败一千次，但最后成功了，也是成功的创新。但是，教育的特殊性要求学校创新应尽量摒除“失败是成功之母”的想法，要坚决杜绝伪创新。针对学校创新中产生伪创新的原因，我们可以从以下几个方面加以改进，克服伪创新现象。

---

① 唐娜·伊·玛茜，帕特里克·杰·麦奎兰．学校和课堂中的改革与抗拒：基础学校联合体的一项人种志考察［M］．白芸，等译．上海：华东师范大学出版社，2005．

（一）对创新主体进行创新能力培育

这是克服学校伪创新的基础。能力并非天生，是培育和学习而得来。学校创新的主体是学校，但具体到创新活动的执行又是个体的教师。因此，对学校创新力的培育既要关注到学校组织也要关注到教师个体。

强化学校的组织学习。组织学习是指为了建立竞争优势和提高绩效水平，组织利用信息和知识，连续改变和调整自身以适应不断变化的环境的一种全员学习和创新机制。① 国内外众多研究表明了组织学习对创新力形成的重要性。在相同的组织条件下，组织学习在未来可使组织增加创新的能力，② 是组织维持创新的主要因素。因此，学校要将自身建设成为学习型的组织，通过学习来控制和促进学校的发展，促使学校成员的系统思考、超越自我、完善心智模式及团体学习等各方面的能力得到不断加强，从而通过内在知识的积累，为真创新打下牢固的基础。

加强对学校知识的管理。德鲁克认为知识是形成创新能力的根源，创新是知识应用的结果。③ 知识管理被认为是创新的一种重要的前提条件，是“利用集体的智慧提高应变能力和创新能力”。④ 学习型组织中的学校知识即学校在办学过程中形成的学生发展、教师发展、学校发展的具体经验和智慧，以及学校的精神和文化。学校应运用一定的技术、方法和手段，对学校显性和隐性知识进行发现获取、整理整合、加工存储、管理维护、分享应用，以形成学校的内在发展力量，通过知识管理扩充学校的知识积累，增强学校创新能力。

加强对教师创新能力培训。在认知能力上，主要是培植创新主体的理性

---

① 曾萍，蓝海林. 组织学习、知识创新与动态能力：机制和路径 [J]. 中国软科学，2009 (5).

② Glynn M A. Innovative genius：A framework for relating individual and organizational intelligences to innovation [J]. Academy of Management Review. 1996：1081－1111.

③ Drucker P F. Post-Capitalist Society [M]. London：Oxford，Butterworth Heinemann，Harper Business，1993.

④ 卡尔・弗拉保罗. 知识管理 [M]. 徐国强，译. 北京：华夏出版社，2004.

精神。“理性的力量在人类的行为中提供指导。”①通过培训使教师正确理解学校创新的属性与内涵，学校创新的标准和价值，正确辨析和把握学校创新中的诸多关系。在创新实践能力上的培育主要围绕能力体系以案例分析、行动研究和实践反思等方法加强科学训练。例如，以某个学校创新成败的案例，帮助教师总结学校创新的基本思路、基本规律及其与情境的关系等问题，找出学校创新实践中那些带有规律性的具体要素，就可以提高教师形成应对具体情况进行创新的能力，而不是照搬照抄。

当学校创新能力得到提高，就能在创新实践中树立正确价值观，摒弃自利思想，追求真理，实事求是，善于反思，独立思考，不盲从，按规律办事，把学校创新当作既是合目的性的实践活动，更是合规律性的实践活动。

（二）突破创新中的路径依赖

路径依赖理论从一定视角揭示了学校伪创新产生的原因，但并非说路径依赖是“命中注定”而不可避免的，也不是说创新在进入某种“锁定”状态后就无法“解锁”。果真如此，创新就将无任何意义，教育乃至整个社会也将无发展之可能了。学校创新中，既要面对和正视路径依赖的事实，又须尽力实现路径超越。

学校创新主体在创新中应进行积极的反思性实践。吉登斯社会结构理论认为社会结构具有二重性，“它既有制约性同时又赋予行动者以主动性”。这说明学校创新主体可以通过自身的能动性突破依赖，实现路径超越。路径依赖为学校创新主体认识新事物和构建新结构提供基础和给予便利，但其又限定了创新主体认识和选择的范围，由此造成了“有名无实”的伪创新陷阱。克服伪创新，需要学校创新主体充分认识到社会结构的二重性，重视自我的主体性在社会结构生成过程中的能动作用。路径依赖得以发生的本质即它是一种规则的自我强化和关联复制的进程。因此，学校创新主体应在创新中开展积极的反思性实践，批判性地分析自身的行为模式，重视未知的行动条件

① 张汝伦. 历史与实践［M］. 上海：上海人民出版社，1995.

和非预期的行动结果；对自己行为路径积极反思，借助于对行动模式的反思和改变，以逐渐瓦解支撑路径依赖得以发生的自我强化机制和规则复制机制，探寻新的路径。

在学校建立创新性组织氛围和外源性方案引入机制。路径依赖的形成过程可被当作是决策范围的“收缩”过程。因此，在学校内部创造出能悦纳新观念、新路子的创新性组织氛围非常必要。有了此氛围，学校成员才会积极接纳创新并投身于创新。学校成员虽清楚创新的意义，但由于各种利益博弈而选择惯习，从而导致路径锁定。此时，外源性方案的引入机制可以优化到学校原有体系中的路径结构，不断突破既定路径范式对学校创新的约束。杜郎口中学创新成功的事实就说明了学校建立创新性组织氛围和外源性方案引入机制对于路径改变的作用。该校在外忧内患面前，学校组织内部高度团结，都有着通过创新实现学校发展的共同愿景，在此基础上，抓住新课改契机，引入新课改所倡导的理念，创新出“三三六”自主教学模式，改变了学校，也改变了学生。

（三）建立健全对创新的监管机制

教育行政部门应积极承担起对学校创新实践进行监管的重要职责，教师、家长、学生、社会力量等多方应积极参与其中。

建立多元参与的学校创新决策体系和问责制度。创新主体应广泛调查和科学论证，谨慎决策，要抵制某些权力主义创新者的“经验决策”和个人操纵。各监督力量应积极介入，集思广益，科学而充分地估测创新可能带来的种种问题，特别是结果能否有利于学生的成长。“社会评估应当预期并描述社会效果，以尽可能在早期实行管理，并在社会发展过程中卷入所有群体以平衡变迁带来的成本和收益。”[①] 学校创新决策者无需为自己的决策失误承担任何责任，能否合理决策完全依靠其良心和操守，这在某种程度上降低了决策者的责任心，增加了伪创新的可能性。因此，需建立问责制，使创新决策者

① C. 尼古拉斯·泰勒. 社会评估：理论、过程与技术［M］. 葛道顺，译. 重庆：重庆大学出版社，2009.

责任透明、具体、明确，并承受因决策不当带来的处罚，形成权责对应的创新后果分配机制。

重视对学校创新成果的研究和评估。创新的成果就是通过对创新的实际结果和理想结果之间的比较，对是否实现了预期的目标所进行的分析和判断。对创新成果研究评估是分析创新是否有价值的前提，是科学认识和推进创新的基础，是决定创新中相关行为、制度和政策的持续、修正或终结的重要依据。目前很多已发表的学校创新成果，基本上是描述性的概括，缺乏可靠的定量和实证分析，很难证明其创新的真正价值。

强化学校创新的补救和终止机制。“期待之事不能完成，通向意外之事的道路被开通。”① 在创新发动之初，学校就必须制订问题解决预案。由于教育的特殊性，学校伪创新可能一时难以被发现，但很多问题的出现在实践过程中还是有苗头的。一旦出现问题就应及时加以解决，不能任其自流，否则会积重难返，小问题成大问题。在学校创新过程中，应进行阶段性总结，并根据阶段性总结和实际情况构建出新的补救方案。尤其需要注意的是，教育行政部门在监控中一旦发现学校的创新是种伪创新，应及时要求学校终止所谓的创新，学校应摒弃个人或集团私利，以理解、合作的态度积极配合终结工作的开展，以避免伪创新带来不良后果。

（四）努力实现“教育家校长”治校

以组织为主体的学校创新通常须有一位带头人，且存在“专业带头人效应”，即学校创新的带头人应是专业人士，其专业素养和综合素质对学校创新举足轻重。创新理论研究表明，带头人的能力素养、心理状态、心智模式都深深影响创新活动。假使专业带头人专业精、素质高、能力强，既具备先进的科学的教育理念、教育理想，以及创新理念、创新能力，又品行好、交往多、人脉广，那么学校创新就可能朝着真创新的方向发展，反之，容易造成伪创新。

---

① 埃德加·莫兰. 复杂性理论教育问题［M］. 陈一壮，译. 北京：北京大学出版社，2004.

在学校创新中，专业带头人效应似乎表现为一种事在人为的特征，有能人，则有创新、真创新；无能人，就无创新、伪创新。从某种意义来说，学校创新是英雄造时势。当然，创新英雄想通过孤军奋战取得创新成功几乎不可能，因为制约和影响学校创新的因素太复杂，尤须取得学校同侪的支持和资源的支撑。在现实中，如这位专业带头人与学校的领导者是同一人，那么学校创新中的支持就会增加，阻力就会变少；相反，学校创新中专业带头人与领导者分离，则易产生专业带头人与领导者的矛盾。这种矛盾常会使学校创新走样或失败。最好的结果就是专业带头人与领导者合二为一，而此种情况最佳的就莫过于学校有一位“教育家校长”。教育家校长懂教育、精管理，专业强、人格优，这样一来就能完全而充分地发挥出学校创新中专业带头人效应。虽然“好校长就是好学校”的论断在理论上备受争议，但不容否认的是，那些成功进行了创新的学校如杜郎口中学、清华大学附属小学，以及魏书生、李镇西、李希贵、李烈、崔其升等校长的创新成功经验，均证实了这一事实。经济学研究表明，企业创新成功离不开一个“制度企业家”，① 与此类似，学校创新成功的背后往往有一位“教育家校长”。因此教育行政部门要加强对校长的选任和培养，而校长自己也应不断提高素质，培育“教育家精神”，逐步向“教育家校长”靠近。如此，学校创新也将与真创新靠近。

学校创新是个长期而艰巨的任务，在其中，汗水与泪水交织，成功与失败相伴。指出学校创新中“伪创新”的现象、危害与成因，并非否定成绩，悲观失望，更非反对学校创新。与此相反，正视伪创新现象，寻求解决之道，恰是为了更好地推进学校真正的创新。

---

① BASTEDO M N. Bringing the state back in：promoting and sustaining innovation in public higher education [J]. Higher Education Quarterly，2007，61 (2)：155－170.

第三节　教师唯实践病诊治

“教育在本质上是实践的”，实践是教师专业认同和成长的基础。因此，职前教师教育必须走实践取向之路。但实践取向的职前教师教育未必就能培养出优秀教师，成功与否还取决于实践的性质与方式。也就是说职前教师通过实践既可被培育为合格乃至优秀教师，也可能仍未达到合格教师的要求。当前的职前教师教育，普遍高度重视职前教师的教育实践，但对实践存在诸多误读和误解，产生不良的实践倾向，使职前教师的教育实践处于低层次水平，影响教师培养。职前教师需要什么样的教育实践，值得我们探讨。

一、职前教师教育实践的不良倾向和表征

职前教师的教育实践是指职前教师（师范生）在虚拟或真实的教育教学情境中，在教师指导下建构教师素养和身份的行动。职前教师的教育实践是其成长为教师的必不可少的学习环节。考察我国当前职前教师教育实际，可以发现对职前教师的教育实践是越来越重视，但同时也存在着误解，从而使职前教师的教育实践走入了误区。当前职前教师教育实践的误区主要反映为“唯实践化”和“实践矮化”两个倾向。

“唯实践化”倾向，指的是在教师培养中过分强调职前教师教育实践的重要性，将教育实践与教育理论二元对立起来，教育实践被理解为教育理论的反题，忽视或不能全面理解教育理论对教育实践的能动作用，无限抬高实践在教师教育中的地位，把教育实践当作是职前教师专业发展的唯一途径，贬低、弱化甚至放弃教育理论在教师培养中的作用，职前教师的教育实践就是去理论的“做”和“训练”。职前教师的教育实践“唯实践化”倾向在现实中

有以下三个表征。

一是教育理论在职前教师教育中广受批评并被拒斥。从众多的专业期刊和专业人士中，可看到大量教师教育的“理论”研究成果对教育理论本身进行口诛笔伐，认为教师教育机构对职前教师进行理论教学是阻碍教师培养的主要因素，是“教师教育中的最大弊端”。诸如“教育理论无用”“教育实践无理性”，强调去理论或是反理论的“理论”，甚嚣尘上，教育理论前所未有地“处于一种受批判和失语的状态”，①“排斥理论”风潮已然影响到了整个教育领域。②

二是过分夸大和强调“实践性知识”在职前教师培养中的作用，“理论性知识”被舍弃。教师“实践性知识”的被认识和重视，对教师教育和教师发展具有重大的积极意义，但是其作用在当前的职前教师教育中不能得到理性和科学的辨析，被过分地夸大和强调。教师教育界想当然地认为“职前教师最缺乏的就是‘实践性知识’”，“实践知识成为评判任何教育知识的最高知识”，③ 因之，实践性知识几乎成为职前教师学习的全部内容，而理论性知识却被严重忽视和冷落，甚而被阀挞。不少人认为，学习“理论性知识”是有害的，会导致教师认知与理解僵化、简单化、片面化等不良后果。④“实践性知识”和“理论性知识”在今天教师教育界的地位是天差地别，冰火两重天。与之对应的是，培养教师的教师教育者的地位日趋式微（他们被认为只有理论性知识），而来自一线的中小学教师在教师培养中越来越被青睐（他们被认为有丰富的实践性知识）。目前一个普遍的现象是，职前教师“在实践中遇到问题时，通常是求助于一线的教师而不是用专业理论去思考问题”。

三是教师教育理论课程与实践课程失衡。正因为对理论和理论性知识的

---

① 王艳玲，苟顺明．教师成为“反思性实践者”：北美教师教育界的争议与启示［J］．外国中小学教育，2011（4）．

② 傅淳华，杜时忠．教育实践排斥理论现象的发生与反思［J］，现代大学教育，2014（5）．

③ 刘健．为理论辩护：教师教育实践主义的批判与反思：兼论教师教育知识的四种类型［J］．教育研究与实验，2015（4）．

④ 巴春蕾，孔凡哲．实践性知识：教师知识研究中的夸张与限制：兼论建构主义知识观对我国教师教育的影响［J］．现代教育管理，2014（12）．

轻视，对“实践”和“实践性知识”的无限推崇，职前教师教育中大量缩减教育理论课程，大量增加所谓的实践课程，减少理论教学的课时，延长实践（实习）的时间。职前教师教育教育类课程中，带有“学”“论”“研究”等字眼的课程几乎都被各种“实用”“实务”“策略”“行动”所取代，以“做”为主，“对教育教学实践切实有用”的方法与技能型课程被大量开设。一项全国性的调查显示，师范院校的课程结构中教育实践类课程占教育类课程的比例远高于教育理论课程。为数不多的教育理论课程更多地只具有学分和象征意义，地位被定位于“公共课”，往往是大班化上课，甚至沦为最不重要和最不受欢迎的课程。教育原典被束之高阁，而“教你如何上课”之类的技能型、速成型、应考型书籍却火爆异常。职前教师参与学术科研活动的情况则更不理想。①

何谓“实践矮化”倾向？矮化属生物学范畴，指生命体不能充分发展之意。所谓职前教师教育实践中的实践矮化，指的就是将职前教师的部分教育实践活动当作全部教育实践活动，将低层次的教育实践活动作为高层次的教育实践活动，使得职前教师的教育实践处于一种低层次、窄范围的状况，从而降低教育实践的效果，影响职前教师的发展。当前职前教师实践的矮化，主要是把教师经验经历和方法技能作为实践的终极目标和全部内容。职前教师的“教育实践矮化”倾向也有两个表征。

一是把职前教师的教育实践等同于练习和获取从教的方法和技能。职前教师的教育实践就是为掌握和形成从教的方法技能而练习。在当前职前教师教育界看来，职前教师的实践能力就是“会教”，会教就是拥有教学的方法和技能。因此，拥有方法技能就是教育实践。从一个被当前很多高师院校所推崇并借鉴效仿的学校的做法可见一斑。该校就是以培养具备“一专二能三艺四技五证”的教师为目标，并因此而采取各种训练措施。② 所谓的“专、能、

---

① 丁刚，李梅．中国高等师范院校师范生培养状况调查与政策分析报告［J］．教育研究，2014（11）．

② 詹小平，谢培松．培养高素质小学教师的途径及其探索：以湖南第一师范学院为例［J］．高等教育研究，2010（8）．

艺、技”，无非就是学生从教的技能和方法，而且职前教师拥有这些技能方法，是通过获得“证书”来认定。在目前的职前教师教育中，教育实践课程更多的是“技能培训课”或“经验学习课”。三笔字技能、普通话技能、教学设计技能、听课观课评课技能、板书技能、导入技能、课件制作技能等等，不一而足。全国27所师范院校的调查表明，职前教师在选择修习的课程、对课程的重视和投入水平上明显地表现出“务实”态度，他们最重视的教育类课程是教师口语、职业技能训练、班级管理、书法和教育技术。职前教师在微格教室中，将各种所谓的技能拆解拆分，精致地、不断地训练，直至纯熟。在实习的课堂教学中，就是这些已经分解演练好的片段的再现。

二是职前教师的教育实践被等同于从教的经验、经历。人们在诟病职前教师缺乏“实践”时，更多的是说职前教师没有“教育教学的经验和经历”，“没有做过老师”，所被重视和强调的“实践性知识”也几乎就是经验和经历的代名词。为了使职前教师具备教学的经验和经历，在培养模式上，很多高校采用“3＋1”“2＋2”等模式，将学生在高校学习的时间缩短，延长其在中小学的实习时间，让职前教师到中小学“实践”，教师培养“场所”全方位下移。其中“顶岗实习”已成为当前职前教师最主要和常见的一种获取经验和经历的途径。还没有修完相关专业课程的师范生，在无教师资格证的情况下，在大三甚至大二时候就被送到中小学作为正式教师顶岗使用。另外一种职前教师获得经验和经历的主要途径就是“学徒制”（有的称为“双师制”或“双导师制”）。高校延聘和吸收大量中小学一线有经验的教师作为准教师的指导教师，参与教师培养。职前教师通过观摩、聆听等方式从一线教师的指导中获得经验，从而拥有“实践”。

二、职前教师教育实践不良倾向的实质和原因

职前教师教育实践中“唯实践”“实践矮化”的倾向，本质上是一种狭隘的职业性实践。职业性实践是职业教育的重要学习方式，特点是职前学生“从实践中学习”，以展示和观察、模仿及持续性重复练习的方式获得学习结

果，掌握并再现见证与经历过的活动。而狭隘的职业性实践是对职业性实践的进一步窄化、低层次化：片面强调实践作用，实践目的是“实用”，为了满足市场和社会的需求；实践的重点和内容就是技能和方法，“会熟练地做某事”或“已做过某事”；实践的途径方式主要就是训练和模仿，以此形成技能，积累经验，培养惯习。职前教师教育中准教师的教育实践之所以被沦为“狭隘的职业性实践”是有其根源的。

首先，教师工作的专业性还没有真正得到重视和强调。尽管教师成为专业或“准专业”已成为一种共识，但受传统认识的影响，很多时候，教师被认为只不过是具有一些知识、技能和方法的人赖以谋生的职业而已。人们（包括一些教师教育者）普遍认为，只要具备某一方面的知识和技能就可以做这方面的教师，而对于最能体现教师专业特性的方面，如为什么教、怎么教等，则被认为可以根据经验自动形成。正如胡森所批判的：“一部分人认为学习教学的最佳方法是去教书，因此，培训课程用在教学实习上的时间越多越好。”① 另外，教师去专业化的呼声一直未断，尤其是近年来西方的选择性教师培养方式推介到我国后，有研究者只看到了其中的表面现象，即准教师无需接受大学的教师教育，只要经过培训机构短期的技能培训即可“速成”为能胜任工作的合格教师，② 而没有深刻地认识到选择性教师培养的实质和国情，以及国外接受选择性教师培养的那一部分人本身就在某一专业领域获得了长久的学术修养的实际，就呼吁和推行“选择性教师培养”，这也为职前教师教育中的“唯实践化”“实践矮化”倾向起了推波助澜的作用。

其次，对实践的本质和作用认识不清。最早把“实践”变成哲学概念的亚里士多德将人的行为分为理论、实践和生产三种。实践是以自身为目的，生产是以其产生之结果为目的，自身不构成目的，而理论则是最高的实践。但现实中，人们往往消弭实践与其他人类行动之区别，将一切行动都笼统为“实践”，导致“行为”“经验”“经历”以及理论的对立面成为实践的代名词，“实践”降格为亚里士多德意义的“生产”。“唯实践化”和“实践矮化”倾向

---

① 胡森. 国际教育百科全书：第8卷［M］. 贵阳：贵州教育出版社，1991.

② 李茂. “速成教师”成功的秘密［N］. 中国教育报，2008－04－16.

就是这样来认识实践的。同时，如哈贝马斯所说，实践已成为“一种世界观的决定论”；[①] 又如白璧德所说，“我们这个时代的最大弊病在于对实践有一种近乎疯狂的嗜好”。[②]“实践”成为教师教育“人人趋之若鹜的花车”，包治教师培养百病、急功近利的灵丹妙药。“实践”甚至已被严重意识形态化，成为集体意识或集体无意识。“为实践而实践”，造成实践的肤浅化、非理性化。另外，教育理论必定来源于教育实践，又必须回归教育实践，接受教育实践的检验，也即“只有下水才能学会游泳”已成为一种共识和信条，并被教条似地遵从，教育理论从而被认为必须适应于教育实践。还有一个不为人所注意的因素是，职前教师在接受教育理论教学时，并非是“大脑一片空白”，他们通过家庭教育及过往的学习经历，包括媒介以及周遭的人和事，已经获得了一定的教育理论，即“内隐理论”，因而以知识形态表现的教育理论对其来说就不再新鲜、迫切与重要了。

第三，对传统职前教师教育的过度背离以及对社会本位价值的过度追求。以往的职前教师教育重理论轻实践，但因此培养出来的教师未必能符合和达到社会的需要与期望。且理论教学存在内容和方式上的偏差，效果不佳。教师教育中所教学和倡导的教育理论与现实的中小学教师所“使用的理论”存在不对接，“学非所用”导致教育理论被认为“无用”，因而驱使教师教育“叛逆性”地走另外一条相反的道路，即去理论，崇行动。还有一个很重要的原因就是对社会本位价值的迎合。“社会本位价值观在教师教育改革中有着强大的现实压力与功利动机。”面对教师人才市场对准教师入职门槛的提高，以及教师资格证的“国考制度”，将职前教师的教学技能和方法加以重复地的强化和训练，确实能使其实务能力立竿见影地得到提高，在短时间站稳讲台，“像一个老师的样子”，准教师因此能够在求职应聘、考证、比赛竞争中受益，大学也因此能够获得高就业率以及相应的声誉，甚而心安理得地认为完成了“教师培养”的任务。特别是在今天，以“就业率”来衡量高校质量优劣、水

---

① 哈贝马斯．理论与实践［M］．郭官义，李黎，译．北京：社会科学文献出版社，2004.

② 白璧德．文学与美国的大学［M］．北京：北京大学出版社，2004.

平高低、排名先后，决定专业置废以及学校领导的政绩的情况下，职前教师的教育实践“唯实践化”和“实践矮化”就难免大行其道了。而且，由于各界对基础教育的重视，以教学行动为主要功能和特点的基础教育，其实践主义的话语权不断加大，教师教育只能自愿或违心地“顺应”他们，在教师培养中，亦步亦趋地按照他们的需求来培养未来的基础教育教师。

还有一个不容忽视的原因就是当前师范院校依据政府要求，必须向应用型和实用型方向转型。在这过程中，许多高师院校不能正确地理解这一政策，把握好“应用”“实用”的实质，也还没能很好地探寻出转型的路子，其结果就是把原本是专业人才的教师的培养当做了职业技术人员的培训，职前教师教育实践就像是产业工人的职业技能实训。

三、职前教师教育实践不良倾向的后果和危害

但正如萨桢强调“如果教师教育的焦点完全由强调理论转向了依靠实践经验，这种实践本位的教师教育同样不成功”。① 由于当前职前教师教育中职前教师的教育实践是狭隘的职业性实践，抛弃了理论，把实践等同于经验经历和方法技能，因此尽管在“加强实践性环节教学等许多方面作出了努力，师范生教育实践能力不强的现象仍然没有得到有效改善”。②

狭隘的职业性实践培养出来的职前教师是单向度、不完满的教师。狭隘的职业性实践可能会对作为教师条件和能力的某个方面，如技艺和经验有所发展，但是技艺和经验并非成为优秀教师，甚或是合格教师的充要条件。单纯的“会做”“做过”，以及技能和经验的积累并不意味着职前教师的专业成长。排斥了理论和学理，简单地奉行“熟能生巧”理念，教师技能训练就是那些可感知的教学动作程序，职前教师的实践就是对这些技能的检验与演练，只是机械地照搬教学程序和方法。至于这些程序和方法背后的理由和原理，

① 杨秀玉．教师教育实习的局限性研究：以西方学者的观点为中心［J］．外国教育研究，2013（11）．

② 常思亮．专业实践视野下的教师教育改革［J］．教育研究，2009（2）．

则不能理性地审视。如此而来的技能和经验势必难以迁移，一旦面临新的教育教学问题时就只能想当然地依靠惯性去处理。其结果，职前教师解决现实教育教学问题的水平只在原地踏步，其专业实践能力无法有效提升。即便是成为了真正的教师，其专业实践能力也主要是后来通过个人经验和勤奋“无意”获得的，或通过不断地“试错”摸索而来。退一步讲，职前教师通过所谓“实践”拥有了“实践性知识”，但由于教育实践具有布迪厄所言的“实践感”，可能导致实践性知识走上惰性化、保守化之路，渐成行动定式，而失去其产生之初的创造性、新颖性，并进而排斥变革。我们不能忽视一个这样的事实：教师们一直在“做”教师，在“教学”，在“实践”，其从教技艺、经验和经历并不缺乏，或许还相当丰富，但并不是所有的教师都能真正有效终身成长，他们当中很多甚至是越“实践”，专业水平则越固化越倒退。杜威就告诫：在专业发展过程中，过度强调实际经验，可能会引起实习教师无疑问地接受辅导教师之技巧而不探究反省。① 阿伦特则指出，毫无批判地将实践等同于工作、操作性活动，让后者毫无顾忌地支配实践领域，这使得实践与人的积极生活和人性提升毫无关系。②

狭隘的职业性实践助推教育的浅显与浮躁。职前教师是明日之师，是未来教育的担当者和责任人。“唯实践化”和“实践矮化”的教育实践抵达不了职前教师灵魂深处的教育理性，更无从建立起教育理性世界的文化自觉。抛弃深沉厚重的理论，蜻蜓点水浮光掠影地“做”，使思想本就不深刻的职前教师更加肤浅。当前教育界和教师中存在着较严重的浮躁之风，可以说，这与教师教育对教育实践的误解，走狭隘的职业性实践之路不无干系。中国教育界从来就不缺乏能熟练教书的教书匠，缺乏的是高韬而沉敏、有思想有“头脑”的智者。相对于经验和技能，教育和教师更需要信念、德性、思想和智慧。当我们一味地要职前教师去“做”、去训练，排斥了理论对他们的熏陶和浸润，他们就不再思考，不想思考，也无能思考。“无理”则“无思”，“无

① 罗纶新．教育实习理论与实务之探讨［J］．教育科学期刊，2001（2）．

② 刘建．为理论辩护：教师教育实践主义的批判与反思——兼论教师教育知识的四种类型［J］．教育研究与实验，2015（4）．

思”则“无智”，无思无智则对认识教育教学的规律、总结教育教学经验教训、诠释教育教学问题及成因、建构教育教学观点主张无能为力，更不用说形成自己的教育教学哲学和智慧。这些都需要职前教师拥有充足的理论涵养和精神内核，单靠职业训练式的实践无法解决。“教育理论是一种独特努力的产物，这种努力是要去获得教育实践的理智而深沉的理解。”① 知行合一，转识成智。理论越发达，实践越有品质；实践越深广，对理论的需求越强烈。缺少了理论的烛照，实践只能是“在黑暗中摸索”或者肆意而为，徒具表面，缺乏深度。因此，没有理论修养和思想修为的教师是肤浅而浮华的，肤浅而浮华的教师更会加剧教育的肤浅而浮华。

狭隘的职业性实践导致职前教师教育的合法性危机。教师培养大学化本是人类教育发展到一定阶段的必然，是对早期传统的“技艺化”“师徒化”教师培养方式和途径的扬弃。大学依凭自身学术实力和人文积淀，以及理论和研究之优势，为教师教育奠定专业知识基础。而“唯实践化”和“实践矮化”则可能重蹈传统的“技艺化”教师培养之辙之虞，让大学在教师教育中的功能和作用及学术品格被严重边缘化。弃舍大学在教师培养中的学术专业性，而过度追求技能和经验，大学将沦为职业培训机构，教师教育将不再是“教育”而是“训练”或“培训”，或者是“引荐职业诀窍（tricks of the trade）”的指导过程。试想，如果把实践作为职前教师走上讲台所需基本技能方法的演练，有中小学教学的经验和经历，那么只需将师范生直接安排到中小学教学岗位历练即可，何须接受大学教师教育？从另一方面来说，教育学（当然包含教师教育）一直就广受学科合法性的质疑，其中一个最大的问题就是缺乏自身的理论和知识系统，被批评为只是一种“经验”，是一种“技”或“器”，不能上升到“术”和“道”。而今天我们却还是“技”“术”不分，“器”“道”不辨，以技代术、以器替道地培养教师，那么科学的独立的教师教育理论与智慧将很难成长，职前教师教育的合法性，包括教师的专业性也难以得到社会的认可。

① 迪尔登．教育领域中的理论与实践［A］．//瞿葆奎．教育学文集·教育与教育学卷［C］．北京：人民教育出版社，1993.

四、职前教师需要高品质的专业实践

教师工作是一种专业，教师是“履行教育教学职责的专业人员”，教师教育是培养专业人员的教育，因此，教师教育是专业教育而非职业教育。无论何种教育都离不开实践，如前所述，职业教育是“从实践中学习”，但专业教育是“通过实践学习”，二者有着极大区别。“通过实践学习”，实践是为了把这种学习和经验作为载体，借其获得更为重要、更广泛意义的东西，寻求的是专业实践中明达的智慧。① 因此，职前教师的教育实践需要的是高品质的专业实践，而非狭隘的职业性实践。

职前教师的教育实践是以实践智慧作为目标和内容的专业实践。教师工作是“为人”和“人为”的复杂的实践活动。“为人”强调教师的一切行为都有着价值品格，必须具备正义的要求，应该是一种“善行”。“人为”表明教师工作是现场型和情境型，存在着不明确性，要求教师有着自由机智、创造性的临场发挥能力。复杂性要求教师必须在不确定性中寻找确定。技能和经验是中性的东西，本身不具备价值取向，其导向结果取决于教师对其如何应用。技能和经验能在教师的临场行为中发挥一定的确定性作用，但经验也可能是一种包袱，导致教师的因循守旧，陷入惯习和定势而无创造性和灵活性。因此，面对错综复杂的难以预料的教育情境，教师不能只是应用技术规范，更要审时度势、法理统一地作出有效的有创见的判断和决策，这就需要机智、理解、决断以及抉择，而包含了这些素质的综合体就是实践智慧。亚里士多德最早提出实践智慧，认为实践智慧是“就那些对人类有益或有害的事情采取行动的真实的、伴随着理性的能力状态”。实践智慧也正如麦金太尔所言，“在适当的地点”“适当的时间”“以适当的方式判断并做适当的事情”，“这类

---

① Passmorc. J. The philosophy of teaching [M]. London; Duckworth, 1980: 69－72.

判断的实践不是对规则的一种常规化的应用”。① 教师的实践智慧观念性地内在于教师，并作用于教育教学整个过程，其中既蕴含关于教育与教师自身的知识经验，更凝结着体现价值取向的德性，两者同时又圆融于教师的现实能力，以成己与成物、成就自我与成就学生为指向。教师实践智慧联结了对教育教学的解释与对教育教学的变革，体现为“应当做什么”的价值关切与“应当如何做”的理性追问的统一，它在赋予智慧以实践品格的同时又使实践获得了智慧的内涵。② 实践智慧与方法技能经验关系密切，但层级高低有别，前者是对后者的超越与升华，而后者是前者的基础，方法技能和经验是通往实践智慧的途径，而绝不是目的。国外有学者就揭示了职前教师教育中不能将经验上升到实践智慧的现实，并表现出担忧：“大多数教师教育充斥着大量的实践环节，来为学生提供面对专业‘真实生活’的个人经验，但是这些并没有转换成我们所说的实践智慧。一些人也会承认教师教育中实践环节的重要性，但是仍然没有意识到实践智慧的意义。”③ 这也是我们当前职前教师教育实践的写照。职前教师的教育实践要提升其专业品质，跳出职业性实践的藩篱，就必须将实践智慧作为实践的目标和内容，而不能仅仅满足于对方法技能和经验的获得。也就是说，职前教师的教育实践要注重经验和技能，但是应以培养和形成实践智慧为旨归。

职前教师的教育实践是理论与实践有机融合的专业实践。以往的职前教师教育，存在过于注重理论学习，轻视专业实践的现象，但这不能成为我们过度强调实践而去理论甚至反理论的理由。杜威认为教育理论与教师实践的二元对立是“教职的主要恶弊之一”。在职前教师实践智慧的形成过程中，理论不可或缺。在亚里士多德看来，理论即是一种最高的实践。理论具有实践

① 麦金太尔. 追寻美德：道德理论研究［M］. 宋英杰，译. 南京：译林出版社，2008.

② 杨国荣. 论实践智慧［J］. 中国社会科学，2012（4）.

③ Jos Kessels and Fred. Korthagen. The Relation between Theory and Practice：Back to the Classics［C］. Fred A. J. Korthagen Josp. A. M Kessels Linking Theory and Practice：The Pedagogy of Realistic Teacher Education Lawrence Erlbaum Associates，Inc. 2001. 24－26. 28. 29.

的功能，能唤醒、认识、引导实践者，对实践给予启发、提供参考与依据。教育理论“既不是形而上的，也不是技术性的，而是一种关于怎样实践‘善’、追求‘善’臻达于‘善’的知识”。① 研究表明，并非所有教师的实践性知识及教师所有的实践性知识，都符合教育伦理，都有教育性和社会价值。对所谓实践性知识的过分推崇将使教师工作可能远离更广阔的道德、社会规范和社会义务。实践本位的教师发展容易缩小教师的任务和专业化领地，并使专业精神沦为技术化的定义，甚至招致去专业化的危险。② 因此，在职前教师的教育实践中，需通过理论关怀来养育未来教师的专业精神。此时，职前教师需不断吸纳公共知识、理论知识以克服实践性知识的个人性、保守性。大卫·豪就说：任何专业没有理论都必然停留在低窄的层次上，所有实务行动都不可能达到其目的。③ 在教师教育中对理论性知识与实践性知识、理论课程与实践课程，不能非此即彼、厚此薄彼，反复钟摆，关键是实现二者的有机结合。理论课程应精选内容，改进教和学，努力实现“理论的实践化”，让职前教师以参与体验的方式学习，感受体会教育理论与教育生活的紧密联系，从中认识到教育理论对自身教育实践能力提升的作用。而实践课程也绝不是简单的技能训练，而应是在实际教育教学情境中浸润着教育理论，有教育理论准备或到场的教育行动，是“实践的理论化”。职前教师的教育实践不应为实践而去理论，而该关注如何学理论，如何实现相互的融合。职前教师须扩大自我的教育视野和理论胸怀，在教育实践中，“形成以一定的理论原则为依据的意识，努力使实践成为理论的一种实践观照”。

职前教师的教育实践是反思性实践。人们总是想当然地认为职前教师没有教学经验。实际上，职前教师在长期的学校教育中就一直在潜移默化地“非正式”学习“如何教”。而教育实习等实践活动，则是显性的强化的正式

---

① Carr，W.. Theories of Theory and Practice [J]. Journal of Philosophy of Education，Vol. 20，No. 2，1986.

② 艾弗·F. 古德森. 专业知识与教师职业生涯 [M]. 刘丽丽，译. 北京：北京师范大学出版社，2007.

③ Howe，D.. An Introduction to Social Work Theory，Alders hot，Berks：Wildwood House，1987.

学习。国内外的研究表明，教师现时的教学总是受他们以前老师的影响。辩证地看，这可能使职前教师循着旧路更快地上手。但此种以学生视角的学习、实践，大多时候是狭隘的、个人主义的技艺性经验的复制，而且“经历的时间长度并不能自动给予一个人洞察力和智慧”，“学会了教学的所有技术却仍然不适合做教师，这是有可能的”，[①] 这时就需要通过“理性的干涉”来突破。“理性的干涉”就是批判性的反思。反思“是取得特定实践成就”，“走向解放和专业自主的一种工具”。[②] 经验学习理论认为反思是经验学习的核心和要求，实际经验未必产生新知，实践须与反思结合后才能发生真正的学习，并生发新经验，建构新意义，形成实践智慧。职前教师在教育实践中所获诸种经验，没有接受自我、他人以及理论的检验和批判，经验的重组、新意义的创生和实践智慧的形成就相对困难。缺少反思的实践，“就算师范生花再多的时间在学校，高质量的学习经验也不会自动产生”。[③] 伽达默尔在论及实践时说：其实实践不在于对预先给定职能的适应，或者在于想出恰当的方法以达到预先给定的目标——这是技术。相反，实践乃在于在共同的深思熟虑的抉择中确定共同的目标，在实践性反思中将当前情境当作什么具体化，这就是社会理性。[④] 因此，职前教师的教育实践，应是一种反思性的实践。职前教师应重视反思在实践中的作用，树立实践反思意识，学会反思策略和方法，坚持在教育实践中持续各种反思。“通过学习如何反思，实习教师可以发展一种成长的能力。换句话说，实习教师可以借此成为自我引导的学习者。”[⑤] 职前教师“进入实习，关注的中心是‘教什么’和‘如何教’”，通过反思，他们的视

① 马克斯·范梅南. 教学机智［M］. 李树英，译. 北京：教育科学出版社，2011.

② Calderhead. J. Reflective teaching and teacher education［J］. Teaching and Teacher Rducation，1989，5（1）：43.

③ Keith Swanwick. The Necessity of Teacher Education. In Norman J. Graves. Initial Teacher Education：Policies and Progress［M］. London：Kogan Page，1990：97.

④ 伽达默尔，杜特．解释学·美学·实践哲学：伽达默尔与杜特对谈录［M］. 金惠敏，译. 北京：商务印书馆，2005.

⑤ Fred A.J. Konhagen，Jos Kessels，Bob Koster，Bram Lagerwerf，Theo Wubbels. Linking Practice and Theory-the Pedagogy of Realistic Teacher Education［M］. Mahwah：Lawrence Erlbaum Associates，Publisher，2001：49.

域自然打开，“从知道‘怎样教’到‘理解’教学，结果是概念的发展。反思成为在这个领域解决问题的综合知识的工具，于是出现对学术知识和实践经验的贯通理解。”① 总之，整合理论与实践、思想与行动的反思性实践，是一种“思想与行动的对话，通过这一对话过程我变得更有技巧”。② 职前教师在教育实践中应是一名反思性实践者。

职前教师的教育实践是和谐“实践共同体”中的专业实践。职前教师最终要回到中小学去，真实的教学最终是发生在中小学，因此，职前教师的“教育实践场”在中小学是无可厚非的。但这样的实践场同时存在“实践商品化、结构松散化、角色边缘化”等弊端，③ 加之职前教师的主体性原因，导致大学与中小学、大学教师教育者与一线中小学教师指导者在其间不能有效发挥作用，不能克服各自的不足，不能避免因时空、专业、文化各异带来的隔膜，致使职前教师的教育实践“脱离大学、迁就中小学”，“教师教育者缺席，中小学教师包办，职前教师走过场”，实践的层级和领域矮化和窄化。这时，可通过创建“实践共同体”来解决问题，提升实践品质。“一个实践共同体包括了一系列个体共享的、相互理解的实践和信念以及长时间追求共同利益的理解。”④ 实践共同体由各职前教师实践参与者等个体要素按照一定组织规则有机组合，不断发展积淀而形成。在共同体中，参与者共享文化传统，平等协商对话，承认和尊重各自的差异，和而不同，周而不比。教师教育者凭借理论性和研究性核心文化因子，前瞻性、批判性地审视一线的实践，对中小学的教育教学始终保持一定的张力和引导力；而中小学指导教师依据实践性和日常性的文化根子，辩证性地对教育理论、对自己的教学实践做出理性追问。身处共同体中的职前教师，在实践的场域中自由、充分地与他者，尤其

---

① Ottesen E. Reflection in Teacher Education [J]. Reflective Practice, 2007, 8 (1): 31-46.

② Schon, D. The Reflective Practitioner [M]. New York: Basic Books, 1983: 37.

③ 赵家春，李中国. 从实习场到实践共同体：教师职前实践的组织建设策略 [J]. 教育发展研究，2015 (18).

④ J. 莱夫，E. 温格. 情景学习：合法的边缘性参与 [M]. 王文静，译. 上海：华东师范大学出版社，2004.

是大学和中学指导教师互动，深入理解他人何以作出这样或那样的教育教学判断，并选择运用相应的教育教学行为。中小学一线教师不是职前教师模仿的对象，而是通过其来启迪、诱导出后者的实践智慧，帮助他们形成、完善个体教育认识。实践共同体强调了职前教师的教育实践的主体构架是多方参与的“理论——实践”互动式，而不仅仅是“师徒”一对一的，面对面的“实践（行动）——实践（行动）”效仿式。职前教师的教育实践中，和谐的实践共同体在微观上“超越了个体成员的知识疆域的外在界限，其视界大于任何基于个人视野的范畴”，实现视界融合和扩大；在宏观上，建立起了大学与中小学、理论与实践的联系和互动，充分发挥了各自在教育实践中的能动作用。正如日本教师教育课程开发专家岩田康所认为，职前教师“必须实际接触教育现场的经验，但即使接触的机会再多，若未将现场的课题与大学进行的研究相互联系起来进行观察，也是难以形成解决现实教育问题的能力的”。[①] 因而可说，实践共同体是滋生和滋养职前教师实践智慧的肥沃土壤。因此，构建大学教师教育者、职前教师和中小学指导教师实践共同体，共同追求对教育教学世界的认知和理解，这是职前教师教育实践的应有之义，也是提升职前教师专业实践品质的一个重要途径。

总之，职前教师需要教育实践，但需要的是高品质的专业实践，而不是去理论的狭隘的职业性实践。提升职前教师教育实践的品质，应是当前教师教育的重要任务，也是培养未来合格教师的必由之路。

---

① 杨燕燕．论教师职前实践教学的取向转换［J］．教育研究，2012（5）．

第五章　建设教师生态

生态就是指一切生物的生存状态，以及它们之间和它与环境之间环环相扣的关系。教师是教育生态系统中的一个重要组成要素，教师工作和教师成长并非教师个人的事，包括成长在内的教师的所有行为，始终是教育生态系统关系运动的结果。如果教师处于一个和谐的生态系统，他的成长就会快速而有效，相反则会缓慢甚至无效。因此，教师治理就有必要为教师建设一个和谐的生态圈。

第一节 营造科学评价文化

教师评价是教师治理的重要内容，也是关系教师成长的核心因素。为深化教育人事制度改革，落实学校绩效工资制，加强教师队伍建设，促进教育事业科学发展，自 2009 年起，教师绩效评价在义务教育阶段学校中开始真正和全面实施。大量的实证调查表明，① 绩效评价实施以来，教师队伍建设、学校管理出现了新的面貌，但与预期目标仍有较大差距，而且还滋生了新的问题。这些问题主要体现在以下几点：一是因绩效评价学校教师与行政之间矛盾更加突出，甚至发生过激行为；二是教师绩效评价致使教师工作被人为窄化、虚化；三是教师间的竞争关系不能建立，打破了旧的大锅饭，又建立了新的大锅饭；四是教师急功近利，“为评而教”现象突出；五是教师绩效评价对教师激励效果甚微，不能有效促进教师专业发展。

由于以上问题的存在，“取消教师绩效评价”或“不适宜实行教师绩效评价”的声音与说法时有出现。我们认为这些论调轻率而不负责任。从全球范围来看，教师绩效评价是一种行之有效且非常普及的教师评价制度和方法，尤其是在发达国家，教师绩效评价已经相当成熟，成效也有目共睹。何况，全面推行教师绩效评价已经是事实，而不再是“可”与“不可”、“适宜”与“不适宜”的争论了。我们应该努力的是去发现教师绩效评价中的不足之处，去寻找带来问题的根源，去探求解决克服的策略，从而改进完善教师评价，使其实现我们推行这一制度的初衷，而不是简单地说“取消”或“不适宜”。

当前因教师绩效评价带来副作用的原因，应是多方面的。新制度经济学的观点认为，制度的有效性一定意义上取决于其是否与内在文化规范互补，世上无一种放之四海皆准的管理模式或方法。文化人类学的研究也表明，不

① 刘茜. 教师对绩效工资政策态度的调查研究 [J]. 当代教育科学，2010 (20).

同文化背景下的组织和管理行为有着不同的表现形式，一种组织行为和管理方式持久存在并发挥长效作用，需与社会文化相协调并不断自我强化。管理大师德鲁克就指出管理是以文化为转移的，并且受其社会的价值、传统与习俗的支配。[①] 迪默克也认为，影响学校管理差异最重要的因素是社会文化，因为它通过对一个学校组织文化的影响，进而影响学校内部各因素。[②] 米德伍德则认为“文化和传统”“教师评价之前的历史”“政治因素”三个方面共同塑造着教师绩效评价。[③] 因此，我们有理由认为，作为教师管理的一种手段和方法，教师绩效评价是否与我国传统文化相协调相互补，应是当前教师绩效评价中问题出现与否的原因之一。毕竟，教师绩效评价是从西方、从其他行业中引入我国教育领域的一种评价方式，作为舶来品，它的完善性和适切性需有一定的过程，评价主体和评价客体对其的接受和理解也需有个过程。

因此，我们拟从文化维度理论的视角，将我国传统文化作为影响教师评价因素的一个重要变量加以研究，探讨当前教师绩效评价中出现的问题，带来的副作用的原因，并寻求解决策略，以利于绩效评价对教师成长和学校发展起更大的积极作用。

一、霍夫斯泰德文化维度理论

我们认定传统文化是影响教师绩效评价的一个重要因素，但传统文化宽泛而不可量化和比对，究竟如何来界定和分析？对此，我们可以文化维度理论作为研究工具。“文化维度”（Cultural Dimension）理论由荷兰学者霍夫斯泰德（Geert Hofstede）依据大面积实证提出，该理论从五个维度来反映各国

---

① 德鲁克. 卓有成效的管理者［M］. 许是祥，译. 北京：机械工业出版社，2005.

② C. 迪默克. 教育领导和管理的跨文化比较模式研究［J］. 华东师范大学学报（教育科学版），2005（4）.

③ Middlewood & Cardno（2001）. The significance of teacher performance and its appraisal. Middlewood. D. & Cardno. C. Managing teacher appraisal and performance：a comparative approach. New York：Routledge/Falmer. pp1－16.

的核心文化特征。①

1. 权力距离（Power Distance）维度。指某一社会或组织中，地位低的人对于权力不平等分配的期待接受程度，权力距离越高，可接受的程度越大，反之则越小。高权力距离社会拥有权力者和受权力影响者之间存在明显差异，无权者较容易接受集权领导和官僚结构，比较愿意接受权威，并心安理得地听从权威的领导，缺乏组织管理的积极性，参与决策的意愿不高，相互间缺乏竞争性。而低权力距离社会相对民主，上下关系平等，决策更具广泛参与性。

2. 个人主义和集体主义（Individualism and Collectivism）维度。指的是个体在组织中保持个人独立或融入群体的程度。个人主义较强的文化中，人际联系松散，个体更注重自身的现实利益而非良好的人际关系，工作比“关系”更重要。而集体主义较强的文化中，个体力图维持与所在群体的良好关系，扮演好在各种群体中的角色，看重“关系”和“面子”；注重人缘，维持和谐人际关系比完成面临的任务更重要。

3. 不确定性规避（Uncertainty Avoidance）维度。指的是组织成员对于不确定性和未知情况感受到的受威胁程度与减少这种不确定性和模糊情形的努力。高不确定性规避一般欢迎和善于变革，倾向于选择明确的规则以及较为确定性的环境，建立更多的工作条例、流程或规范以应付不确定性，管理相对以工作和任务指向为主，管理者决策多为程序化决策。低不确定性规避则更能随遇而安，倾向于接受不确定性的环境，更容易承受不明确的规则的压力，很少强调控制、工作条例和流程规范化，标准化程度较低。

4. 刚性（男性）主义和阴性（女性）主义（Masculinity and Femininity）维度。指一个社会中的主导价值观对工作和生活质量的关注。刚性主义文化中“男子气概”价值观在社会中占统治地位，强调金钱、物质和社会地位；阴性主义文化指“女性品质”价值观在社会中起主导作用，强调人际关系和精神幸福感，对他人及对于工作生活品质的关注程度高，关注生活环境，地

---

① 吉尔特·霍夫斯泰德，格特·扬·霍夫斯泰德. 文化与组织：心理软件的力量［M］. 张炜，王烁，译. 北京：中国人民大学出版社，2010.

位、金钱、物质则不作为成功的重要标志。

5. 长期取向和短期取向（Long-term and Short-term）维度。指的是某一文化中的成员对延迟其物质、情感、社会需求的满足所能接受的程度，主要测量某一社会对未来的价值取向。在长期取向的社会里，人们注重从长远的角度看待问题，偏重于以不懈的努力来实现长远目标；在短期取向的社会里，人们重视过去和传统，追求近期利益，期望立竿见影的效果。

霍氏从复杂的文化变量中提炼出了一个简洁、清晰、统一和可以进行实证研究的理论分析框架，把文化分解成易于辨识的要素特质，为人们提供了观察不同文化差异性的“坐标系”，使人们可以按照不同的文化维度来认识不同国家文化差异，处理文化冲突。文化维度理论成为跨文化组织管理研究领域里最具权威性和影响力的理论，[①] 我们将其作为分析中国传统文化核心特征的研究工具，探讨中国传统文化与教师绩效评价间的关系应是可行而有效的。

二、当前教师绩效评价存在的问题

依据文化维度理论，将中国核心文化特征同当前教师绩效评价的理念与做法进行考察审视后的对比，我们发现，教师绩效评价与我国传统文化确实存在着一定的冲突和隔离，二者的冲突隔离致使教师绩效评价或走样或被排斥，从而相应地产生如前所述的几个问题。

（一）行政化路径的绩效评价

我国是高权力距离国家，讲究等级，崇尚权威，官本位思想严重，政治结构相对集中，个体参与公共事务和决策的程度不高，如霍夫斯泰德所说的“按梯子形过日子”。在学校领域，高权力距离表现为行政人员和教师之间二元关系的权力分布，学校科层和等级制严格，领导在学校中“天然”地一人独大，教师对学校行政层面保持高度的“敬畏”和“容忍”，往往抱着“肉食者谋之”的心态远离学校决策。与此相应，教师绩效评价往往是走行政化的

① 郭莲. 霍夫斯泰德及其“文化维度”[N]. 学习时报，2013－04－08 (9).

路径，校长强势地左右着全校的绩效评价工作。学校领导制订绩效评价的游戏规则，普通教师仅是象征性地参与规则拟定，没有发挥质的作用。组织教师绩效评价的是学校人事部门，行政人员负责操作，因权力距离的存在，评价者与被评价者之间存在隔离，评价中的各种信息、材料无法保证全面和真实。绩效反馈中，虽公开结果，但是为什么得出这样的评价结果即评价的过程并不一定透明。相关的实证也印证了当前大多数学校在绩效评价中都是走行政化路径。①

行政化路径的教师绩效评估容易陷入不确定性或缺少客观公正的困境（例如，绩效工资变“官效”工资已成为一种普遍现象），非常不利于学校绩效的改善，无形之中更助长了学校“官本位”的组织风气，进一步弱化了教师的地位，使学校的“衙门”陋习更为严重。一方面，教师可能会因高权力距离的传统，默许或者容忍，但不信任评价，消极地“非抵抗不合作”对待，绩效评价的目的难以实现；另一方面，可能会造成教师和校行政间的严重对立。霍夫斯泰德的研究表明，在知识程度和学历相对较高的群体中，权力距离会相对降低。在校长等行政人员兼任着“政策目标群体”与“政策执行主体”的双重角色，主导着学校知识群体的利益分配时，不公正可能导致激烈的冲突。有媒体就报道过一些学校教师罢课反对本校绩效评价方案的群体事件。

（二）集体主义文化：新的平均主义

在我国，“和”“家”文化，“中庸”之道源远流长；个人对组织高度忠诚，在人际交往中，讲“圈子”，要“面子”，不愿“出头”。有学者就指出中国单位内部的权力结构带有现代科层制的色彩，但单位内部成员的定位不全由科层决定；权力的影响除来自于职位赋予外，还来自于关系赋予。② 教师往往视校为家，“家校同构”；学校生活中，校长与教师之间，师生、生生之间，建立起了一种类似家庭中的人伦关系般的等级关系，学校充溢着亲情伦理。

---

① 张志峰．“教师绩效工资考核方案”该何去何从［J］．中国教育学刊，2010（5）．

② 刘建中．单位中国［M］．天津：天津人民出版社，2000．

同时，教师关系形成“差序格局”，教师依靠各种关系（血缘、地缘、学缘、业缘、情缘、利缘等）建立起独特的“地下”秩序和信任结构，自然地把群体分为圈内和圈外、自己人和外人。

集体主义对教师绩效评价的影响深刻。一是消解绩效评价之竞争本质。绩效评价就是为了建立竞争性制度，凸显个人绩效，打破大锅饭。但学校中的人伦关系，致使教师之间讲和气情面，论资排辈，不患寡而患不均，竞争性得不到体现。二是削弱了绩效评价规则的约束力。在差序格局中，教师对学校事务的评判常带私人感情色彩，以“关系”来理解和运用学校管理中的各种规则、标准，圈内圈外有别，善于“变通”，规则对教师的约束力降低。Leung 和 Bond 在比较了中美对公平的认识后就发现，中国人会先划分自己人和外人：对于自己人，公平并不意味着按照贡献大小来分配；而对于外人，基于贡献大小的分配则是最公平的。① 三是绩效评价结果失真。目前大多学校采用 360°绩效评价，即领导、同行、学生、本人全面评价。但因“关系”“面子”等问题，各方在评价时，一般会只说“好话”，不说“坏话”，避免公开批评；即使意见相左，也会保持缄默，或是通过多层修饰的语言，选择性地婉转地表达自己的观点。评价结果往往趋向于正态分布的中间值。绩效评价与其说是奖优罚劣，毋宁说是一种对全体成员一致肯定的合格鉴定，绩效评价之本意丧失。学校在公布评价结果时，也只是公布较好的结果，对于较差和不合格的结果，会为了顾及面子而不予公开。这样，绩效评价还是过去的“吃大锅饭”，或者说是新一轮的平均主义。教师绩效评价推行多年来，实际情况正是如此。②

（三）低不确定性规避：对精确量化评价的排斥

中国社会是低不确定性规避文化，人们倾向安于现状，求稳保守，“偏长

---

① Leung，K. & Bond，M. The impact of cultural collectivism on reward allocation [J]. Journal of Personality and Social Psychology，1984，47（4）：793－804.

② 米锦平，代建军. 当前我国中小学教师绩效评价的问题及反思 [J]. 教育科学研究，2011（8）.

于理性而短于理智”，“这其中的理性指的是人世间的许多情理，而理智指的是科学之理，是一些静态的知识，更讲究科学和精确”。[①] 低不确定性规避文化在学校中表现为学校或者教师不倾向于变革，更愿意安于传统，中国教育改革之艰难的事实说明了这一点；[②] 学校或教师更适应工作中模棱两可的规章制度而不是具体的、明确的指令依赖，希望工作环境相对稳定，而不要有太大的变动；在教师评价中更多的是“以德为先”的模糊评价。我们过去对教师评价的依据主要是教师的道德、人格，教师被认为是道德之集大成者，“既为经师，又为人师”是衡量教师的标准，也是社会对教师的期待和要求。以往的法律法规、政策文件在对教师的要求和评价上都不成系统，不明确，存在很大的“解读”空间，只给教师提供含义极为宽泛的倾向性指导。精确量化是绩效评价的一个重要特征，它一反过去空泛模糊的要求，评价的标的物转化为具有可比性的对象，教师的任务、绩效全部可用一系列的数字呈现，标准、明确、量化。不仅学生学业成绩、教师工作量、科研教学成果等显性的指标量化，师德、安全和教学过程等隐性的过程或品质也都被量化成相应的外在数据，通过计算机的统计就能将教师的“德、能、勤、绩”精准而一览无余地统计出来。教师的一切行为都因具有针对性和明确性而可“外视”，教师成为了一个透明的标准的“数字人”。

学校绩效评估的标准化、数字化和技术化显然与低不确定性规避的传统存在隔离。在此情况下，就可能使教师不适应，从而觉得受到威胁，感到焦虑，继而想要抵抗，对绩效任务或标准虚与委蛇。爱德华·戴明就说，“永远不要低估，当人们面临着一个数字目标时，他们在受到惊吓后会变得有多聪明”。[③] 比如很多学校规定了教师备课、批改作业、出勤的次数，那么有教师就可能只凑够数量，而不讲求质量，最终导致大多数教师将主要精力集中在量化了的可外视的指标上而忽视了教育的本质。教师的工作和任务有可以观

---

① 梁漱溟. 中国文化要义［M］. 上海：上海人民出版社，2005.

② 吴康宁. 中国教育改革为什么会这么难［J］. 华东师范大学学报（教育科学版），2010（4）.

③ 赵凤霞. 绩效考核与绩效评估：内涵、价值及衔接转化［J］. 北京行政学院学报，2011（2）.

察的也有必要观察的部分（如课堂教学技能），是可以由外部检视的，但其高级的、本质的、核心的部分，即德性和感情是不可外视也无需外视的。绩效评价为了追求量化，可能放弃那些无法量化的内容，或者选择一些非关键但便于定量的要素来提炼关键绩效指标。如师德就用反向思维法，把其量化成“无违反什么什么”之类，没有这些行为就被认为师德好。但是，师德就仅是没有违反某些行为规则那么简单吗？这个非真实的量化结果极有可能掩盖该教师的拙劣表现，同时却埋没了真正优秀的教师，也不可避免地产生了众多教师以牺牲非量化的质的目标为代价而争取达标的现象。教师工作也由此被人为地矮化和窄化。

（四）阴性主义文化：薪酬激励并非万能

中国社会被认为是由阴性主义文化所主导。我们自古以来就推崇“安贫乐道”“君子忧道不忧贫”“修身养性”，追求内心精神世界的丰富和满足，把金钱和物质当作“身外之物”，作为“士”阶层的知识分子尤是如此。当然，由于市场经济的发展，在我国阴性主义文化有向刚性主义文化发展的趋势。阴性主义文化在学校中表现为，教师把教育教学工作作为一种“良心活”，教师的最大乐趣就是“得天下英才而育之”，把育人成才作为自己的价值追求，教师的成功就是来自学生的成功；教师渴望的是有一个自己能安身立命、实现自身价值的学校环境，同时，自己的工作付出能够得到承认和认可。正是在这样的一种文化背景下，绝大部分的中国教师尽管物质条件并不优裕，工作报酬并不丰厚，仍然能辛勤付出而无愧于教师的称号，尤其是农村地区和不发达地区的教师们。目前教师绩效评价是与绩效工资挂钩，评价结果是绩效工资发放的依据，高绩高奖，低绩低奖。不可否认，薪酬激励对教师的发展是有一定作用的，问题在于，目前是把薪酬作为全部的激励手段，是“以货币为标尺度量教师工作绩效的工资分配方式”，[①] 绩效评价成为发放工资的依据。难道一个优秀（绩效高）教师与一个普通教师或者不合格（绩效低）教师间的差距仅靠一定量的货币就能衡量吗？物质有限，精神无垠。在阴性

① 吴全华．教师绩效工资制的潜在影响［J］．教育发展研究，2010（12）．

主义文化中，教师作为知识型人才，在满足了基本的经济需要以后，会更多地关注精神需求的满足，如工作价值、责任成就、专业发展、社会声誉以及和谐环境等。

“货币挖空了事物的内核，消除了事物的特性、价值和特点，毫无挽回的余地”。[①] 绩效评价中只把薪酬作为激励手段，与普遍的阴性主义文化相矛盾，显然不能满足教师的多层次需要，曲解了大部分教师的工作动机并贬低了教师的工作价值，而且通过奖金的区分来识别“获胜者”和“失败者”，会导致教师放弃组织归属、自我成长和职业乐趣等内在需求，转而追求外部刺激。如此，绩效评价的目的和结果相悖。

（五）长期取向文化：与即时评价相颉颃

在霍氏的研究中，中国社会的长期性取向指数为全球最高。中国人推崇节俭和持久力，倾向于做长期规划和投入，强调长期性的承诺，关注未来的最终成果；人们坚持不懈，有毅力耐心，深思熟虑后才做决定；“好戏在后头”“来日方长”“路遥知马力，日久见人心”“人无远虑，必有近忧”“铁杵磨成针”等都是中国长期取向文化的写照。长期取向文化在学校中主要表现为强调教育过程、教师工作成效、人的成长的长期性。教师工作被当作“水磨的功夫”“十年树木，百年树人”的口号，就是教育领域长期取向文化的典型体现。绩效评价是即时评价，教师工作的结果（绩效），在一学期或一年之中须对照绩效目标作出评价并给予相应的奖惩。教师在这一时段不能达到绩效目标就被认为低绩效，甚至可能由此被末位淘汰。这样，矛盾就产生了：一方面，教师的成效是长期努力，而非一朝一夕的结果；而另一方面，评价又必须能立竿见影。此时，教师除了对绩效评价心生不满外，就是通过“技术”手段来迎合它，把评价中的短期目标作为长期追求，“为评而工作”。比如，评价中要看学生的考试成绩，那么教师就可能全力以赴“应试教学”，所以有研究者就发现，实施绩效评价后，“为考试而教”之风，非但未减甚至还

---

① 齐美尔．桥与门：齐美尔随笔录［M］．上海：上海三联书店，1991.

愈演愈烈。① 又如，评价要教学论文，教师就可能放弃坐冷板凳而急躁地去制造一些学术垃圾。即时性的绩效评价对从业时间较短、专业资本积累较少的新教师打击尤甚。②

这样，长期性取向文化和绩效评价的即时性就陷入了“囚徒困境”。学校及教师本人追求眼前利益的结果不能确保他们的利益达到帕累托最优，因而导致学校长期利益及教师自身的长期利益受损。教师要么接受对自己不利评价结果，要么去迎合评价的即时性，但后者将使教师无法根据自己的专业兴趣与理想来实现自身的价值，从而被动地沦为制度的奴隶，滋生浮躁的学风、教风，进而束缚创造性，丧失自我发展的动力。

三、教师绩效评价与传统文化的圆融

只有最适合的，没有最完美的管理模式或制度。“在教育管理研究中，文化因素不仅是必要因素，更是关键因素。”③ 面对教师绩效评价与传统文化的冲突，应吸收、借鉴国内外教师绩效评价理论与实践中有益的成分，结合我国固有文化进行有机整合和实践的再创造，实现二者的有效圆融，以便在真正吸收和理解的基础上加以创造性地应用，从而实现推行教师绩效评价制度和方法的初衷。

（一）在学校培育绩效文化，树立正确绩效观

从狭义上讲，文化是一个习得的、有约束力的、内部互通和共享的符号

---

① 杨东平. 中国教育发展报告（2012）[M]. 北京：社会科学文献出版社，2012.

② 操太圣，李斐. 绩效工资制度下新任教师专业发展的困境与突破 [J]. 教育发展研究，2011（10）.

③ K. M. Cheng，The neglected dimension：cultural comparison in educational administration in Wong KC &Cheng. K. M.，Educational leadership and change：An international perspective，Hong Kong：Hong Kong University Press [M]. 1995，pp 87－102.

体系，这一符号体系为一个社会的成员提供解决问题的方法和意义导向。① 这说明，文化并非生而有之，而是人们在社会中习得的结果。教师绩效评价之所以与传统文化产生冲突，一个重要原因在于它是作为一种新的外来的文化现象出现，还很难从中国社会中习得并被认同。因此，在学校中培育绩效文化，应该是教师绩效评价与传统文化圆融的重要途径之一。绩效文化是指学校基于长远发展方向和愿景，通过绩效考核体系的建立和完善，让成员逐步确立起组织所倡导的共同价值理念。绩效文化建设能保证学校绩效管理的有效运作，增强学校的凝聚力、驱动力和创造力。教育行政部门和学校要对教师积极开展宣传教育与培训活动，宣讲绩效评价和绩效工资的政策，让教师理解和明白绩效的本质内涵、绩效评价的意义目的，帮助教师树立正确的绩效观，提升他们的绩效评价技能，引导教师对绩效文化的重视与认同，为教师绩效评价的实施营造良好的文化氛围。

（二）走行政与专业结合的绩效评价之路

在高权力距离背景下，一方面应充分利用行政的力量推进教师绩效评价的全面展开，另一方面要通过走专业化路径克服行政化教师绩效评价中“人治”的倾向。首先，各级各地的教育行政部门应该出台全国和地方性的关于教师绩效评价的相关制度和方案，使学校的绩效评价在制度的框架内运行。英瓦森就认为评价教师的绩效，开发专业可信的标准和可靠的方法不是件容易的事。很多计划之所以失败了，是因为他们在建立、实施一个专业可靠的评价系统时，研究和开发的工作不够充分。② 目前，绩效评价的方案、指标各校差异很大，争论很多，一个学校同一方案中不同学科、不同发展层次的教师分歧严重。教育行政部门应组织专业机构和专业人员开发不同层次、不同学科具有指导性的教师绩效评价方案供学校参考。其次，教育行政部门要加

① Terpstra V，David K. The cultural environment of inter-national business（3rd ed.）[M]. Ohio：South — Western Pub.，1991.

② Middlewood，D. &Cardno，C. (2001). Managing teacher appraisal and performance：a comparative approach. New York：Routledge /Falmer. pp 160—177.

强对各校教师绩效评价工作的指导和监督。审核各级学校的教师绩效评价规则，对规则的制定、执行的过程以及预期的结果等方面进行有效指导；加强对从事评价工作的人员的业务培训，使之成为评价的“专业人员”，既能实施科学的教师绩效评价，又能对教师的专业发展进行咨询、指导和训练，将教师管理与促进发展有机地统一起来；改革校长的考核制度，不由上级直接考核，而由学校教代会考核，校长不再主要为上级负责，而是为学校教师负责；建立由不同群体代表组成的评价领导小组，强化过程考核；落实责任追查制，凡是在教师绩效评价中造成重大失误的，要追究校长及相关人员的责任；健全考核预告制度、评价结果公示制度、教师申诉、复核制度；充分发挥教代会作用，实现公正、公开考核。再次，可以考虑引进“法团式”的第三方专业机构，由教育行政部门或学校购买服务，委托其制订绩效评价方案、开展教师绩效评价工作；还可建立教师委员会，聘请法律顾问，维护教师正当权益。行政和专业相结合的教师绩效评价路径可增强教师绩效评价主体的权威性、评价方式的合理性、评价结果的客观性和评价工作的连续性，克服高权力距离文化带来的弊端。

（三）发挥集体性评价和选择性激励的作用

在集体主义组织中，成员间互相关心与倾听是自然而然的，这也有利于团队凝聚力的形成。因此，可以顺势而为，在教师绩效评价中适当引入集体性评价和选择性激励。集体性评价就是在绩效考核中融入部分团体绩效标准，从只关注教师个人的教学实践能力变为关注教师集体的教学实践能力，从只评价教师个人绩效到对教师团体（年级组、学科组、教研组、备课组等）绩效进行深入的评价。其理念就在于，教师个体要发挥高质量的教学领导力，需同侪团结协作和集体力量的支撑，且这种以集体为对象的评价不仅不会造成教师之间的竞争状态，还可保证评价最大的真实性。而以集体绩效来反馈，既可维护教师个人情面，又可引起集体性反思，契合于集体主义文化传统。与集体评价相应，对教师团队给予集体激励。梅奥在霍桑实验基础上提出的社会人理论证实，人的工作动力不仅取决于正式组织的激励措施，同时也取决于非正式组织与正式组织目标的吻合程度以及由此基础上对成员所施加的团体压力。不重视集体激励容易造成教师的非合作博弈，以及因服从于非正式组织压力而采取的人力资本“自闭”现象。① 当然，集体评价和激励会带来某些教师“搭便车”的现象，这时选择性激励就很有必要。选择性激励，就是如果成员不参与某一集体行动就不能得到或将失去某些东西。奥尔森选择性激励中的“小组织原理”表明，当教师团体成员不多时，个体的行动会影响集体行动的成败，又因为成员不多，每一个教师的行为都被其他成员所了解，如某一教师不能参与集体行动，或者行动影响了集体的利益，那么该教师就不能获得属于集体奖励中的那一份，甚至还可能被团体边缘化。集体性评价和选择性激励可以充分利用集体主义文化有利于教师绩效评价的因素，在教师中形成一种“竞合”的良性关系，保证教师绩效评价的准确和公正，打破大锅饭的现状。

（四）绩效评价必须促进学校和教师的发展

为解决教师绩效评价中指标过于量化和精确，以及即时性评价与传统文化中低不确定性规避观和长期取向观的矛盾，应该完善评价内容和标准，把教师绩效评价与学校发展、教师发展紧密联系起来。学校不应仅把绩效评价当作工资调整的工具，而要将其看作学校发展的契机，使之与学校的发展规划、整体改革、队伍建设等相关联。评价标准上联学校发展，下系教师专业发展。学校与教师共同制订阶梯式的专业发展目标，把能否实现目标作为一个考核内容，并及时给予建设性、批判性的绩效反馈，促进其清楚自己取得的成绩或存在的问题，认识到自己的努力与绩效之间的关系，从而提高工作效能。教师工作繁杂不定，绩效评价指标很难囊括所有。绩效评价的内容应尽量细致、全面，使教师的业绩有相应体现。同时，在坚持严格师德考核的前提下，在将实际工作与评价标准对接量化过程中，不要过分较真，算得太清，纠缠于细枝末节，指标也不宜过细，须留有余地。不能只坐在办公室里，通过纸面上的数字来评价教师，而应走进教室、课堂，走近教师、学生和家

---

① 杨挺. 教师绩效工资制度审视：人力资本的视角［J］. 中国教育学刊，2010（7）.

长，真实地对教师全面观察和认识。在对那些难以量化的指标考核时，可利用质性评价的典范形式——档案袋评价法，对教师日常工作进行记录归档。考核时，通过对档案袋资料进行整理，从中提炼出有价值的“隐性道德”信息，从而保证对无法外视的品质和过程的有效考评，促进教师工作回归教育本质。

（五）激励形式多样化，重视精神激励

针对阴性主义文化与教师绩效评价中唯薪酬激励的矛盾，在教师绩效评价中应该实现激励性形式和手段的多样化。激励应与教师专业化发展相结合，评价结果不仅作为绩效工资的依据，也要作为教师资格认定、岗位聘任、职务晋升、教师培训等工作的重要依据。人的需求是多层次的，不同教师的需求，教师不同时期的需求也是不一样的，因此，绩效激励要考虑不同发展阶段教师对不同激励的需要。比如年轻教师，尤其是新教师，可能看重薪酬和个人成长，具有专业资本积累的高级教师可能更关注声誉，即将退出职业生涯的老教师可能更在意福利和各种服务。与我国阴性文化传统文化相适应的是，教师激励中应重视精神激励。从长远看，真正激励教师做出最优业绩的是教师体验到工作的成就感、趣味性、挑战性以及责任感。丹·C. 落蒂在其经典著作《学校教师》中用大量研究证实：教师在教学中的成功感和效率感，对其是个极大的推动力。重视教学、重视教学能手、重视庆祝教师和教学成功仪式，能向教师展现一种更加美好、更加令人向往、更加迫切、更具人格成就感的未来愿景。① 因此，在给予教师物质利益的同时，还应给予精神需要上的“符号利益”：感情、权利、信任、尊重、荣誉。相对于物质利益来说，超功利的象征性的“符号利益”代表人类需求更加高级、更有价值的形式。②激励形式的多样化，特别是精神激励的凸显，既满足教师的多样化需要，又

---

① 罗伯特·G. 欧文斯. 教育组织行为学［M］. 窦卫霖，等译. 上海：华东师范大学出版社，2001.

② 戴维·斯沃茨. 文化与权力：布尔迪厄的社会学［M］. 陶东风，译. 上海：上海译文出版社，2006.

适应传统文化土壤，有利于绩效评价功能的发挥。

从传统文化的角度来分析和研究教师绩效评价还是一个相对新的课题。因此，目前我们只能作一个比较肤浅的探讨。但是，教师绩效评价必须与传统文化圆融协调应是一个不谬的命题。期望对这一课题有更加深入的研究，也期待教师绩效能够越来越完善，更有利于教师发展。

第二节　助力女性教师发展

在我国中小学，女教师已真正成为了教师队伍的“半边天”，但女教师的专业发展水平却整体低于男教师。助力女性教师发展是提高教师整体素质的保证。我们拟从社会性别理论视角探讨中小学女教师在专业上的发展状况，揭示女教师在专业发展中存在的问题，旨在建立一个有利于女教师发展的性别文化和社会环境，重构女教师的主体意识，以推动女教师专业价值的充分实现。

一、基于社会性别理论的女教师专业发展困境分析

根据教育部统计数据显示，近几年女教师在中小学教师中所占的比重逐年上升。目前小学专任教师中女教师的比例已超过六成，在初中也超过半数。这些数据是以全国范围来统计的，具体到一些区域可能会存在差异。一般来讲，城市中女教师的比例高于农村地区，发达地区女教师的比例要高于欠发达地区。尽管存在区域上的差异，从整体上可以说女教师已经占据了教师队伍的半壁江山。但是从有关数据和调查来看，女教师在专业发展中整体水平落后于男教师，呈现出数量上阴盛阳衰、质量上阳盛阴衰的状态。具体体现为：一是职称结构中，女教师占比偏低；二是专家型的教师中，女性数量低

于男性；三是女教师教研成果明显低于男教师；四是女教师获得政府性奖励的数量偏低。

尽管全国拥有很多像于漪、李吉林、欧阳黛娜、窦桂梅、张桂梅等这样的优秀女教师，尽管有很多的女教师专业发展水平也高于男教师，但实事求是地说，从全国整个教师队伍来看，女教师的整体发展水平是与男教师有差距的。难道真的“女人天生是弱者”？女教师专业发展问题的症结又在哪里？

发端于美国20世纪60年代的社会性别（gender）理论，是在女权主义运动的实践中发展起来，并对这一运动起着重要指导作用的核心观念体系，它已逐渐发展成为西方学术研究中的一个重要分析范畴。社会性别是相对于生理性别（sex）而产生的一个概念。生理性别或曰自然性别，是指男性和女性在生理上的差异，有时简称性别。例如女人能够产生卵子，男人能够产生精子，一般是不能改变的。社会性别是指人们所认识到的男性与女性之间存在的社会差异和社会关系，即指在一个特定社会中，社会对男女特征、角色、活动、责任的期待和规范。

从总体上看，女性主义的社会性别理论是在肯定男女两性的生物学差异的基础上，强调他们在社会政治、经济、文化等因素的作用和建构下所体现出的社会特征和性别差异。人的社会性别角色不是与生俱来的，生理状况不是妇女命运的主宰，男女性别角色是可以在社会文化的变化中改变的。社会性别理论的出现，使人类认识到女性的社会角色和命运不是由生理决定的，正如该理论的代表人物西蒙娜·德·波伏娃（Simone de Beauvior）所说：“女人并不是生就的，而宁可说是逐渐形成的。”① 社会性别理论对促进男女平等、女性的发展有着理论的指导意义和现实的实践意义。从社会性别视角来看，影响女教师专业发展的因素主要有以下几点。

（一）传统性别文化的负面影响

传统性别文化的负面影响，导致女教师专业发展动机弱、专业期待低，

① 西蒙娜·德·波伏娃. 第二性［M］. 陶铁柱，译. 北京：中国书籍出版社，1998.

专业自觉丧失。自古以来人们就认为男女具有截然不同的性别特征。在中国传统文化中，男女关系虽然一直被视为阴阳协调的互补关系，但“刚”“强”“尊”“贵”等阳性特征是属于男性的，“柔”“弱”“卑”“下”等阴性则被视为是女性的特征，前者一向被认为更有价值。“男尊女卑，男强女弱”成为中国传统性别文化的核心。《周易》就称“乾刚坤柔”，“夫乾，天下之至健也。夫坤，天下之至顺也”。乾代表的是男性，坤代表的是女性，对男性的要求是强健，而对女性的要求则是柔顺。在西方文化传统中，自近代确立了主体与客体、知者与所知之间的二元划分，这种二元图式便规定了世界对立和差异的秩序，将心灵与肉体、主体与客体、理性与情感、文化与自然等对立起来，又将它们分别与男女两性相对应，并赋予前者以更高的价值。可以说“男强女弱”“男尊女卑”这种千百年来形成的性别观念已深深地植根于人类的心灵之中，并成为人类行为的标准。

传统性别文化对女教师的专业发展带来严重的负面影响。首先，它使整个社会缺乏重视、扶持、鼓励女教师积极进取的舆论氛围，女教师失去了专业发展的社会基石。社会舆论、影视媒体，甚至中小学教材中都充满了对女性的歧视。杨洁等通过对小学语文教材人物的性别分析，发现长期以来教材是“社会性别刻板印象的直接映射”。[①] 有人对过往使用的中小学语文教材中的教师形象进行统计分析，发现教材在渗透性地宣传“男性中心论”。[②] 调查研究还表明家长对女教师的印象是“发展机会几乎很小”“特别古板”“专业教育程度不够高，教学方法不够创新，抹杀了小学生的创造力”。家长、学生对自己期望的女教师的形象描述，基本上都是“漂亮”“活泼”“温文尔雅”“有气质”等极富女性色彩的词语。[③] 可见社会已天然地认定“女教师”不如“男教师”。正如 W. F. 费鲁多所说“社会不强调女性在智能和领导能力方面

---

① 杨洁，吕改莲. 社会性别刻板印象的映射：对小学语文教材课文人物的性别分析［J］. 心理学研究，2002（4）.

② 姚羽. 传统小学女教师形象透视：一种性别视角［J］. 上海：上海教育科研，2005（5）.

③ 姚羽. 传统小学女教师形象透视：一种性别视角［J］. 上海：上海教育科研，2005（5）.

有较高的成就愿望”。①

其次，传统的社会性别观念弱化了广大女教师专业发展动机、专业自觉性和专业发展的期望值。专业自觉是教师专业发展的原动力，成就动机与成就期待往往与专业发展的水平成正相关。“男强女弱”的性别观念，深深地积淀在人们的头脑中，先入为主地影响着人们对女性能力的评价、业绩的褒贬，由此形成了女教师在职业发展中的低职称、低职务状况，而这些问题又反过来导致社会、学校和家庭对她们社会角色的低期待，间接地影响和制约着女性的自我概念和自我目标的定位。研究表明，女教师自我概念的内涵更偏向于传统女性，即使是那些有天赋又很喜欢从事教育教学的女教师也往往对自己的能力缺乏足够的自信，在相当程度上保留着“男性应比女性强”的传统观念，认为如果自己获得和男人同样或更高的成就，就跨越了“自然”的界限。她们往往处于对事业成功的渴望与怕成为“女强人”“铁娘子”这类同传统观念相悖的矛盾之中，因为传统观念将女性的价值局限于家庭范围之内，而不认同其在事业上的发挥。在现实生活中，一个“女强人”往往被看作失去了女性的魅力，不是一个“纯粹的女人”，“人们不再把你当作一个‘女人’”，“同时，你还必须为这种种不‘公正’承担全部责任：是你‘异化’、是你‘男性化’”。② 这就造成了女性对事业不敢追求、不敢努力，以牺牲和男性同等人生价值的极高代价，来换取生存环境的太平、安全与和睦。在实际教学工作中，则表现为安于现状，缺乏奋斗进取的意识，产生“能在社会中有个立足之地就不错了”的思想；有的甚至有了发展的机会也主动放弃。英国的艾华（Harriet Evans）博士直言：“中国人爱把事业成功的女人叫作女强人，认为这些事业上特别成功的女人缺少女人味。我觉得这种观点对女性是一种压迫。”③ 格莱泽（Glazer）和斯莱特（Slater）也一针见血地指出：“对男人而言，追求成功之心得到赞美，被看作是健康的雄心壮志；对女人而

① 袁振国，朱永新. 男女差异心理学［M］. 天津：天津人民出版社，1989.

② 李小江. 女性？主义：文化冲突与身份认同［M］. 南京：江苏人民出版社，2000.

③ 艾华，李银河. 关于女性主义的对话［J］. 社会学研究，2001（4）.

言，这种追求遭到鄙弃，被认为缺乏女人味……这种观念弥漫在职业生活的所有领域，而且和职位提升有着直接的联系。”① 景怀斌研究表明，受过高等教育的男性的成就动机显著高于相应水平的女性，特别在 31 岁至 40 岁年龄段以前，男性成就动机呈稳定的上升趋势，女性则相反。② 这一研究结果客观地反映出女性教师的成就动机较男性低。另一项调查研究发现，在每个年龄段上，男教师对工作的期待值均高于女教师，与之相对应，学术成就、职称亦如此，其结论是女教师对工作的低期待是影响她们充分参与教育教学活动的最大因素。③

（二）刻板的性别角色分工

刻板的性别角色和性别分工，使女教师承担了双重负担，挤兑了她们专业发展的大量时间和精力。“男主内，女主外”一直是人类社会中男女性别角色的定位和分工。如果说传统女性成为男性的附庸，扮演着“贤妻良母”的单一角色，承担着“相夫教子”的单一职责，那么，现代女性在取得了职业和经济上的独立，结束了对男性的依附状况，获得了自我解放和人格独立的同时，也背上了沉重的负担：既要“主内”——操持家务，又要“主外”——参加社会劳动。因为时至今日，刻板的社会性别角色和性别分工，依然没有多大改变。有关调查显示，57.7％的人认为男性在两性关系中地位优越，51.1％的人赞同“男人以社会为主，女人以家庭为主”，72.8％的人认为“丈夫的成功就是妻子的成功，妻子要全力支持丈夫”。④ 第二期中国妇女社会地位调查报告显示，有 53.9％的男性和的 50.4％女性对传统性别分工模式表示赞同。上海市妇联公布的“上海妇女社会地位调查”结果也表明，

① Glazer M，Slater M. Unequal Colleagues：The Entrance of Women into the Professions，1890—1940 [M]. New Brunswick，New Jersey，Rutgers University Press，1987.

② 景怀斌. 中国人成就动机性别差异研究 [J]. 心理科学，1995 (18).

③ 强海燕，张旭. 从社会性别角度探讨女大学生和女教师的发展：中加“妇女与少数民族教育”项目部分内容介绍 [J]. 妇女研究论丛，2001 (5).

④ 中国伙伴关系研究小组. 阳刚与阴柔的变奏：两性关系和社会模式 [M]. 北京：中国社会科学出版社，1995.

53.9％的男性和50.4％的女性赞成“男主外，女主内”。在碰到家庭和事业矛盾时，56％的女性“说不清”应该怎么办，26.7％的女性选择“牺牲事业”，13.8％的女性选择“牺牲家庭”。① 在女教师面前，情感与事业之间更不容易获得平衡，两者兼得。中加合作的“妇女与少数民族教育”项目中反映出，“男女教师对传统的性别观念显示出了令人惊讶的接受程度，大多数人都认为男女的分工是合理的，是基于男女的生理差异，而且由于中国近现代特殊的历史进程，年轻男女教师在性别观念上表现得更趋保守”。陈霞通过对江西省中小学教师的调查研究发现，90％的教师认为女性可以为了家庭作出事业上的牺牲；在“女人最大的幸福就是找个好丈夫”这一看法上，57.6％的教师赞同；76.2％的男教师与超过半数的女教师认为，母亲最重要的任务是照顾家庭、教育孩子。②

第二期中国妇女地位调查报告还显示，女性为家务劳动的主要承担者。家庭做饭、洗碗、洗衣、打扫卫生等日常家务劳动85％以上主要由妻子承担。女性平均每天用于家务劳动的时间达4小时14分钟，比男性多2小时41分钟。有文章显示，高校女教师中的85％承担了购物、做饭、洗衣、打扫卫生等家务。③ 还有调查表明“每天用于家务劳动的时间2小时以上”的女教师有64.5％，而男教师只有26.7％。④ 上海市教育系统妇女委员会2003年发布的“上海高校女性人才的研究与对策”中显示，家庭中主要由妻子做家务的占了被调查者的66.1％，主要由丈夫做家务的仅占11.4％。有54％的高校女教师认为“家庭与事业难以两全”是阻碍她们事业成功的最大障碍。⑤ 工作条件相对优越、社会地位相对较高的高校女教师尚且如此，工作条件和社会地位远不如高校女教师的中小学女教师的情况就更不容乐观了。

---

① 上海妇女社会地位调查［EB/OL］. http：//wdance99. myetang. com/7se/lovesky/1003－x18. htm. http：//www. china-woman. com/gb/2002/01/29/zgfnb/lxlt/1. htm.

② 陈霞. 教师性别意识现状调查分析［J］. 黑龙江教育学院学报，2007（9）.

③ 黄慧芳. 论“中国高校女教师多重角色困惑”之实质［J］. 上海高教研究，1996（5）.

④ 樊秀娣. 高校女教师婚姻、家庭与事业［J］. 人才开发，2000（7）.

⑤ 上海市教育系统妇女委员会，上海市教育工会女教职工委员会. 上海高校女性人才的研究与对策［J］. 教育发展研究，1992（52）.

可见，刻板的性别分工使得女教师承担着大量较低层次的家庭义务和家务劳动，也使得她们在事业和家庭的矛盾性选择中处于一种尴尬状态：“当她们想成为独立自主的人时，就被社会排斥出正常女人的领域；当她们成为好妻子好母亲好女儿时，就成为远离独立自主的人。”① 繁重的家务劳动，使得女教师谋求专业发展的时间和精力不得不被挤掉，直接阻碍她们自我完善和实现发展。女教师不仅被家务劳动所拖累，而且在精神上也承受着巨大的压力。由于“贤妻良母”作为一种获得了普遍认可的女性形象深深地印刻在人们的脑海中，成为评判女性的一个重要标准，如果女教师不能兼顾事业与家庭，不符合这一标准，内心就会承受来自各种舆论的巨大压力。因此，任何一个不想违背社会传统又不愿失去发展机会的女教师，都不得不肩负起照顾家庭和追求事业的双重重任，角色冲突使她们身心疲惫。中国人民大学公共管理学院人力资源研究所和新浪教育频道联合启动的“2005 年中国教师职业压力和心理健康调查”显示：被调查者中 69.4%的女教师反映有较大的职业压力或心理健康问题，其中，中学女教师的问题尤为严重。② 正如赫伯·戈德伯格和汉瑞特·布莉卡所指出的：“奋力想要兼顾事业和个人生活的女性，常常陷入两难的困惑中并为此付出巨大的代价，无论如何总有一方落败。如果把事业摆在第一位，全力以赴，往往觉得愧对家庭，或是牺牲了个人健康和美好的生活；相反地，如果全力奉献给丈夫、孩子，又似乎平白断送了大好事业前途。”③

（三）以男性为中心的人事结构

学校以男性为中心的人事结构导致女教师缺乏专业话语权，专业发展受到限制。学校是教师安身立命的地方。按照教师专业发展生态取向的观点，学校是教师专业生涯的主要环境，同事是教师专业生活的主要合作伙伴，学

---

① 李慧英．社会性别意识与人的主体性［J］．方法，1998（11）．

② 2005 年中国教师职业压力和心理健康调查［EB/OL］．http：//edu.sina.com.cn/l/2005－08－26/1106125867.html．

③ 戈德伯格，布莉卡．阴阳合璧男女之间［M］．李荫涛，等译．北京：学苑出版社，1989．

校组织和学校同事对教师专业发展具有重要意义和作用。从目前情况来看，尽管女教师日渐增多，但学校的人事环境依然还是以男性为中心，存在着严重的性别不平等现象，阻碍了女教师的专业发展。

首先，女教师缺乏专业话语权。有研究表明，许多女教师不信任或贬低教育行政职务，更愿意待在教学岗位上，而且在向科层组织的上层升迁的时候，常会遭遇到“玻璃天花板（glass ceiling）”效应。而男性常常主动谋求教育管理的职位，他们所经历的却是一种“玻璃扶梯”效应。根据教育部统计数据，2002 年全国小学行政人员中，女性只占 24.56%，普通中学这一比例为 21.54%；2003 年这一比例分别为 24.74%和 21.35%。可看出学校仍然是男权制的组织。学校的性别劳动分工，使男女教师在权力控制与自主性方面呈现差异。由于性别角色的刻板印象定位，男性被假定为具有管理、控制女教师的权力的人，而女教师必须服从于学校的规范和男性的权威。由于拥有较少的职业选择机会以及对男权制的逐渐适应，女教师就此成为被严格控制的对象。女教师没有权力决定其教学活动的目的，只是执行别人制订的目标。校长在考虑学校政策时，更多听取男教师的意见。“女教师们既无权影响学校中的事务，也无权影响教室中的事务。”在教学评价中，女教师常常处于被压抑的处境。评价过程对女教师来说就是一种性别体验的过程，由于评价者主要是男性管理人员，评价时，女教师常常感到她们必须遵照某种模式来行事，这样就使得评价实际上变成了一种控制。

其次，教研室成为男教师文化的领地。教研室不仅是教师休憩的场所，更被建构为一种教师专业发展的重要资源。哈默斯里（Hammersley，1984）指出，教研室中的信息交换能够帮助教师保护其职业认同感并且帮助他们对于教学过程中的遭遇的控制①。伍德（Woods）的研究指出，教研室可能是在暴风雨的海洋中的避难所，它排除出学生以形成教师独立的空间，用以保持他们的自信心。然而，这个场所也在性别的基础上被区域化，在那里，男教师对女教师不断施加控制。英国社会学家伯格斯（Burgess）的研究发现，在

① 石艳. 学校空间与不平等性别关系的再生产［J］. 当代教育科学，2007（15）.

教研室，女教师经常被男教师嘲笑，并且女教师经常是被诙谐的对象，① 也是教研室卫生事务的主要承担者。因此，教研室对于不同社会性别的男女教师而言性质是不同的。对于男教师而言，教研室是个专业发展的资源；但是对于女教师而言，教研室却没有为她们提供相同的好处。更重要的是，男性利用男权制的文化资源对女教师施加控制，他们组织教研室自身的空间资源，去符号化地反映他们的控制地位。比如男性往往更多地占有教研室的设备设施及图书资料。教研室不平等的性别关系更反映在对于信息的占有量上。教研室是一个重要的非正式的信息的交换网络，内容可能会涉及专业的前景、学校的政策、个人在学校中的未来等等，男教师总是具有比女教师更为明显地获取这些信息和生产这些信息的权力，许多女教师常被从信息资源中排除。

再次，女教师缺少专业发展的机会。世界银行《2006 年世界发展报告》指出，公平不等于收入的平等，不等于健康状况的平等，也不等于任何其他具体结果的平等，而是一种对机会均等状况的探求。在这种状况下，个人的努力、偏好和主动性，而不是家庭背景、种族或社会性别，成为导致人与人之间经济成就不同的主要原因。但是，受传统性别观念的影响，女教师的教育教学能力常受到学校、社会的怀疑，它们刻板地认为女性的天职在家庭，女性的事业心比男性差。因而，学校、教育部门在对教师的继续教育和智力投入上，往往偏向于男性，在安排关键岗位、在职学习和培训、考核晋升时，女教师往往被放在最后考虑。第二期上海妇女社会地位调查发现，在近三年参加过培训或进修的城镇人群中，其最近一次培训或进修的经费支出得到单位或政府部门等方面资助的，男性中占 75.7%，女性中占 64.6%。② 有人对广西高校女教师的调查显示，91.5%的女教师都希望能去学习进修，但是 58.5%的女教师在近五年内没有获得过进修学习的机会。在学术活动方面，有 55.5%的女教师近三年没有参加过专业学术会议，但是他们当中 93.3%的

---

① 石艳. 学校空间与性别不平等的再生产 [J]. 当代教育科学，2007 (15).

② 调查研究：性别差异与教育的第二次投资 [EB/OL]. 上海市政协网站 http://www.justice.gov.cn/epublish/gb/paper194/200311/class019400002/hwz653794.htm.

人都希望能去参加专业的学术会议。[①] 可见，女教师在专业发展的机会上与男教师相去甚远。

可以这样说，学校人事结构复制着男权制的家庭结构，教研室中的事务复制着家庭事务的模式，也复制着压抑自由和行动的女性身份认同，它确保了男性文化的权威，也决定了女教师的从属地位。女教师在学校中的处境注定了她们在专业发展的道路处于“第二性”。

（四）公共政策上的性别意识缺失

教育公共政策上的性别意识缺失，以及女教师主体意识、自身素质等主观因素也在妨碍着她们的专业发展。公共政策是政府及其立法机构制定的对公众利益和公众行为的规则和分配。但是，我国现阶段很多公共政策还缺乏性别意识。表现在教育领域，最大的一个问题就是女教师的平等劳动权缺乏政策的有力保障。女教师与男教师具有同样的学力、能力和健康，却仅仅因为性别的不同就要提前五年退出职场，一大批教学经验丰富、专业水平较高的女教师由此流失。其次是对于教育教学的一些岗位，缺乏鼓励女性进入的政策。例如教育行政岗位一直就是“男多女少”，甚至是“和尚班子”；一些教学专业委员会、教育评估机构都缺少女性的介入，致使在教育决策中，很少有女教师的声音。再有则是中小学课程计划与课程标准没有性别平等的内容，导致教材隐含性别歧视。教育史、教育哲学、教师教育等学科的课本以及行政管理手册当中几乎没有女教师的内容。教育公共政策中性别意识的缺失影响到女教师的专业发展。

据中国妇女社会地位抽样调查数据以及各种局部调查数据，当代中国知识女性的主体意识整体上尚处于唤醒期和成长期。女性的主体意识即女性作为主体在客观世界中的地位、作用和价值的自觉意识。作为当代知识女性的一部分，很多女教师不能突破社会所设置的行为框范和自我的精神束缚，恪守着男权社会强加于自己的不平等的戒律，认同社会所期待的女性性别角色，

① 刘华钢，陈媛，秦桂秀，等. 广西高校女教师发展的状况：一种社会性别视角的审视与思考 [J]. 高教论坛，2006 (8).

努力让自己的思维方式和行为模式与社会文化的要求相符；同时，一些女教师自身素质也还有待提高。以上这些都阻碍了她们的专业发展。

二、基于社会性别理论的女教师专业发展策略

女教师的专业发展，有赖于整个社会的深刻变革，有赖于学校和谐环境的建构，更有赖于女性自身的奋争。从社会性别理论来分析，克服女教师专业发展的阻碍，走出发展的困境，应采取以下策略。

（一）建构新型的社会性别文化，为女教师专业发展改善社会文化环境

社会性别理论认为，性别观念并非由两性的自然差异天然形成的，而是由社会的各种力量共同建构的。传统的性别观，使女教师的专业发展无法具备良好的环境，得不到社会的广泛支持。要使女教师的专业得到长足的发展，必须建立现代的、新型的、先进的性别观念。《中国妇女发展纲要（2001—2010 年）》中明确提出，“制定具有社会性别意识的文化和传媒决策”，“增强全社会的社会性别意识”，“为妇女发展创造良好的社会环境”，这是向传统性别分工和观念提出的挑战。当然，思想观念的建设是一项长期的工程，不可能在短期内完成。当前，建构先进的性别观念要做到四个必须：必须大力宣传有利于男女平等的马克思主义妇女观；必须加快发展有利于培育妇女“四自”精神和主体意识的现代教育；必须建立健全有利于妇女发展进步的制度文化；必须努力营造有利于实现男女两性和谐发展的舆论环境。在先进性别观的建构中特别要发挥大众传媒的积极作用。在中国进入文化上的大众时代之后，大众传媒就开始了对社会观念和生活的全面介入。大众传媒的强大话语霸权在对性别观念的建构中有着突出的作用。正如凯瑞（James W. Carey）有关文化传播理论的阐释，“现代传媒的首要的文化功能，便是选择建构社会知识和社会影响。大众传媒所进行的传播不仅仅再现了社会性别的状况与地位，反映了社会的价值取向和意识形态，同时媒介传播本身也参与了社会性

别的建构过程”。① 因此大众传媒应该担负起社会责任，客观地看待当前社会性别的现状，为建构先进的性别观而努力。一是提高大众传媒的管理者、制作者和传播者对性别平等的认识，增强其推动先进性别文化构建的社会责任感。二是政府应制定和实施具有性别平等意识的法律和政策，规范大众传媒的内容和传播方式，防止产生不利于平等和谐的性别关系的社会影响。三是通过现代的、易于为大众接受的方式，对社会公众进行性别平等的宣传倡导，使性别平等的理念能够深入人心，为促进性别平等与妇女发展创造良好的社会和文化环境。尤其是宣传和介绍各级党政部门在重视和培养女教师方面所推行和采取的各项政策和措施；宣传和介绍教育系统所涌现出的女性先进典型，扩大女教师的社会影响，提高她们的知名度，形成有利于女教师健康成长的社会支持系统。

（二）将社会性别纳入教育决策主流，为女教师的发展提供政策支持

联合国第四次世界妇女大会通过的《行动纲领》明确了社会性别主流化，并将以此作为提高两性平等的一项全球性策略。所谓社会性别主流化是指在各个领域和各个层面上评估所有有计划的行动（包括立法、政策、方案）对男女双方的不同含义。作为一种策略方法，它使男女双方的关注和经验成为设计、实施、监督和评判政治、经济和社会领域所有政策方案的有机组成部分，从而使男女双方受益均等，不再有不平等发生。将社会性别纳入教育决策主流，以实现男女平等的最终目标，要采取多方面的有力措施。一是要切实提高教育行政决策者的性别平等意识，采取有效的措施扭转教育领域对女性根深蒂固的偏见和歧视；审视清理和修订现行教育政策和法规中性别歧视和性别盲点的内容，比如退休方面的政策。二是教育行政部门要将性别意识纳入教育立法、教育政策中，并在具体的项目和方案中加以实施；制订符合教师教育发展潮流的、更为积极的女教师发展目标；认真分析相关政策对男

---

① 刘利群. 社会性别与媒介传播［M］. 北京：中国传媒大学出版社，2004.

性和女性的不同影响，特别应分析那些表面“性别中立”的政策和措施在实施中是否造成女教师的机会不平等；现阶段对女教师专业发展的政策应该确定公平加优先的取向，而不是平等基础上的竞争。三是建立监控性别平等的指标系统，即用实际数据来说话。四是让更多妇女参与教育的决策，在各种教育专业委员会中增加女性的名额；教育主管部门要把那些在各方面比较优秀的中青年女教师，提拔到学校领导或中层干部队伍中来。五是对涉及男女教师发展公平的政策，不应该只是倡导性的，而应该是强制性的。六是将性别意识纳入教师教育的内容。

（三）营造良好的学校生态环境，为女教师专业发展打造平台

中小学校要根据女教师的生理与心理特点以及成才规律，在生活上关心她们，在政治上和业务上充分信任她们，切实为她们的成才创造良好的条件。一是要建立民主平等和谐的校园文化。广大教师和领导应树立起社会性别意识；高度重视女教师在学校中的地位和作用，大力宣传推介学校中的先进女性；校园景观的设置要凸显性别的多元化，为女教师的发展营造一个良好的微观社会环境。二是创设人文关怀的组织支持系统。大力吸收女教师进入学校管理层，鼓励女教师积极参与学校事务；支持并保证女教师申诉渠道的畅通；发挥党、团、工会、女工委，各民主党派组织以及后勤部门的作用，使之成为女教师专业发展的“加油站”，在减轻女性家务劳动、处理婚姻家庭矛盾、职务晋升、职称评定、女性权益保护方面成为女教师的保护神；积极建设教学基层组织，提高女教师在其中的地位和作用；甚至还可成立专门负责男女平等发展计划的机构，实施有关女教师发展的战略。三是建立健全科学的工作支持系统。建立科学合理的管理机制和有效的激励制度，积极创造条件满足女教师的合理需求，为女教师创造展业发展的机会和条件；教务运行应按和谐、无性别歧视的原则建置；加强对女教师的传帮带，切实解决她们在教学、教研中的实际问题；鼓励和支持女教师进修、培训、深造，参与校本研究和教学交流；在教师评价中可以借鉴企业的做法，引进绩效管理体系，给女教师制订 SMART 原则的工作目标，并通过适当的指导、反馈来为她们

提供支持。四是加强对女教师的性别意识教育。学校可以通过女性专题讲座、女性沙龙、继续教育等形式，以及各种活动载体，对女教师进行性别意识教育，唤醒其性别平等意识，帮助其正确认识自我，增强发展的动力和信心。

（四）自我赋权，实行家务劳动社会化，实现女教师的自由全面发展

波伏娃说："女人仍然可以随心所欲地自由改造女性气质这个概念。"① 她强调社会性别体系中的外在条件在女性发展中的作用，但外在的条件并不是唯一的因素，女性内因也起很大作用。"当她成为生产性的、主动的人时，她会重新获得超越性；她会通过设计具体地去肯定她的主体地位。"② 女教师在专业发展过程中除了社会、学校给予良好的环境支持外，也必须树立主体意识，不断提高自身素质。一是女教师要自我赋权。自我赋权就是女教师在社会、学校、家庭的工作和生活中拥有自我的决策权利，能够获得知识、资源，能够表达自己的思想，具有选择的能力，自信、自尊，能够支配自己的生活，掌握自己的命运的过程。自我赋权以改变权利关系为前提和条件，以增加权利拥有者的能力为目的，这种能力是一种不受他人支配的能力，是支配自我生活的能力，而并不是一种支配和统治他人的能力。这种权利包括对生活的选择权，和通过掌握关键性的物质及非物质资源来影响社会变革方向的权利。可以说，女教师的自我赋权就是要打破传统社会性别文化的束缚，对传统"妇女"话语进行否定与背弃，树立平等的社会性别意识，以认识到自己作为人应具有的主体性。女教师的自我赋权，一方面有利于消除不公平的性别角色定型，使女教师从性别角色的成规定型中解放出来，从而使自身实现解放，更重要的另一方面是有利于促使广大女性关注自己、关注女性群体，以自尊、自强、坚韧、勤奋、无私无畏的精神，树立积极进取的女性群体形象。其次

① 西蒙娜·德·波伏娃. 第二性［M］. 陶铁柱，译. 北京：中国书籍出版社，1998.

② 西蒙娜·德·波伏娃. 第二性［M］. 陶铁柱，译. 北京：中国书籍出版社，1998.

是要实现家务劳动社会化。“妇女的解放，只有在妇女可以大量地、社会规模地参加生产，而家务劳动只占她们极少功夫的时候，才有可能。”① 家务劳动社会化，是对“男主外，女主内”的传统观念和家庭角色定型的消解，鼓励男女都参与家庭建设和家务劳动，使男人和女人都能有更多的选择、更默契的合作和更真诚的尊重，实现第四次世界妇女大会提出的“分一半家务给男性，分一半权利给女性”的口号。家务劳动社会化是女教师实现自由发展的重要途径，也是缓解女教师双重角色冲突的关键。它能激励女教师摆脱角色冲突和困惑，在教育教学工作中更好地施展自己的才华。

女教师的专业发展关系到整个教师队伍的素质，关系到整个国家的教育质量。从社会性别理论的角度来分析探讨女教师专业发展中存在的困境和应对的策略，可以为实现女教师的专业发展提供一个新的视角。相信通过各个阶层，各个相关主体的努力，女教师最终能够实现全面而自由的发展。

第三节　建构性别均衡生态

大量数据表明，在目前的中小学中，男女教师的比例严重失衡，表现为女多男少，男教师的数量占教师总数的比例极小。尤其是在城市地区，以及初中以下学段的学校，“男教师告急”“找个男教师就如同寻找大熊猫”，成为中小学男女教师比率的真实写照。早在 2004 年，《环球时报》援引德国学者玛丽·罗格的文章，认为中国小学男教师占比普遍不足 10%；辽宁省教育厅教育信息中心提供的数据显示，2004 年时，该省小学女教师整体比率已接近 70%；2006 年北京市义务教育教学质量监控与评价报告显示，中小学教师中女教师比率高达 81.3%，男教师比率仅为 18.7%；上海市妇女儿童工作委员会公布的《上海儿童发展“十一五”规划中期评估报告》披露，上海市小学

① 马克思，恩格斯. 马克思恩格斯选集：第 4 卷［M］. 北京：人民出版社，1972.

男教师占比为21.2%。《人民教育》数据显示：截至2010年，中小学专任教师队伍中，女教师占教师比率已达53.7%。[①] 中小学教师性别比例失衡是世界范围内一个较为普遍的现象。联合国教科文组织根据1999年和2000年的数据对比发现：1990年以来男女教师数量发展的趋势是，几乎所有国家的女教师占比数量都增加了。根据《美国教师形象—2005》提供的数据来看美国的情况，可以发现美国公立学校的师资力量正在趋于女性化。据美国2007年全美教育学会统计，男性教师的数量处于40年来的最低点。在全国300万名教师中，男性仅占1/4；这一问题在小学里更为严重，男教师仅占到9%，远低于1981年的18%。[②]

教师的角色早已超越了知识传授者的范围，他们对学生品格养成的影响力无疑发挥着巨大的作用。教师性别比例的失衡给教师自身的专业发展、学校的教学管理、学生的健康成长带来严重的负面影响。正如美国“男性教师网站”的创办人布赖恩·纳尔逊所说，如果美国的课堂缺少男教师的声音，对孩子而言是一种损失。[③] 因此，采取有效措施建构性别均衡和谐的教师生态，应成为教师队伍建设的一个重要议题。

一、教师性别均衡与教师专业发展

男女有别，不仅仅是社会文化的概念，也有着自然存在的意义。性激素的分泌差异决定了男女两性差异是客观存在的，是永恒的。这种差异是两性和谐的生理和心理基础，如果没有了阴阳互补，正负相吸，人类生态将各自为政，各不相干，互相排斥。正因为二者的差异，世界才丰富多彩，人类才和谐美满。两性互补，是大自然的法则，是人类延续、进步的基础。

---

① 胡振京. 中小学教师性别比例失衡的现状、影响与对策［J］. 人民教育，2013（Z1）.

② 全美教育学会. 教师职业女性化趋势持续　美国学校缺少男教师［J］. 世界教育信息，2007（12）.

③ 全美教育学会. 教师职业女性化趋势持续　美国学校缺少男教师［J］. 世界教育信息，2007（12）.

性别均衡，是人力资源上的一个议题，指的是在一个区域或组织机构中，作为劳动力的男、女人数处于相对平衡的比例。在经济社会中，性别均衡体现为促进男女之间性别激励、优势互补、合作发展的最优的经济导向，排除由于不协调发展造成性别资源不能有效组合，以及性别之间彼此拉动不力的经济后果。人类发展史与当代社会现实都表明，人力资本与生产能力的性别失衡，或者对进入生产领域实行严重的性别隔离，都会带来明显的效率下降与巨大的经济损失，进而制约社会福利总量的增长速度，其结果又导致对社会成员资源分配的不公。①

学校作为社会的一个特殊组成部分，其人力资源——教师的生态应该性别均衡。但现实却是中小学教师中教师性别严重失衡，阴盛阳衰，女教师甚多，男教师甚少。“社会的进步可以用女性的社会地位来精确地衡量”，中小学教师中女性的增多，说明社会的进步，女性社会地位的提高。但是，中小学里女教师几乎“一统天下”的生态，给教师专业发展和学校管理带来了许多负面影响。

随着教师教育的进一步深化，人们越来越认识到教师的专业发展单凭个人的努力很难实现，因此越来越关注教师间的互动与沟通、合作与交往。教师专业发展共同体因此成为教师专业发展的重要组织形式和发展模式。正如托马斯（Thomas）所指出的：“教师专业发展思想的一个重要转向就是将关注的重心从‘个人化的努力’（individual effort）转向‘学习者的共同体’（communities of learners），在共同体中，教师通过参与合作性的实践来滋养自己的教学知识和实践智慧。”② 教师共同体突显人与人之间的合作对话、共生、共享、共发展的理念。在其中，教师以自己的教育生活及专业发展过程中的各种问题为背景和情境，真实地展示、表达自我，合作完成教育教学实践工作。作为成员，教师借助彼此的力量、资源，在专业发展中取长补短、互通有无，相互关怀与促动，将原来孤立的个体性主体成长转变为交互性主体成长。教师融入共同体，既可由此获得心理上的支持，又能在视界融合中

① 叶文振．论性别和谐［J］．中华女子学院学报，2008（12）．

② 衣庆泳，周成海．专业共同体：教师发展的组织基础［J］．教育科学，2007（2）．

形成新的思想，汲取更多的营养，最终实现全体可持续的专业发展。教师共同体在教师发展中起着重要作用，但它必须以共同的目标、开放的姿态、民主的管理、人心的凝聚、稳固的组织为基础，否则其作用很难真正发挥；而共同体中性别均衡则是这基础中的柱石。柏拉图曾说，很早的时候，人都是双性人，身体像一个圆球，一半是男一半是女，后来被从中间劈开了。所以每个人都竭力找回自己的另一半，以重归于完整。与柏拉图的认识相似，荣格认为人类有两个最基本的原始模型：阿尼玛（anima）和阿尼姆斯（animus）。前者为男性的女性特征，后者为女性的男性特征，即“男性的女性意向”和“女性的男性意向”。因此，可以这样说，无论男女，其内心世界都是不完整的，都渴望着异性之间的互补完善。两性是一种互相依存、互相融合、互相促进的关系，是一个不可分割的整体。由于这种互补性，基于两性关系之上的合作倾向成为人类具有生存价值的特色。心理学的研究和现实都表明，在单性别的生态中，人们往往感到枯燥无聊，工作效率低下，而在男女均衡的环境中，却身心愉悦，工作效率高。俗语简洁而形象地将此概括为“男女搭配，工作不累”。社会心理学上将此种现象称为“异性效应”。异性效应，实质是异性相处时引起的心理变化对活动的积极作用。在一个性别均衡的教师专业发展共同体中，异性效应发挥着诸多作用。一是凝聚：成员彼此找到一定的情感依托，从而增进友谊感、荣誉感和吸引力，强化共同体的稳固性，不至于因一时的困难或矛盾而松散甚至解散。二是推动：不同性别的教师在共同体中，为获得异性的尊重和关注，将比在个体或单性的环境中更加积极进取，更愿意和能够最大程度地发挥自己的优势和潜力，提高学习和研究的效率。三是约束：由于有着异性的关注，教师在共同体中，会有意无意地约束自己的言谈，规范自己的行为，使自身的言行更趋于符合专业道德和伦理的要求。四是感染：男女教师在共同体中，将自身性别的人格特征，以及由性别差异而形成的专业特长和优势向对方展示、表达，男女双方通过交往和接触，有意识地互相学习或潜移默化中感染，使各自的人格得以完善，专业得以发展。

在性别结构严重失衡的中小学校，教师性别极度单一，男女教师之间的合作互补、两性之间的异性效应很难得到发挥。由于女教师高度集中，团体内部往往矛盾丛生，互相猜忌，人际关系恶劣，内耗严重，共同体很难维系，不利于优秀教师文化和学校文化的形成，当然也不利于教育教学工作的开展。而男教师在这种畸形的单一性别环境中，被边缘化，失去归属感，难以对自己所从事的工作产生认同感，会认为自己选择教师职业是“进错了门，入错了行”，自我效能感、自我评价减低，心理压力增大。在此心态下，男教师不安心于当前的教师职业，一门心思在于如何逃离教师队伍，对教育教学工作得过且过，遑论自身的专业发展。同时，由于男教师的缺乏，女教师不得不承担起一些需要男教师承担的任务和职责，女教师为了使自己“更像”男教师，在行为、言语甚至心理上出现“男性化”；而在群体中属于“弱势群体”的男教师，因为长期处于女性为主的环境之中，男性气质日渐消磨，行为、言语和心理都渐趋“女性化”。无论是女性的男性化，或者男性的女性化，都是不正常的，都影响到教师专业、心理的健康发展。

教师性别的均衡也影响到学校的管理。一些研究证明，增强多元化和包容性是全球化时代人力资源管理的发展趋势。一支经过良好管理的多元化团队，其创造性强于同质性的队伍。异质团队以属性的多样性为特征，能够培养出多元化和包容性的文化氛围，使员工充分发挥个性和团队的合力来实现组织共同的价值观和发展目标。但是，由于学校中女教师占绝大多数，很难形成一种“异质团队”，多元化、包容性的校园文化难以形成，学校共同的价值观和发展目标难以得到认同。另外，由于女教师众多，许多学校在一些具体的事务管理上也出现严重问题。如有报道称有学校因为女教师太多，怀孕哺乳的人员扎堆，学校找不出人来顶替因怀孕哺乳而休假的教师的教学工作，最后只能采取排队怀孕的下策。①

---

① 学校性别比例失调　女教师要排队怀孕［EB/OL］.［2006－03－31］. https：//news. sina. com. cn/s/2006－03－31/03238573077s. shtml.

二、教师性别均衡与学生成长

中小学校教师“女多男少”带来的最大最严重的问题是影响学生尤其是男生的健康成长。

进入21世纪，人们越来越发现，在中小学教育中，“阴盛阳衰”“女强男弱”的现象越来越严重，一些学者已经在关注、研究和呼吁解决这个问题，甚至提出了“拯救男孩”的口号。基础教育中的“男生弱势”问题，主要表现在以下几个方面。第一，“男生不男”，“男生女性化”的倾向严重。男生男性气质弱化，缺乏传统意义上与男性相关的能力与品质，如坚强果决、独立自信、竞争开拓和勇敢阳刚等。有教育工作者对成都的中小学校进行调查研究，发现有三成左右的男生不同程度地缺乏“阳刚之气”，他们“打扮花里胡哨，说话细声细气，动作扭扭捏捏，性格文静柔弱，心理承受脆弱”。① 上海一项调查结果表明，小学生中不接纳自己性别身份的男孩在增加。② 有研究者以男教师数量为自变量，对男生性别角色发展的各种表现及总体水平进行多元方差分析，结果显示男教师数量的多少与小学中高段男生性别角色发展在总体水平以及“勇敢”“乐群”“自信”“坚强”四个维度上存在显著差异，其中在乐群和自信维度上差异极其显著。这说明小学男教师数量的多少对小学男生性别角色发展的影响是多方面的，有更多男教师教过的男生比少量男教师教过的男生表现得更勇敢、自信、乐群和刚强。③ 第二，男生的学业成绩与女生学业成绩的差距日渐显露并加大。胡振京博士通过考察我国男女两性入学率、升学率、录取数等指标发现，从2004年以来，在城市普通高中阶段，男生的毛入学率已基本低于女生；特别在大城市，高校录取女性的总人数高于男生；高考女状元逐渐增多；男生在语言类科学习中处于劣势。④ 第三，女

---

① 赖波. 成都中小学近三成男生有女性化倾向 [N]. 成都晚报，2006-10-09.

② 夏扉男. 教师：小学教育中的“半边天”[J]. 教师博览，2000 (8).

③ 袁德润，许芸. 男教师缺失对小学中高段男生性别角色发展的影响研究 [J]. 教学与管理，2012 (5).

④ 胡振京. 新的性别差距：一个亟待关注的问题 [J]. 教育发展研究，2009 (7).

生在学校中的整体表现优于男生。在我国较早研究男生弱势问题的丁钢教授调查研究发现，我国基础教育阶段的男生弱势问题，除了体现为女生学习成绩好于男生，还表现为男生在口头表达、人际交流、组织管理等方面的能力弱于女生；大部分女生在学校活动中比男生表现得更自信，能力也更突出，典型表现为女生在学生干部中所占比例远远超过男生。[①] 浙江省的一项调查结果显示：在小学阶段，60％的男生认为自己不如女生能干，小学生干部中男生只占15％，各项活动中只有10％的男生表现较好。[②] 第四，男生的体质逐年减弱。全国儿童青少年体质监测结果表明，中国男孩的体质呈逐年下降，肺活量、速度和力量指标连续下降，肥胖、视力不良的比率飙升。第五，问题男孩增多。许多男孩身陷心理危机，在各种成长热线、咨询机构、网瘾戒除机构中，需要帮助的男孩多于女孩。在多动症、学习障碍、智力障碍、孤独症等儿童青少年阶段常见的健康问题上，男孩的发病率远高于女孩。在工读学校、少年犯管教所中，男孩的数量也远多于女孩。[③]

造成我国教育领域男生弱势问题的原因是多方面的，比如家庭教育中的过度呵护，父亲角色的缺位，社会流行文化的影响，当下学校教育中对于学生性别的忽视等等。但学校教育中男性教师的缺乏无疑也是一个举足轻重的因素。考察男生弱势现象生成的历程，可发现其与我国基础教育中男女教师减增的进程几乎同步。“人的性格是先天组织和人在自己的一生中，特别是在发育时期所处的环境这两方面的产物。”中小学时期，尤其是儿童期，正是人的发育的关键时期，这一时期施加于儿童的影响将持续作用于其往后的一生。“今天的孩子将来会成为什么样的人，这里起决定性作用的是他的童年是怎样度过，童年时期由谁携手带路，周围世界的哪些东西进入了他的头脑和心

---

① 丁钢，岳龙．学校环境中的教育平等：基础教育中男生性别弱势的调查及思考［A］．//中国教育：研究与评论（第6辑）［C］．北京：教育科学出版社，2004.

② 左佰常，等．给男孩子一点“西点教育”［J］．健康博览，2007（7）.

③ 孙云晓，李文道．男孩学业落后：从中小学向大学蔓延［N］．光明日报，2009－12－9.

灵。"[①] 在这一时期中，对儿童影响最大的是家庭和学校。在家庭中，父母是决定性的因素；在学校中，教师是决定性的因素。教师在学生生活和社会中扮演着至关重要的角色并产生持续影响，这一点已为人类发展的历史所证明，也被人们广为称颂。荣格在论及儿童的发展及教育时，特别强调学校和教师的作用和地位。他认为：儿童在上学之前，仅仅只是父母精神的产物。在随着个体为自我争取自由而进行的战斗中，学校起着极为重要的作用。学校里的伙伴代替了家庭中的兄弟姐妹，而男教师代替了父亲，女教师代替了母亲。因而教师的角色非常重要。教师不仅教知识，更需以自己的人格去影响和感化儿童。成功的学校教育不在于把知识填充到儿童的大脑，而在于把儿童培养成真正的男人和女人。[②]

社会学习理论认为，儿童的社会性发展主要通过观察学习实现，模仿是观察学习的一种重要形式。儿童通过模仿，开始掌握一定的为社会所认可的行为方式。因此，能否为学生提供合适的模仿对象，关系他们社会性发展的正误。教师是儿童在学校中的主要成人模仿对象，一个学校缺少男教师，学生在学校中只有与女教师的交往经验，同时又看不到男女教师之间的交往情境，再加上当下家庭教育中"父亲角色"缺位严重，他们就会因缺乏男性榜样模仿而在成长的道路上出现各种问题。[③] 同时，作为一个社会化成熟的个体，教师惯常的思维方式、对待问题的态度和偏好、教育教学的风格、评价学生的方式和标准在教育教学中会以惯习的力量潜移默化地影响学生。如果只有女教师的影响，学生就如同生活在单亲家庭之中。美国专门致力于鼓励更多男性从事小学和早期教育工作的"男性从教"（Men Teach）机构创始人布赖恩·纳尔逊在其《男教师之所以重要以及为何稀少》一书中指出，让学校的教师在性别上趋于平衡可以更好地反映学生所生活的这个世界。比如在

---

① 苏霍姆林斯基. 把整个心灵献给孩子［M］. 毕淑芝，等译. 北京：人民教育出版社，1998.

② 荣格. 怎样完善你的个性：人格的开发［M］. 刘光彩，译. 北京：中国国际广播出版社，1989.

③ 荆建华. 教师群性别构成的女性化其对学生心理发展的负效应［J］. 教育理论与实践，1996（6）.

认知方面，女教师侧重于形象思维，更强调感性认知，重于判断，更多地给学生提出“是”或“否”的陈述性问题。因为缺少男教师，学生只能接受女教师习惯的思维方式和解决问题的方法，这在某种程度上限制了其思维的多向性和灵活性等优秀智力品质的发展，给其认知能力发展带来消极影响。在行为交往方面，女性教师更多地希望学生“乖”，安静、沉稳、听话，但男生天性就好动、爱冒险，他们往往因为不能遵循或符合女教师的行为要求和标准，而得不到认同，由此受到惩罚或造成心理的焦虑。此时，男生可能会抑制这种行为，结果造成其交往行为单一，交往能力欠缺，自我封闭，或者与教师很难保持良好的关系，甚而出现暴力和攻击性行为。

学校是不啻家庭的儿童性别角色定型的主要生活场所，而教师是学生性别认同的榜样和性别角色形成的重要媒介物。由于教师性别失衡，学校性别角色形态缺乏平衡机制，即由男、女、师、生所构成的多重角色形态，变得只有师、生的形态。学校语言代码和行为模式缺乏另一种性别象征，即原有两种性别色彩的语言系统和行为模式的支配作用变成了只有一种性别语言系统和行为模式的支配作用，给学生的性别角色认同带来困惑。而性别角色的不正确定性，将影响学生整个心理的发展、社会适应能力的形成，乃至成人后婚姻的幸福和家庭的巩固。塞巴斯蒂安·克莱默在《英国医学杂志》上撰文指出，为了表现出自己是男性，男孩会拒绝所谓的“异性特征”，但是由于学校中缺乏典型的男子汉形象，男孩往往有一种没有目标方向的感觉，甚至会选择一些社会上的不安定分子作为自己的偶像和榜样。教师性别上的差异，必然在教学的风格与个性，对待儿童的态度，以及对儿童的评价上体现出来。根据英国学者安妮特·麦克唐纳的研究，如果学校的大多数教师是女性，学校会倾向于采取女性喜欢的教学方式和评价方式，比如，相同的作业，如果外观整洁则会获得更好的评价。但男教师或许会更愿意帮助男孩通过别的更易接受的方式来呈现作业，比如通过电脑。新西兰一个关于男生学习困难的研究得出结论：应该让学生接触尽可能多的学习风格，如果学生在教室里只能看到女教师，他们只能了解一半人群的学习风格。美国学者托马斯·迪伊在斯坦福大学胡佛研究所的《教育》季刊上发表研究报告指出，教师性别影响学生的学业状况。他认为如果教师与学生的性别不同，学生的成绩会因此而受到负面影响。

总之，中小学教师性别失衡，给儿童健康成长带来的不利影响是多方面和长久的。又因为“儿童是未来之父”，这种局面将事关国家、民族的未来。参考消息网 2016 年 2 月 8 日报道：美媒称，由于担心缺少男老师导致下一代男孩子胆小怕事，以自我为中心且过于女孩子气，中国的教育机构正努力在课堂上强化传统的性格角色和价值观。教师性别失衡在中国尤其明显，据北京师范大学此前的一项调查显示，每 5 个教师中有 4 个是女性。中国共有各级各类学校专任教师 1500 万和大约 2.7 亿名学生。①

三、建构性别均衡的教师生态

中小学校教师性别的失衡，既不利于教师自身发展，又影响儿童的健康成长，甚而影响到一个民族的未来。因此，政府、学校、社会各界应充分认识到建构性别均衡的教师生态的重要意义，务必将其列为教师队伍建设的一个重要议题。造成中小学校教师性别失衡的主要原因是传统的性别分工问题积重难返，教师的职业声望还不足以吸引男性，社会和家长对男教师还存在一些误解等。针对这些因素，可以采取如下策略。

首先，建设现代性别文化，努力开发女性人力资源。

在传统的职业观中，教师被认为是一种“照看”儿童的“母性”的工作，因而教师不断地被塑造成“女性的工作”。在这种职业观中，实际上隐含着性别分工的价值判断。一直以来，“男主外，女主内”成为人类社会中男女性别角色的定位和分工。女性被建构成“贤妻良母”的角色，承担“相夫教子”的职责。可以这样说，女性教师绝大多数的职业状况是性别角色刻板化运作、传统性别分工的社会建构的结果。教师职业使父权社会便于将传统女性角色与教育服务需求相结合，女性当教师，就是让女性在公共领域中继续发挥

① 美媒：中国学校需要更多男老师 防止小男孩“女孩化”［EB/OL］. http://www.cankaoxiaoxi.com/china/20160208/1073498.shtml.

“母亲的使命”：耐心照顾儿童。“母亲”与“教师”这两个角色的连结，成为女性被鼓励投身于教育工作的主要因素。因此，教师职业特别是学前和中小学教师基本上可以与“女性工作”画上等号，女性自身也在被教导中视“教师”为自己的职业理想和追求。女性集中于教师职业，还因为她们在很多工作领域不能与男性一样平等地参与其中，社会为她们提供的工作岗位还太少。在相当多的职业中女性往往被排除在外，而教师职业却恰恰相反。教师这一职业对于在职场中处于弱势的女性来说，似乎是一份较能赢取专业声望及向上流动的职业，既可以保证女性在经济与社会地位中的独立，又依然可以“主内”，避免因婚姻、生育而被迫离职的风险。换言之，教师职业对女性的影响似乎较正面，可以使家庭与工作的需求得到平衡。调查显示，女性较会因考虑家庭责任而选择教师职业，而男性在选择配偶时更倾向于女教师。这两种选择其实也正体现出传统性别角色定位和性别分工：女性“理家”，男性“养家”。相对其他职业，教师对于女性更多的吸引力或“好处”在于：工作时间比较有弹性，有寒暑假，而且薪酬相对稳定，符合兼顾工作及家庭的需求。

尽管相对于过去，女性在与男性的平等关系上取得了长足的进步。但是，不容否认，这种传统的性别文化在相当长的一段时期和范围内依然会存在。因此，要避免中小学校教师性别失衡，就必须建设现代的、新型的、先进的性别文化，从源头上消除性别不平等现象。而就社会整体而言，当前女性人力资源的开发还未能极大地满足经济增长和社会发展的需要，女性人力资源在许多职业领域还未得到充分合理的利用，只有为女性提供更多的社会工作岗位，女性才不会“扎堆”于学校。政府和社会应完善我国目前的用工制度，在家庭成员自愿的基础上，尝试推行不受性别限制的弹性工作制度，为孩子年幼的从业人员提供家庭和事业互为兼顾的小时工作制度，使女性人力资源可以正常发挥作用；积极鼓励和支持女性人力资源根据自身特点，开拓符合女性从业特质的自主创业的新渠道；实施职业整合的政策，加大女性进入“男性职业”的措施力度，扩大女性从业的领域，提高女性从业的工资，从根本上改变人才市场中职业性别隔离的现状。[①]

其次，提高教师职业声望，吸引更多的优秀男性从教。

教师的职业声望并不高。一是教师的社会地位实际不高。许多社会学家和历史学家的研究表明，当一种职业被越来越多的女性参与时，它的社会地位就逐步下降，而越是精英型的专业性职业，参与其中的女性就越少。因此，男性当教师往往被认为是没出息的，会因从事“女性的工作”而被看不起。古人曾经就说“家有五斗粮，不当孩子王”。二是教师的经济待遇相对较低。在当下，教师的待遇虽不至沦落于“末流”地位，但是与很多职业相比，经济待遇上确实存在较大差距。有学者做过调查，在20种传统职业中，民众对教育工作者的评价是收入低（列在第18位），最劳累（列在第19位），最不自由（列在第10位）。还有学者对城乡居民的职业选择次第进行的调查显示：在被选的33种职业中，中小学教师排在第29位。[②] 而人们选择职业时最先考虑的恰恰是经济待遇。尽管近年教师工资有所提升，但面对涨幅过快的物价和房价，以及相较其他行业的收入，教师的经济待遇对男性而言仍不足以实现其“男人的理想”。三是教师工作烦琐细致、社会期望值高、成就模糊且滞后性的特点，让男性很难从中感受到成功的乐趣。学校相对纯净、安宁的环境与文化，同男性追求创新冒险、“叱咤风云”的生活格格不入。由于在传统性别文化中男性被要求“主外”，他们往往被建构成为家庭的顶梁柱和社会的精英，因此他们必须承担起“养家”和成就“事业”的重任。当一位男性从事教师职业时，他因性别是男性被赋予的“职责”与他从事教师职业的境况严重错位，他必须为此接受许多不公正的待遇，承担着来自社会、家庭、自身心理的多重压力，导致中小学男教师的生存状况并不如意。一个令人寻味的事实是，未婚男教师寻找配偶相当困难。有关调查显示，即使是作为朝夕相处的同事，超过70%的女教师也不愿意找男性教师作为终身伴侣。这种状况使男性很少对教师职业产生认同感和幸福感，严重削弱了其从教的意愿。

---

① 王禄宁. 关于女性人力资源开发的若干问题思考［J］. 上海大学学报（社会科学），2004（4）.

② 唐荣德. 教师素质：自在的教师［M］. 桂林：广西师范大学出版社，2008.

欲吸引优秀男性选择教职，当务之急是提高教师的社会地位和经济待遇。一是尽快实现教师专业化，提高教师入职的门槛。1966 年，国际劳工组织和联合国教科文组织联合在《关于教师地位的建议》中指出："教育工作应被视为一种专门职业。这种职业是一种要求教师具备经过严格而持续不断的研究才能获得并维持专业知识及专门技能的公共业务，它要求对所辖学生的教育与福利拥有个人的及共同的责任感。"① 根据霍伊尔（E. Hoyle）的功能主义理论，专业性职业是承担重大社会职能的职业，行使这一职能需要高度的知识能力；获得这些知识和发展专业能力需要接受一定期限的高等教育；在相关公共政策的形成上拥有强大的发言权，在行使专业责任方面拥有很大程度的控制；长期的训练、责任和以雇主为中心必然获得高度声誉和高水平报酬。上世纪末，尤其是新课程改革以来，我国教育界提出和启动了教师专业化，但力度不够，效果不佳。政府和社会应该加大、加速教师职业专业化的力度、进程。相应地，政府要提高教师入职的标准，提高取得教师资格证的门槛，摒弃只要普通话过关，修了教育学和心理学就能获得教师资格的做法，使教师成为非一般人士可替代之职业。二是可以考虑将教师纳入公务员体系或参照公务员管理。尽管《教师法》明确规定教师工资不能低于公务员，但事实上教师的待遇与公务员存在较大差距，在有些地区教师工资还经常被拖欠和挪用。根据《国家教育督导报告 2008（摘要）》显示，2006 年全国普通小学、普通中学（包括初中与高中）教职工年均工资收入为 17 729 元和 20 979 元，分别比国家机关职工年均工资收入低 5198 元和 1948 元。目前实施的"绩效工资"改革，出发点是增加教师收入，但在实际中，由于拨付给教师工资的总额并没有增加，被认为是"拿自己的钱奖励自己"，有些教师的工资不升反降，很难真正提高教师收入。如果能够将教师纳入公务员体系，或者成为教育公务员，或者像党群组织一样作为参照公务员来管理，这些问题都会迎刃而解。国外的做法都已证实了这一点。一旦地位提升，待遇提高，男性就不再会因为当教师而唱"痛要怎么说出口"。

---

① 张贵新. 对教师专业化的理念、现实与未来的探讨 [J]. 外国教育研究，2002 (1).

第三，消除家长和社会对男教师的误解。

社会尤其是家长认为女教师比男教师更安全。传统上，社会和人们都肯定一种“慈母严父”的状况。对于中小学中的男教师，人们普遍认为他们缺少育人经验，缺少耐性和细心，脾气粗暴，易于体罚学生；相反，女教师在这方面却有着独特的优势，更倾向于温柔、包容。由于中小学生尚未成年，好动贪玩、自制力差，容易受到侵害，家长更希望自己子女的教师是一个“慈母”，而不是“严父”。这一点明显体现在师生的接触，尤其是师生身体接触方面。师生长期相处，难免身体接触，但是家长不愿意看到男教师对自己子女有身体的接触，男教师也因此陷入尴尬境地。例如，在体育课、各种活动中，校方对学生的衣着都有规定。若是女教师单独带领学生去上游泳课、健身课，家长们通常比较放心；若是男教师单独带队，情况就完全不同，常常需要家长陪同前往方可。在日常的教育生活中，女教师对学生的身体接触如爱抚脸蛋，常被认为是对学生的亲昵和关心，而男教师如果有此行为就会被认为有违师德。男女生单独与女教师相处，不会引起戒备，而女生常被告诫避免与男教师单独相处。男教师也被学校或教育行政部门禁止与女生单独相处。这说明男教师和女教师在身体接触方面得到不同程度的信任。更值得关注的是，由于确实存在个别男性教师对学生进行性侵犯的现象，通过媒体报道之后，社会和家长对男教师的信任度更被减低，男教师往往被认为比女教师的安全感低。社会和家长的这种观念思维同时也成为男性选择教师职业的障碍。因此，促进家长对男教师的理解和包容，对吸引男性进入教职，实现教师性别均衡很有必要。教育行政部门、学校包括媒体应该向社会和家长宣传解释男教师在学校教育中所起的独特作用，使家长对男教师形成正确认识。

第四，强化男教师的榜样作用。

对于职业的选择，个人成长中的“重要他人”，以及关键事件都可能产生重要影响。重要他人（Significant other）是美国社会学家米尔斯在米德的自我发展理论的基础上首先明确提出的一个概念，指的是个体在成长过程中遇到的、与其建立相互作用关系、通过言语或行为给予其重要影响的人，甚至被当作角色模仿的人。中小学中教师女多男少的现象给学生造成这样的一个错觉，教师是女性的天然职业，正如美国全国教育协会主席雷吉·威弗说："如果孩子们在教室里看不到男老师，他们会认为教师仅是女性的职业。"其结果是在报考大学的时候，女生大量地涌向师范院校，而男生却对师范院校很少问津。这种状况又加剧了男教师一师难求的局面，恶性循环无休无止。而早在 1996 年，全美教育协会曾经做过一个调查，让教师选出他们最初决定从教的主要原因。小学或初中教师的影响排在了最主要原因中的第 4 位（31%）；更值得注意的是，选择此项原因的男教师比女教师多（38%比 28%）。① 可见，男性在其成长的过程中，如果有着一个很好的男教师作为榜样，对于其长大后入职选择教师的影响并不是无足轻重的。因此，中小学男教师应注意在男学生面前树立积极向上的正面形象；如果条件允许的话，还可向他们传达自己作为教师的职业幸福感，通过榜样的力量促使更多的男生树立从教的职业理想和愿望。

第五，在师范生招生和教师招聘上向男生倾斜，合理配置师资。

尽管我国实行教师资格证制度，只要取得资格，不管是师范院校毕业还是其他院校毕业的学生都有获得教职的可能，但总体来说，教师的来源基本上还是以师范院校毕业学生为主。鉴于中小学男教师极度缺乏，而师范院校又以女生为主的现状，师范院校可以出台相关的政策，在招生中向男生倾斜。比如设定一定的比例用于招男生，男女分别画线招生，对于就读师范院校的男生给予奖励或减免学费，对于毕业后从教的男生予以退还学费等。更重要的是，师范院校要加强对男生的专业思想教育，通过多种途径帮助他们克服各种传统文化的负面影响，培养他们立志教育事业的信念和情操，确保他们能够把教书育人作为终身奋斗的事业。各级各地教育行政部门在招聘中小学教师时，也应采取相应的政策和措施，保证男性教师在学校中占有合理的比例。在这方面，国外的一些先进做法值得借鉴。如澳大利亚 2004 年开始进行立法，允许学校制定男性专有的教育教学岗位的"性别区别法"，以此来保障学校中男孩教育的成功与未来男教师的逐渐增加。与之相配套的措施"教师

---

① 李茂. 教育，让男人走开？[N]. 中国教师报，2003－03－24.

性别平衡计划”，重在采取切实的措施来鼓励男孩高中毕业后选择大学教师教育专业或相关课程，为将来从事教师职业作好必要的准备。另外，教育行政部门要拓宽男教师来源的渠道，积极吸收来自其他行业具有教师资格的男性进入教职；对本地区教师性别结构定期进行监测，合理配置师资，确保学校中教师性别均衡。

当然，正如最早的学校中，是男教师一统天下的状况一样，女教师占据中小学中的大比例，也是历史和社会发展的结果。从历史角度和全球范围看，教师性别结构的失衡性是绝对和必然的，教师性别构成的均衡性是相对和暂时的。由于政治、经济、文化、家庭等诸多因素对个体职业选择的复杂影响，均衡性教师性别结构追求往往是一种理想和教育期待。我们想看到的是，在教师队伍中，男女教师的比例差距不要过于大，能够维持在一定限度。事实上，如果能做到这样，那么教师队伍将呈现结构合理化、科学化及其功能最大化。教师的发展、学生的发展都会出现令人欣喜的局面。

第六章　成就教师卓越

教师的成长贯穿在教师的整个专业生涯当中。可以说教师成长是没有止境的，教师从普通到优秀，再从优秀到卓越，过去的每一步既是现在立身的基础，也是未来发展的起点，教师必须不断超越，臻于卓越。《关于全面深化新时代教师队伍建设改革的意见》提到，“到 2035 年，教师综合素质、专业化水平和创新能力大幅提升，培养造就数以百万计的骨干教师、数以十万计的卓越教师、数以万计的教育家型教师”。成为教育家是我们这个时代对卓越优秀教师的合理期待，是优秀教师应终身追求的目标，也是教师治理的旨归。

第一节　教师领导力建构

从本质上讲，教师是文化的传承者和创造者，是一种“专业人员”，学校是一个文化发生和人才培育的专业社区和文化场域。因此，对学校的领导，有别于行政机构和企业组织。作为一种文化场域，学校领导活动更应体现人性化和柔性化，少些科层和刚性，强调合作、调和而非控制、压制，注重发挥教师在学校当中的“专业”作用。但是，长期以来，学校领域中推崇推行的是科层制领导，领导者就是校长，领导行为唯校长所有，教师只能是校长意志的执行者，人们也往往把学校的发展寄托于校长个人，寄希望校长是个改进学校的“英雄”。随着社会变革的加剧，教育改革的深入，学校面临复杂挑战，传统囿于科层体制和正式职位的个人领导角色已无法积极应对社会需求，正如埃尔莫所言，“在这种知识密集型组织中，若不通过广泛的分布领导职责就无法完成类似教与学这些复杂的任务。”① “集权、控制、指挥、个人关注”等传统的领导观念和领导方式逐渐地被“授权、民主、合作、集体参与”等话语和行为所替代。基于此背景，教师领导以一种前所未有的力度和速度进入教育管理、学校管理，以及教师发展的视域。

一、教师领导的涵义

对于教师领导的概念界定，目前似乎还没有绝对的权威表述。20 世纪 80 年代中后期，美国发布名为《国家为培养 21 世纪的教师做准备》的报告，强调教师在提高教育质量上的作用和重要性，呼吁改变相关政策，赋权教师，

① Alma Harris. Distributed Leadership and SchoolImprovement［J］. Educational Management Administration&Leadership，2004，32（1）：13－20.

重建学校。其中提到："改组教师队伍，在教师中组织起一支新的力量，叫作'领导教师'，这样的教师应能在重建学校中起积极的带头作用，并能帮助他们的同事达到学术和教课的高标准。"① 这被认为是"教师领导"的最早阐释，后来不同的研究者从不同的角度进行了不同的表述。目前比较广泛认可的界定是哈里斯（Harris）提出的概念。哈里斯认为教师领导是指"不论教师的职位或者职务，教师对领导力的行使"。② 从定义中可以看出，教师领导是一种过程，是教师对领导力的行使过程。从其内涵上讲，教师领导表明学校范围内的所有教师都有获得担任领导角色（正式的或非正式的）的机会，并通过这些机会对学校其他成员产生影响；从外延上说，教师领导意味教师的影响力及领导扩展到教室之外，对学校的其他群体和个人都产生影响。研究和实践证实，教师领导在引导教师同侪教学实践、促进教师自身专业发展、提升教师教学品质和学生学习成效，及改进学校管理上都具有重要意义。

既然教师领导是"不论教师的职位或者职务，教师对领导力的行使"，那么我们可以这样认为，教师领导者就是"不论职位或任命，行使领导的教师"，是教师领导的主体。从教师领导研究历史来看，教师领导者经历了从"教师成为领导者"，到"教师作为领导者"，再到"教师是领导者"的三个阶段。目前一般认为教师是领导者。教师领导者是正式的，但更多的是非正式的。前者是指本身担任了学校行政领导职务的教师，如校长、教导主任等；后者是没有行政领导职务，但行使了教师领导力的教师。由于在数量上占了绝大多数，因此本文所指的教师领导者通常指的是非正式的教师领导者。正如 Richard Ackerman 和 Sarah V. Mackenzie 所言，教师领导者是"我们最宝贵的资源"。③ 他们不仅领导着学校的"教和学"，引导着教师们的专业成长，

---

① 卡内基教育和经济论坛"教育作为一种专门职业"工作组的报告·国家为培养 21 世纪的教师做准备［A］. //吕达，周满生. 当代外国教育改革著名文献（美国卷·第一册）［C］. 北京：人民教育出版社，2004.

② Harris，A. Teacher leadership as distributed leadership：heresy，fantasy or possibility?［J］. School Leadership & Management，2003，23（3）：313－324.

③ Richard Ackerman. Sarah V. Mackenzie. 教师领导者：我们最宝贵的资源［J］. 宋倩，译. 基础教育参考，2006（8）.

而且以他人不可替代的领导力量影响和改变校长，帮助处理学校行政事务，建构教师专业发展的生态环境，最终裨益于学生的成长。因此，教师领导者在实践中能否有效地实现教师领导，值得我们关注。考察当前中小学实际，教师领导者在领导实践中面临很多问题，限制了其领导力的发挥，影响了其领导的效果。相关部门尤其是学校应该采取相应措施，帮助教师领导者走出困境。教师领导者也应为此付出努力。

二、教师领导者在实践中的困境

菲德勒的领导权变理论认为领导方式包括领导者、追随者和环境三因素。教师领导也同样受此三要素的影响，三个要素合力催生出教师领导活动。根据此三个要素框架，联系当前我国学校具体实际，我们认为教师领导者在实践中的困境体现在以下几个方面。

（一）领导意识的困惑

领导意识是教师对领导现象的基本认识，是对领导活动的基本反映。它包括教师对领导本质、功能、价值、行为等方面的基本看法、核心理念，以及在领导过程中的指导思想。作为一种特定的微观形态的社会意识，领导意识本质上是存在于教师观念层面中，或明确或隐含的“领导哲学”。它既包含教师领导观、领导意愿，又包含教师在领导活动中的方法论，是教师成为领导者，实施领导行为的内驱力，是教师领导主体性的体现和对教师领导的自觉。领导意识影响着教师的领导理念、方法，影响着教师在学校中的角色乃至在专业进程中的生活方式。教师领导者领导意识薄弱主要有两个表现。

一是误读“领导”。“教师领导”本是从境外引介进来的一种新的理论概念，对内地的教师来说还是新鲜事物，在理论和实践上都还相对缺乏研究与探索。最主要的是我国是一个高权力距离的国家，无论是学术研究还是实践中，对于“领导”这一概念的理解往往都聚焦于领导者的职位及其合法权利。因此，很多教师对“领导”的理解局限于：领导者必须是“上面”任命的，才能名正言顺，这是对领导身份认同的误解；领导就是管理别人，就是“做官”，就是“说话有人听”，就是“管制别人”，这是把领导等同于管理；领导与教学是分开的，领导是校长和其他行政人员的事，教学才是教师的事，要想成为领导者，就得脱离教学，或者至少应该减少教学工作，这是把领导与教学对立起来。还有的把“领导”与地位、待遇、权势等对等起来，导致官本位现象。

二是“领导”意愿不强。由于对“领导”的错误理解，教师很少有成为领导者的意愿和要求。他们自主或不自主地将自己认作是被领导者，“知识的打工者”，不能认识到自身在身份和组织上都具有本源的领导资格；不能发现自己在学校事务、教育教学中的领导力量和潜能。教师很少愿意参与学校事务，往往对学校的各种事务持一种“肉食者谋之，又何间焉”的心理态度，“不在其位，不谋其政”；对校长等做出的错误决定，或者学校不合理的现象，即使是反对也只能“忍受”，或者以一种不合作的方式进行消极抵抗，缺少积极参与的勇气和热情。即使有教师愿意成为领导者，也是想去谋得“一官半职”，把庸俗的官场行为带到学校中来。

（二）领导能力的困难

在中国古典文学名著中，刘备、唐僧、宋江三者的形象都是不具有极强的专业技能，却能成为深孚众望的优秀领导者。在学校中可发现，很多教师在专业上有着极高的造诣，但却不能成为身边同事的领袖；也有很多教师在学生中有很高的威望，能够出色地管理学生事务，却不能带好教师团队。研究者发现有些教师领导者不能够很好地胜任教师领导工作，原因在于缺乏领导、沟通、合作的技能，缺乏领导的能力。如同教师需要教学技能一样，要想真正成为教师领导者，必须具备行使教师领导职能所需要的能力知识和技巧。

哈里斯等人在研究影响学校教师领导的因素时提出，个人能力是一项重要的因素。其中，包括权威、知识、情境了解、人际关系技能。[①] York-Barr

---

① Frost D. Harris A. Teacher Leadership：towards a Research Agenda. Cambridge Journal of Education. 2003（33）.

等人对近二十年的教师领导文献和经验型研究报告进行分析后，确认领导者应拥有以下素质和能力：建立互信、友好、稳定的人际关系，并能够通过人际关系与合作意向组织文化为同伴提供支持，促进团队成长，有效沟通；能够倾听；能够处理冲突，进行谈判与调解；能够处理团队工作进程；分析和评估各种需求和重要事项，并能区分其重要性；对大环境有把握，并能预见决策的影响。① 巴思经过长期的研究后，对教师领导者的能力素质进行了归纳，认为教师领导者除了应具备专业知识和教学技能外，还必须具备领导教师的能力，如：良好的人际关系和较强的行政、组织能力和技巧；影响组织文化的能力以及在专业发展上支持同事的能力；处理冲突、谈判和协调能力；评估和了解教师需要的能力；策划学校愿景的能力。② 从这些研究结果可发现，教师领导者如果不具备协调、沟通、决策、预测，以及对情境的解读等领导能力，是难以胜任教师领导的重任的。

教师领导者一般是从普通教师中产生，他们以往有过领导学生的实践，却没有领导教师的经历。教师们很少接受过旨在形成领导能力的教育和培养，其一旦开展领导活动，领导能力顿时就捉襟见肘，以教学能力相形见绌。事实上，我国教师教育中，历来只是把教师作为“教师”来培养，几乎没有把教师作为“领导者”来培养。对作为教师的能力和品质非常重视，但几乎没有关注过作为“领导”的能力，这就导致教师作为领导者的素养得不到关照。而教师领导意识和领导观念的误读，又使他们很少有意识地去提升自身的领导能力。因此，当我们提倡教师领导的时候，作为领导主体的教师自身领导能力就成为阻碍领导实现的一个瓶颈、一道坎。

（三）组织环境的困处

学校组织环境包括学校文化和学校结构。在当前学校中合作性文化的缺失，金字塔式的科层组织结构严重制约了教师领导的实现。

---

① 任智茹．教师领导的内涵与实施策略［J］．教学与管理，2010（11）．

② Barth，R. S. Teacher Leader．Phi Delta Kappan．2001：443－501．

合作性文化的缺失。学校文化是教师“我们在这儿做事的方式”。[①] 它是学校环境的核心要素，是价值观、信念和行为的规范方式构成的实践基础。哈特和斯迈列的研究证实，学校的文化对教师领导有着影响，合作性的学校文化是促进教师领导的一个必要条件。教师领导需要有一个鼓励变革和支持教师领导的文化氛围，即教师之间能充分信任、分享、合作。在这种文化氛围中，学校里的同事才能同意让对方行使领导力，将相互影响的观点看作是合法的和可以接受的。正如吉登斯所认为的，对他人的信任产生团结，信赖成为相互的责任，建立在积极信任基础上的责任，意味着互惠。责任是具有约束力的，因为它们是相互的，信任就是给予权威。[②] 但从目前来看，学校普遍盛行着个人主义文化。教师认为教师的专业发展是教师个人的事，奉行个人专业主义，出于维护专业自尊，或竞争以及占有资源需要，不允许别人介入自己的课堂教学，给自己的教学提建议，自己也不介入他人的课堂教学，给他人提意见。大家只守着自己“一亩三分地”，又“肥水不流外人田”，教师之间处于一个封闭、排斥、猜疑的状态，难以形成合作、信任、共享的局面。

金字塔式的科层组织结构。一所学校最明显的结构类型，是结构安排、角色体系、职责、决策的机制和责任心。不同的学校组织结构对教师领导力的形成以及教师领导活动有着不同的直接影响。共同的领导或参与式领导的传统对教师领导有积极的影响，而组织管理严密的领导集体的传统则于之不利。官僚式的组织结构容易导致教师之间关系的疏远，而不是促进他们之间互助性的工作。除非打破严密的教师等级制度，创建一种能够使教师之间合作的组织结构，否则会阻碍真正的教师领导力的形成和教师领导活动的进行。[③] 不幸的是，当前我们的学校组织结构，恰恰就是官僚式的组织机构，说得好听些是行政式的组织结构。我国中小学校成为上级教育行政部门行政命

---

① 杨全印. 学校文化的表现及其对教师的影响［J］. 教师教育研究，2011（3）.

② Giddens，A.. Beyond Left and Right：the Future of Radical Politics［M］. Oxford：Polity Press，1994：78.

③ 吴颖民. 国外对中小学教师领导力问题的研究与启示［J］. 比较教育研究，2008（8）.

令的实施机构，内部组织机构像政府机构一样设计，“党政群工团”一应俱全，科层分明，等级严密，分工细致，讲求效率。其结果是政出多门、协调不畅、执行不力、交流不够。学校组织结构在时间和空间两个方面也呈现出对教师领导的不利因素。在时间方面，以节次为单位的课程安排，容易造成工作的零散，使教师之间缺乏交流和学习的时间。在空间方面，学校按班级划分成相对独立的教室。而教师对教室的利用是临时的，因此他们在匆忙之间所能交谈的话题只能是那些简单的、琐碎的日常事务，而非需要较长时间进行深入讨论的专业论题。①

（四）领导权力的困顿

领导总是和权力密不可分。权力是领导的基础，没有相应的权力，领导就不可能实施。组织发展理论创始人、领导理论大师沃伦·本尼斯认为，“领导者必须有权力，因为权力是发起以及坚持一项活动的基本要素，它与大家的共同努力相结合，从而使意愿变为现实”。教师领导的实现必须赋予教师相应的权力。加尔布雷思认为权力的来源是“人格，财产和组织”，并且，在“现代社会中，组织是权力最重要的来源……如果人们要行使某种权力，它就必须借助组织”。② 从组织视角审视，权力是结构的产物和体现。帕森斯、吉登斯等认为，权力并不是单个人的行为或意志，也不是目的或欲望的产物，而是非人格的社会组织结构的产物和属性。据此，我们认为，教师领导权可来源于教师的人格、专业知识以及学校组织。我们提倡和鼓励教师凭借自身的人格魅力、不可替代的专业知识，获得领导权。但是，“在现代学校制度下，教师总是被编织在学校组织网络中，成为组织节点上的一员”，③ 教师领导的权力还是被编织在学校组织中，还是取决于学校。

我国公立中小学，校长由上级教育行政部门或者组织人事部门任命，其

① 卢乃桂，操太圣．挑战、支持与发展：伙伴协作模式下的教师成长［J］．教育研究，2006（10）.

② 约翰·肯尼思·加尔布雷思．权力的分析［M］．陶远华，等译．石家庄：河北人民出版社，1988.

③ 金建生．教师领导何以可能［J］．中国教育学刊，2010（7）.

领导权主要通过上级所授予的人事、财政、分配和奖惩权而得到保障；中层干部由校长提名，上级教育行政部门备案或审批，其领导权通过学校的授权而得到体现。校长高踞权力金字塔最顶端，各中层干部分布于中段。教师既无任命，又没授权，只能处于最末端。一层管制一层，教师沦为被管制的对象。作为被管理者的教师，只能在监督、控制和外部激励下工作。这虽然能保证教学工作的“规范”“有序”，但在非线性、独特性和情感性的教学活动中，教师的权力大受局限。在不少学校，教师在课堂教学中教什么、怎么教，都由学校进行了统一。教案、课件都是由学校“格式化”，教师只是传输线、传声筒。更有学校，甚至在一节课当中，教师应该讲多长时间，学生应讨论多长时间，运用多媒体应多长时间，都有着严格的规定。教师领导主要是“教与学”中的领导，没有专业自主权，何谈教师领导。在其他事务中，教师的权力就更少了。有研究者调查研究后得出这样的结论：教师在学校当中对学校管理的相关内容不参与者占 40.03%，知道详情者占 32.69%，参与讨论者占 17.31%，有权监管者占 4.64%，而有权决定者仅占 4.64%。[①] 决策权是领导权的最主要权力，没有决策权就没有领导权。

（五）人际关系的困扰

从本质上看，领导就是影响。教师领导其实就是教师之间的相互影响，作为领导者的教师通过影响其他教师实现共同的目标。因此，人际关系会影响教师领导的效能。教师领导者主要涉及三种人际关系：与校长的关系，与一般教师的关系，以及教师领导者之间的关系。

教师领导者与校长的关系。这是学校内最微妙和最难处理的人际关系。一方面，教师领导需要校长的放权。教师领导者的权力有部分就来自校长的授权。在“校长负责制”的背景下，没有校长的赋权支持，教师领导注定困难重重。而另一方面，教师领导又是对校长“个人英雄主义”领导的一种抗衡和补救。这就使教师领导陷入一种尴尬的境界。如果校长能够正确地理解自己的职责和任务，明白教师领导对学校发展的意义，那么他对赋权教师，

---

① 李永生．教师民主参与管理的调查与分析［J］．教育研究与实验，2002（4）．

实现教师领导，自己成为“领导的领导”是会乐见其成。相反，如果他将教师领导视为对自己权威和领导的一种威胁，从而加以排斥，固守自己“个人英雄”的堡垒，教师领导就会成空。在当前学校中，两种校长都不乏其人，但从实际来看后者似乎更多。正如迈克所言，“我认为最艰难的事情之一，是让小学校长放权和授权。我们习惯了我控制之下的一切，授权真的很难很难”.① 教师领导者常为摆正和校长的关系而头痛。

教师与同侪的关系。教师领导是一种教师领导者和同侪教师双边互动的过程。教师领导者需要同侪跟随，否则，无论其领导意识多鲜明合理，专业知能多强，都不可能开展领导活动，产生领导效能。虽然教师领导者是促使同事们奔向共同目标的引领者，但是他无力也无法抛开其他教师单独行动。事实上，成功的教师领导者对同侪的需要程度远高于同侪对他的需要程度。教师领导者在共同行动中是中心，并且往往承担工作中最重要的部分，但是不能说同侪教师就不重要和非必要。所有的教师领导工作都是教师领导者与其他教师相互作用来完成的，“合作”一词也许能更准确地反映教师领导的过程。因此，其他教师对教师领导者的合作和信任对于其领导活动举足轻重。然而，在现实的学校组织中，由于组织环境的影响，同侪教师往往服从于具有正式权力的教师领导，而对非正式的教师领导却不够信服。加之教师一直以来就是“孤独”的职业，即教师教学并不是以群体的方式呈现，而是作为一个“独当一面”的个体而存在。教师工作最为普遍的状态不是团体性的，而是个体的，他们生活在一种独立的、自给自足的生活模式之中，这种单独工作的孤独状态造成了教师的个人主义。教师们常以维护自主权和讲究资历等传统教学规则为理由，质疑教师领导者的资格，拒绝他们进入自己的课堂，排斥他们的影响。我们经常会发现，教师在未成为领导者之前，和同侪的人际关系非常正常，而一旦成为领导者，人际关系就有可能恶化。原因就在于双方不能正确认识自己的角色。

教师领导者之间的关系。主要涉及的是任务、职责、权力如何分配处理

---

① Mike Wallance. Sharing leadership of school through Teamwork: A Justifiable Risk? Educational Management Administration Leadership. 2001. 29. 153.

的问题。同是作为学校中的重要资源，教师群体中的核心人物，本应相互协调配合，但由于各自所承担的任务交叉、职责模糊，权力不明，在现实中，往往产生各自为政，甚至相互抵牾的情况。

罗兰曾指出，在大多数学校，人际关系倾向于这样一种状况：教师对抗学生，教师对抗教师，校长对抗教师，学校成员对抗家长。这种人际关系无疑严重影响到教师领导者正确、正常行使领导。

三、教师领导者所处困境的突破

造成教师领导者在领导实践中处于困境的原因，既有客观上的，也有主观上的。一方面，教师应从自身上寻找原因，寻求解决途径；另一方面，相关部门应该为教师领导者提供充分而有力的支持，帮助他们走出困境，正如格瑞芬和奥万都所说："大量研究文献都证明，我们需要对教师领导者进行正式的准备和支持。"①

（一）开展教师领导教育

教师领导者的领导意识薄弱，领导能力不强，并不是天生的，系统的教师领导教育对形成教师领导意识和能力至关重要。卡兹莫耶和莫勒曾这样批评人们对教师领导教育的不重视："我们要求教师担任领导角色，但并不给予他们任何教育，因为我们想当然地认为他们应当知道如何与同事合作。"② 应将教师领导教育作为教师教育的一个方面。

教师领导教育在途径上可通过教师职前教育和教师职后培训进行。高师院校应开设教师领导相关课程，给予相应学分。这方面，教师领导教育相当成熟的美国就做得很好，各大学都注重对学生领导力的培养。2011 年 5 月，

---

① Jennifer York-Barr，Karen Duke. What do we know about teacher leadership? Finding from two decades of scholarship [J]. Review of Education Research，2004，74 (3)：255－316.

② Katzenmeyer，M.，G. Moller. Awakening the Sleeping Giant Helping Teachers Develop as Leaders [M]. Thousand Oaks：California Corwin Press，2001. 47，11－12.

美国教育考试机构（Educational Testing Services，ETS）领导下的教师领导探索协会（Teacher Leadership Exploratory Consortium）颁布了美国中小学《教师领导示范标准》，标志着美国首部由教育团体颁布的中小学教师领导标准的产生，加利福尼亚、新泽西等十一个州已经采用了这个标准。该标准为美国各州制定教师领导政策和标准提供广泛的基础，为教师领导提供评价基准，引导未来教师领导的发展力方向，也为对教师领导的教育提供了保证。① 美国国家教育协会的《教师教育的倡议》就将教师领导列为重构大学教师教育课程的原则之一。马里兰大学教育学院课程与教学系还专门开设了中小学教师领导硕士学位课程，课程包括 15 学分的五门核心课程和 15 学分的专业学习选修课程。② 教师职后领导培训，可以是校本培训，由校长、教师领导者、聘请专家共同对即将成为领导者的教师进行培训；也可以是由相关的大学、继续教育机构来培训。

内容上应包括教师领导意识、教师领导的方法策略，以及教师领导力的培养。包含学科教学中教师领导的培养，课堂管理、教材开发、教研组活动、学校管理、社区管理等过程中教师领导的培养等。

方式上应理论与实践结合。除了有关教师领导的理论外，还应加强教师的领导实践，让教师在做中提高领导素养。以美国南缅因州大学的“明天学校的领导”计划为例，其第一年围绕“如何知道有效的教学和学习何时发生”安排课程教学为主的培训，第二年围绕“什么类型的领导力对于创造和保持组织文化和提升学习结构是必需的”安排实践活动为主的培训，是教师综合领导力培养的典范。

在国内，南京师范大学探索以课程教学形式对本科师范生的教师领导力素养进行专门培养和锻炼，既顺应了教师教育改革的国际趋势，也迎应了社会对高素质教师的时代需求。他们面向本科师范生的教师领导力课程，以

---

① 张文宇，张守波．美国中小学《教师领导示范标准》述评［J］．教育科学，2013（6）．

② 刘保兄，刘小娟．教师领导教育：当代美国教师教育新趋势［J］．外国教育研究，2007（12）．

“教师人人都是领导者”为核心理念，旨在为教师领导力的持续发展奠基，课程内容包括道德领导力、课程与教学领导力、班级领导力、专业发展领导力等。①

（二）建设合作性组织文化

要解决当前学校中个人主义文化给教师领导者带来的困扰，学校应建设和发展合作性组织文化。合作性组织文化，基于教师之间的相互开放、信赖、协作、支持以达成一定目标，从而促进教师共同发展。合作性组织文化因其开放性、和谐性、创新性，所以充满着活力和动力，对教师领导无疑是强有力的支持和推动。

教师合作文化的核心在于共享的价值与信念，建设教师合作文化，激发教师合作的共同愿景和信念是基础。沃伦·本尼斯认为：“在人类组织中，愿景是唯一最有力的、最具激励性的因素。它可以把不同的人联结在一起。”②学校愿景是建立在教师共同价值观基础之上的，对学校发展、未来的共同愿望。它表现为教师共同认可、接受并内化为自身追求的组织使命、任务、目标以及价值信念体系，能够产生众人一体的感觉，使学校孕育无限的生机和创造力。因此，学校领导和教师应对学校现状进行分析，对未来进行有效的规划，确立符合学校实际的共同发展目标，然后在其指引下，共同努力。在愿景映照下，一般教师、教师领导者和校长都将戮力“为美好的东西去做”，“做那些美好的工作”。

巴斯强调，在教师作为领导者的学校，同侪合作兴盛。不断增强的同侪合作有益于教师领导。一旦这种享有共同愿景的合作性组织文化在一个学校形成，教师之间合作的不信任、人际关系的困扰就会迎刃而解，教师领导就有了先在氛围。

---

① 杨跃．本科师范生的教师领导力培育初探：以《教师领导力》课程建构为例［J］．当代教师教育，2012（1）．

② 戴维·W. 约翰逊，罗杰·T. 约翰逊．领导合作型学校［M］．唐宗清，等译．上海：上海教育出版社，2005．

（三）建立扁平组织机构

应建立扁平化、开放化的学校组织机构。金字塔式的科层组织机构，阻碍真正的教师领导力的形成和教师领导活动的进行。学校应减少内设机构，减裁非必要部门，合并功能类似部门；改变或减少垂直传递信息的组织沟通方式，加强横向联系与沟通；减少学校决策层与执行层之间的间隔层次和距离，增强组织结构的弹性。减少对教师的条款管理，加强对教师的宏观指导；减少非专业性活动和会议，增加教师专业互动的机会，使学校成为一个重视学习、系统思考、协调合作、灵活和谐的“专业者联盟”，而不是一个“二衙门”。在“专业者联盟”中，任何信息都可以直接传到决策层，任何决策也能较快地传递到下层，有利于领导与教师之间的有效沟通。扁平化组织为教师的自主学习、自主发展和合作交流留下更多的时空，使教师更加关注自己的专业和专业发展，更容易成长为教师领导。

引导教师创建非正式团队。学校非正式团队是由教师根据自身专业兴趣自发建立、自主形成的非正式组织，非经任何权力机构承认或批准而形成。在非正式团队中不仅形成了非正式的社会结构，而且形成了非正式的共享价值信念。它的建立有助于教师主动研究意识的养成以及合作探究精神的发展。而且，教师在这个过程中可以遵照自身的专业兴趣充分发挥其自主性，毋庸遵照行政命令“被参与”，从参与和投入的程度以及主动精神的角度来讲，更有利于教师专业能力的提高。非正式团队的范畴广泛，结构可紧可松，比如教师学科专业交流组织，教师组织、学生自愿参加的导师工作组，形态固定的文化沙龙，读书会，工作室，博客群体，等等。非正式团队有利于教师之间的合作交流，建立良好的人际关系，提高士气、促进协作；能够实现教师的个人价值，教师能从中获得满足感和成就感；还能对科层组织带来的一些弊端进行修正，更有利于教师领导的脱颖而出，以及通过非正式组织的锻炼，提高领导能力。

（四）改进校长领导方式

校长作为学校的负责人，对教师领导的影响是直接而深刻的。传统的校长领导方式，一般是类似于工业组织的强硬、有力、直接的科层领导。校长们往往变得更像行政首长、公司主管，甚至“老板”。这种权力高度集中的领导方式，使教师领导陷入困境。因为学校并不是一种行政组织，而是一个专业共同体。因此，校长必须改变自身的领导方式，采用更加符合专业共同体的人本领导模式。

校长应发挥在学校中的价值引领作用，赋权教师、激励教师。校长应将自己定位于“领袖”角色，即精神领袖、学术领袖、道德领袖，而不是一个“技术领导”；不应将行政领导作为自己领导工作的全部，而应建设学校共同体规范及带领成员完成对共同愿景的承诺，使其成为领导的“替代物”，降低直接领导的必要性；弱化权力与指挥，注重权力与责任、承诺并用，赋权教师，特别是在教学教研中充分发挥教师集体的智慧；多方激励教师，尤其是通过对实现共同愿景的责任权利，激发教师的主人翁意识，激励教师参与学校事务、为学校发展负责的精神，让教师在教学工作中感觉到自身言行的重要，满足自我实现的需要。在具体的领导模式中，尽量采用参与式领导、分布式领导、项目领导、团队领导等领导模式，因为，这些模式“是实现教师领导的基本范式”。① 正如萨乔万尼指出：“领导者必须是‘领导’，有价值的领导，最终还是那种以不同方式触动人们的领导：开掘他们的情感、呼唤他们的价值观念、回应他们联结他人的需要……当领导者把领导活动看作是为共同体成员共享的理念服务时，所谓领导的风格、采用的何种领导方式都仅仅是过程中的问题，都变得不那么重要了……领导者重要的职责之一，就是要努力把员工培养成为他们各自工作范围内的领导者。同时，领导者就无需扮演单打独斗的英雄，而是一批领导者的领导者。”②

校长还应提供教师开展领导的任务平台。尽可能给予教师一些教学之外且其能力所及的具体事务，如校本课程开发、项目合作、工作室建设、培训指导、服务社区，以便帮助教师理解和适应新的领导角色。在这些任务实践中，教师通过与学生、同事、领导以及校外人员进行深入交流沟通，发表意

---

① 金建生．教师领导何以可能［J］．中国教育学刊，2010（7）．

② 冯大鸣．美、英、澳教育管理前沿图景［M］．北京：教育科学出版社，2004．

见，参与决策，逐步认识并形成鲜明的领导意识，提升自己的领导能力。

（五）加强教师自我领导

教师作为专业群体需要自主，教师作为个体同样需要自主或称自我领导。一个能自我领导的教师才是善于学习的教师，才能成为影响他人的教师领导者。教师领导者要主动学习，加深对教师领导的认识，形成鲜明的领导意识，对教师领导的内涵、功能与价值、条件、实施策略等方面的内容从理论与实践上有合理的理解与认识，对自己作为教师所能够承担的教师领导职责有非常清晰的认知，并真正践行到教师的教育教学实践当中。教师领导者要主动发展自我，不断提升自己的专业知能、专业权威，加强对自身师范人格、专业道德的修养。应摆正自己的角色，树立为学校服务、为同侪教师服务、为学生服务的意识，通过为他人提供支持，赢得校长、教师和学生的尊重、理解和认可。教师领导者还应主动寻求发展的机会，譬如参加专业进修、各级比赛，以增强自身的影响力。

总之，作为一种新生事物，教师领导者在领导实践中遇到困难和阻力是难免的，也是可以理解的。只要各方包括领导者本人能够有着清醒的认识，能够不断提供支持和自我改进，教师领导者就一定能够走出实践中的困境，教师就能更好地成长。

第二节　发展教师“PCK”

学科教学知识（Pedagogical Content Knowledge，简称 PCK）被认为是教师知识的核心，因而在教师专业发展中具有重要意义。教育部颁布的《中学教师专业标准（试行）》的基本内容包含了专业理念与师德、专业知识和专业能力三个维度，在专业知识维度中就确立了“学科教学知识”这一个基本内容，并且就学科教学知识领域提出了以下要求：掌握所教学科课程标准；掌握所教学科课程资源开发与校本课程开发的主要方法与策略；了解中学生在学习具体学科内容时的认知特点；掌握针对具体学科内容进行教学和研究性学习的方法与策略。可见，学科教学知识对于教师是相当重要的。因此，无论是出于教师的专业发展还是教师教育的需要，寻求中小学教师 PCK 建构发展策略，都是有益和必需的。由于 PCK 是隐含在教师教学实践中的客观存在，具有实践性、缄默性、个体性等特征，对它的来源途径和发展策略的检测和建构是有一定困难的。我们拟依据国内外对 PCK 已有的研究成果，结合目前中小学教师专业发展的实际，就中小学教师 PCK 发展策略作初步探讨，以求能有益于中小学教师的成长。

一、"PCK" 内涵及其意义

"根植于经验与理论的基础知识，是所有专业的中心。"兹南尼基（Znaniecki）曾指出："每个人无论承担何种社会角色都必须具备正常担任该角色必不可少的知识。"[①] 毋庸置疑，教师在专业发展中，必须具备一定的专业知识。舒尔曼（L. S. Shulman）将教师知识划分为 7 个类别，即：教材内容知识、学科教学法知识、课程知识、一般教学法知识、有关学习者知识、有关情境知识以及其他课程知识。其中学科教学知识 "PCK"（Pedagogical Content Knowledge）被认为是教师知识的 "核心"，"是最能区分学科专家与教师的不同的一个知识领域"。舒尔曼认为 PCK 是教师在面对特定的学科主题或问题时，如何针对学生的不同兴趣与能力，将学科知识组织、调整与呈现，以进行有效教学的知识。[②] 之后，有关学者对 "PCK" 的内涵进行了不断地修正和发展，使其更趋丰富和完整。全美教师资格鉴定委员会（NCATE）把

① znaniedki，F. The Social Role of the Man of Knowledge [M]. NewYork：Octagon Books，Inc，1965.

② Shulman，L. S. Knowledge and teaching：Founda-tions of the New Reform. Harvard Educational Review. 1987，57 (1)，1—22.

PCK 界定为：教师通过学科内容知识和有效教学策略交互作用（interaction）帮助学生有效学习的知识；这种知识要求教师在完全理解所教内容，了解和掌握学生的文化背景、先前知识和经验的基础之上，运用多种方式进行教学。① 后来，科克伦（Cochran）等人从动态角度将舒尔曼的静态“学科教学知识”概念改造为“学科教学认知”（Pedagogical Content Knowing，简称 PCKg），并将其定义为“教师对一般教学法、学科内容、学生特征和学习情境等知识的综合理解”，其包含学科知识、教学知识、学生知识、学习情境知识。② PCK 与 PCKg 两种概念在本质上是一致的，只是后者更强调教学知识的动态性和建构性，更加强调教师在 PCK 生成过程中的主体地位。“学科教学认知”的观点使 PCK 更为丰富与生动，也使其与教师教学实践活动的联系更为真实与密切。2009 年 C. Angeli 等人认为 PCK 还应包含技术知识。世界银行在《在知识社会中学习如何教学》（*Learning to Teach in the Knowledge Society*）的报告中对 PCK 进行了系统的阐述，并强调了它在教师知识和教师实际教学中的重要作用。报告指出，PCK“是一类特殊、教师从教必须具备的知识。它是多种知识的混合物：是抽象的、一般的、宏观的教育学知识、教学法知识、课程知识与具体的、特殊的、微观的学科内容知识的有机结合，具有很强的应用价值，直接服务于提高教师的学科教学质量”。③

总的来说，PCK 是一种构成相对复杂的，融合了学科内容知识、课程知识、教学法知识、学生知识、情景知识和其他相关知识，以将该特定学科内容予以组织及调整，并通过解释、示范、比喻、举例等教学策略来呈现和转化给学生学习的知识。PCK 具有建构性、整合性、转化性和个体性等特点，它是学科知识与教育知识的特殊合金，并融入教师的信念、价值观等，是教

---

① Diane Barrett Kris Green. Content Knowledge as a Foundation for an Interdisciplinary Graduate Program [J]. Science Educator，2009，18 (1)：17－28. Cochran K F. Pedagogical Content Knowing：An Integrative Model for Teacher Preparation [J]. Journal ofTeacher Education，1993 (4)：263－272.

② Cochran K F. Pedagogical Content Knowing：An Integrative Model for Teacher Preparation [J]. Journal ofTeacher Education，1993 (4)：263－272.

③ 唐泽静，陈旭远. “学科教学知识”研究的发展及其对职前教师教育的启示 [J]. 外国教育研究，2010 (10).

师个体的一个独特的知识领域，是教师对自身专业理解的特殊形式。它源于教师的实践智慧，经由教师教学、评价、反思与转化过程而获得，是教师个体在教学实际情境中，通过与情境的互动而建构的产物。

PCK 对教师的专业发展具有重要意义。PCK 体现教师职业的专业性，是教师成长的知识基础。舒尔曼特别强调 PCK 的重要性，认为这种知识是学科专家教师所具备的重要知识，是最能够将学科专家和教师区分开来的一种知识。他说："确认教学的知识基础之关键就在于学科知识和教育知识的交互作用，就在于教师拥有的下面这种能力，即将他知晓的学科知识改造成（transform）在教学意义上（pedagogically）有力的、能够适应学生不同能力和背景的形式上。"① 科克伦等也提到："教师区别于生物学家、历史学家、作家和教育研究者，不在于他们掌握专业知识的质量和数量，而在于他们如何组织和使用知识上。例如有经验的教师的学科知识是从教学的角度组织起来的，并成为帮助学生理解具体概念的基础；而一位科学家的知识则是从研究的角度来组织的，是作为建构本领域新知识的基础。"② 教师专业领域知识的特殊性是教育家对教师专业性的一种理性追求。

可以这样说，PCK 是教师知识的核心，也是教师从事教育教学活动的知识基础。一是 PCK 影响教师的教学行为，进而影响教师的发展。教师是否拥有，拥有多少 PCK，决定着其教学能力的大小。二是 PCK 具有定型作用，直接影响课堂教学的质量。教师一旦建构起自己的 PCK，就会内化为其解释、认识、评价教学事件的框架和模型，并以此去分析、说明、论证、评价教学中的问题，甚而成为处理各种教学问题的原则和方法。三是 PCK 关乎教学的有效性。PCK 把学生的知识、学习的知识和教学情景的知识融合进来，能够帮助教师去建构课程内容，选择适当的呈示方式，形成有效的类比、举例、讲解和演示，理解和预想学生进入学习过程时所拥有的概念、前概念和可能

---

① 刘小强．教师专业知识基础与教师教育改革：来自 PCK 的启示［J］．外国中小学教育，2005（11）．

② 刘小强．教师专业知识基础与教师教育改革：来自 PCK 的启示［J］．外国中小学教育，2005（11）．

存在的困难等。可以说，学科教师与专家学者、优秀教师与低效教师之间的最大差别就在于是否拥有 PCK。专家学者去创造学科领域的新知识，学科教师则帮助学生理解这些新知识。

二、教师“PCK”来源调查

既然 PCK 在教师专业发展中有着如此举足轻重的作用，那么教师 PCK 发展策略应成为教师教育和教师成长中必须回答和解决的问题。正如库尼（Thomas J. Cooney）所说：“教师获取学科教学知识的途径是教师教育的支撑点之一，相应地它应当成为教师教育研究的焦点。”①

鉴于此，著者在实施广东省“十一五”教育科学规划课题“广东省基础教育系统名教师研究”时，把教师 PCK 的来源作为一个研究内容，对广东省基础教育系统 126 位名教师进行了调查访问。广东省于 2005 年评选出 57 名“基础教育系统名教师”，2009 年又评出第二批的 69 人。根据评选条件，这些名教师基本上都接受过广东省基础教育系统“百千万人才工程”培养，“具有一定教育理论水平，熟练掌握所教学科的理论知识，在学科领域有较大知名度；具有较高的教研能力，有承担省级以上教育科研项目的能力，并取得了省内有较大影响的教育科研成果；教学水平和教学艺术高，教学经验丰富，教学业绩突出，是所教学科的教学带头人”。如果把教师的成长期分为新任教师、合格教师、骨干教师和专家教师阶段的话，可以说，这些“名教师”应该已处于专家教师，至少是骨干教师阶段。我们把他们的 PCK 的来源及这些来源所起的作用作为调查重点，可以借此帮助新手教师甚至职前教师找到一条发展 PCK 的途径和策略，不断促进专业发展，从而成长为优秀教师。

教师的 PCK 有多种来源。最基本的是来源于教师的实践活动。这个过程可以分为职前和职后两个阶段。当然，各个阶段还可列举出更为具体的来源。比如自身的阅读学习、经验反思等等。借鉴范良火和国内外其他学者对教师

① Thomas J. Cooney. Research and Teacher Education：In Search of Common Ground [J]. Journal for Research in Mathematics Education，1994，25（6）：611.

教学知识内容和来源的划分，[①] 结合实际，我们将名教师 PCK 来源设计为以下途径：A. 作为学生时的经验；B. 职前教育；C. 在职培训；D. 有组织的专业活动；E. 和同事的日常交流；F. 参与教育课题研究；G. 阅读专业书刊；H. 自身的教学经验和反思；I. 教科书及教学参考书；J. 其他（本调查中未列出的来源项目，由被调查教师添加）。而 PCK 内容主要包括：教师自身教育情境知识；学生的思维特点及学生学习特性的知识；学生学习的前概念；课堂管理知识；对学生学习某些特定主题的困难的认识；课堂组织与判断、应对突发事件的策略；综合整合相关学科知识的策略；针对特定主题教学表征、解释、隐喻、类比的知识；诊断学生错误概念的知识；联系学生背景、课堂情景的知识；整合网络教学资源的知识。

本研究以自编的问卷为调查工具。问卷问题均采用封闭式题型，由 20 个问题组成。问题的设计遵循问卷制作的一般原则。为确保信度和效度，问卷制作中咨询和请教了相关教育专家和技术人员，问卷制订后在湛江市部分学校向有关教师进行了预测试，并进行了修正。问卷的第一部分旨在了解教师的个人背景信息。第二部分首先对学科教学知识做简明扼要的介绍；其次以等级量表形式呈现教学知识来源，并对相关来源做必要的解释说明；最后请调查对象针对每种来源，对自己 PCK 形成的有用性进行评价。评价等级分“很有用”“有用”“基本有用”“无用” 4 个等级，要求调查对象做唯一选择，相应分值为 3、2、1、0。

作为调查对象的 126 位“名师”，平均教龄在 18 年左右，平均年龄 46 岁左右，男性 97 位，女性 29 位。任教学科中，以语文、数学、英语为主，几乎涵盖了中小学设置的所有课程。有极少部分教师为中等职业学校教师和特殊教育学校教师。本次调查共发放问卷调查 126 份，回收有效卷 123 份。笔者还对 10 位教师进行了面对面的访谈，对 45 位教师利用电话、QQ、电邮等形式进行了更深入的交流。

经过调查，我们得出广东省基础教育系统名教师 PCK 来源的相关结果

① 范良火. 教师教学知识发展研究［M］. 上海：华东师范大学出版社，2003.

（见表 6-1）。

表 6-1　“名师”PCK 来源及有用性均值

来源项目	选择人数与比例	有用性均值
A. 作为学生时的经验	8（6.5%）	0.31
B. 职前教育	12（9.76%）	0.42
C. 在职培训	58（47.15%）	1.53
D. 有组织的专业活动	117（95.12%）	2.44
E. 和同事的日常交流	119（96.74%）	2.52
F. 参与教育课题研究	102（82.92%）	2.08
G. 阅读专业书刊	96（78.04%）	1.99
H. 自身的教学经验和反思	123（100%）	2.88
I. 教科书及教学参考书	87（70.73%）	1.85
J. 其他	2（1.62%）	0.09

从调查结果可以看出，名教师 PCK 来源的途径是多方面的，在列出的 10 种来源途径中，都有教师选择。但是，从来源的广泛性和重要性来讲，这些途径还是存在区分。所有教师都选择了“自身的教学经验和反思”这一来源途径，其有用性均值最高；教师选择“和同事的日常交流”“有组织的专业活动”的人数和有用性均值次之；选择“阅读专业书刊”“教科书及教学参考书”“在职培训”又次之；而选择“职前教育”“作为学生时的经验”的教师人数最少，重要性均值也最低。因此，我们可以得出这样的结论：1. 教师的教学经验和反思是教师 PCK 主要来源；2. 和同事的日常交流、有组织的专业活动是教师 PCK 的重要来源；3. 阅读专业书刊、教科书及教学参考书、在职培训是教师 PCK 来源的辅助途径；4. 职前教育、作为学生时的经验对教师 PCK 的发展作用不大。

三、中小学教师“PCK”发展策略

依据国内外有关PCK的理论研究成果，结合当前我国中小学实际以及我们本次的PCK来源调查，我们认为，中小学教师应从以下几方面来发展PCK。

（一）立足教学实践，主动建构

PCK并非一种独立形态的知识，它是多种知识的整合，是教师将自己的学科知识以及有关学生、课堂文化和课程知识重组（reorganization）而形成，而且在重组过程中加入了教师本身的价值观和他们对学科教学的看法。这些多种知识在重组中也不是简单的叠加和累积。教师并不是随着如学科知识等知识的获得而自然获得PCK，也不是其他知识丰富就必然PCK丰富，正所谓“学者未必为良师”。当然，PCK是一种多类知识的“混合物”，必须以其他知识作为基础，它也可通过理论性学习获得，但这种理论性学习也并不是通过简单的接受就可直接获得。从另一方面来说，PCK的核心是向一定的学生有效地呈现和阐释一定的学科内容，它离不开师生之间的教育教学情境，是一种“视情形而定”的知识，具有鲜明的情境性。因此，PCK的形成是一个动态的、实践的、生成的、建构的过程，带有明显的个体性、情境性与建构性，需要教师个人在特定的教育教学情境中不断进行实践、探究，将诸方面的知识综合、创新。PCK应是教师主动地建构而非被动地接受，是主动创造而非被动形成。可以说，PCK生成的过程，就是教师创造的过程，实践的过程。在建构PCK的过程中，教师的生命活力得以展现，个性得到张扬，教师在创造了新的PCK的同时，也再造了教师自己。本次调查，以及国内外学者的研究表明，在教师获取PCK的过程中，最重要和比较重要的途径是教师的教学经验和反思、同事间日常的交流以及有组织的专业活动等，而作为学生时的经验、职前教育等却并不重要和发生大的作用。师范生在走出大学校门成为教师后，“绝大多数人认为在教师教育阶段自己的收获不大”，或对自己教师知识的发展“无用”“不重要”。[①] 这一方面说明，职前教师教育中存在很多缺陷，同时也说明，教师 PCK 的发展主要由教师在教学实践中自主建构，而非主要来自于外烁式的灌输教育。教师的 PCK 既是在实践中建构的，又是关于实践的，还是指向实践的。有鉴于此，教师应该树立良好的专业发展愿景，增强对教师专业的认同感，热爱教师专业，热爱学生，热爱教学，充分发挥主体作用，主动积极投身于教育教学改革实践当中，在课堂教学当中去实践，去磨砺，从而建构和发展自身的 PCK。

（二）教师经验反思日常化

教师的 PCK 是在教学实践中自主建构的，因此教师的教学经验非常重要，但是只有经验还不行，还必须对经验进行积极反思。舍恩指出反思是专业生活的一部分。波斯纳（G. J. Posner）认为，没有反思的经验是狭隘的经验，至多只能成为肤浅的知识。如果教师仅仅满足于获得经验而不对经验进行深入的思考，那么他的教学水平的发展将大受限制，甚至会有所滑坡。为此，他提出了一个教师成长的公式：成长＝经验＋反思。反思，一般是指行为主体立足于自我以外的批判地考察自己行为及其情景的能力。教师的反思是指教师在教育教学实践中，以自我行为表现及其行为之依据的“异位”解析和修正，进而不断提高自身教育教学效能和素养的过程。教师经验反思具有实践性、针对性、反省性、时效性和过程性等特点。可以这样认为，教师 PCK 的形成发展，教学经验与反思是最主要的途径。我们说 PCK 是关于如何教的知识，这种知识是教师对基于课堂实践以及在生活与学习中所获得的经验进行思考、归纳与总结，并经过综合、转化而不断获得与丰富的。所以，PCK 的发展离不开教师在实际的教学实践环境中所获得的经验及其基于经验的有目的、有重点的反思。舒尔曼在其有关教学知识增长的研究中提出了“教育学推理”（Pedagogical reasoning）的概念，即教师将自己所理解的学科知识转换为对学生有意义的陈述和表达方式的过程。这一概念重在强调教师能将自己所理解的学科知识“教育学化”和“心理学化”，然后依据学生对学

---

① 范良火. 教师教学知识发展研究［M］. 上海：华东师范大学出版社，2002.

科知识已有的理解水平，选择学生能够理解的恰当方式陈述和表现出来。教师的教育学推理实际上就是教师根据自己的经验进行反思。教师在教学反思中建构 PCK 主要体现在以下两点：一是，教师通过反思自己的教育理念，形成对教学目标的设计和分解、知识与能力、知识与情意以及包括对学生的新的认识，以此获得一种新的认知方式，逐渐形成自己的教学思想；二是，教学反思还是一种对自己的教育思维方式的反思。无效的教育思维方式总是就知识论知识的单一性思维和就教育论教育的封闭性思维。这二者是静态的和僵化的，通过教学反思使教师积极建构动态的和灵活开放的教育思维方式，实现最佳的教学效果。从某种意义上说，教师的 PCK 的形成过程与教学反思过程是同步的、方式也是一致的，PCK 在一定程度上也是在这种同步和一致性中形成的。① 因此，实现教师经验反思的日常化是发展教师 PCK 的一个重要路子。国外有学者研究后也指出 PCK 是教师在教育叙事中养成的。教师应该在充分认识教学反思对自身专业发展重要价值的基础上，掌握科学的反思技巧和策略，将反思作为自身日常教学中的一部分，做到日常化反思，在教育教学实践过程中自觉、主动地进行反思和总结，发现自身存在的问题和不足，明晰未来的发展方向，优化教学过程和教学效果，从而进一步建构并完善 PCK 内容，提升教育教学能力。缺乏反思技巧和能力，以及一个时期或仅仅一次活动后的反思并不会对教师的 PCK 发展有太大的帮助，更难说是“有效途径”。学校要创造真正有利于教师反思活动的机制和环境，给予反思方法的指导，譬如教育叙事、课后小结与札记、教师专业生活史分析、教育个案集体探讨等等，促成教师经常反思的习惯，让他们主动反思、日常反思，能够反思、有效反思，使教师在“实践——反思——再实践——再反思”中不断提高自己，以实现学科知识、教育知识与教学实践的有机融合，从而在反思与升华中生成 PCK，缩短 PCK 的成熟时间，加速专业成长和发展。

（三）建设共同学习体，加强专业活动与交流

澳大利亚有学者提出了“PCK 水池”的概念。他以化学 PCK 的发展为例

---

① 王政，任京民. 论教师学科教学知识及其养成［J］. 外国中小学教育，2010（3）.

指出："每一个主题，教师、化学家、化学教育研究者都应该在一起工作，整合教学法和化学研究的发现，有系统地创造和建立一个 PCK 水池（a pool of PCK）。这个水池可能是关于'教和学'这一主题内容的笔记、观点和策略的资源汇集，并且是化学教师参与其中的。"① "PCK 水池"本质上就是一个教师学习共同体，在"水池中"有关群体开展有组织的专业活动、沟通交流。如果说反思的路径或策略强调的是教师"从自己的教学中学习"、"在与自身对话的过程中实现个体发展"的话，那么，在学习共同体中，有组织的专业活动和同事的日常交流这一路径或策略则推崇教师"在与同事的互动与对话过程中共同发展"。教师的专业特质使教师的反思资料和合作机会有限。教师很多时候被认为是"一个孤独的工作者"，罗梯（Lortie）就曾把教学称为"鸡蛋箱专业（egg carton profession）"：教师一旦把教室门关起来，就与外界隔绝了，这种分离导致没有人来指出教学的不足。② 就 PCK 来说，具有个体性和缄默性的特点，可以说是一种缄默知识。如果教师一直处于专业孤立的状态，很难有机会收集到关于自己的信息，尤其是同伴对自己 PCK 状态的评价信息。教师仅仅依靠自己的内省难免会有所偏失，更可能忽略自己未意识到的问题，也难从他人之中学到更多的 PCK。托马斯认为，"教师专业发展思想的一个重要转向就是将关注的重心从'专业个人主义'转向'学习共同体'"。③ 教师在共同体中能够相互学习、交流沟通、共生共享，不断形成实践智慧。而事实上，欧美各国近年来采取的"同伴互教"（peer coaching）和"资深教师的辅导"（mentoring）等合作策略，在实践中被证明为是促进教师发展的有效方式。因此，在学校教育情境中，创生一种教师合作文化，建设学习共同体，通过学习共同体成员之间的合作、对话与互动，是教师学习的

① John Loughran，Richard Gunstone，Amanda Berry，PhilippaMilroy，Pam Mulhall. Science Cases in Action：Developing anunderstanding of science teachers' pedagogical content knowledge.

② Lortie，D. （1975）. Schoolteacher：Asociological study. Chicago：University of Chicago Press.

③ Thomas，G.，Wineburg，S.，Grossman，P.，Hyhre，O.，Woolworth，S. In the Company of Colleagues：an Interimreport of the Development of a Community Teacher Learners [J]. Teaching and Teacher Education，1998，(1).

重要形式，是形成 PCK 的重要途径。学校应该形塑合作性的学校文化，建立支持性及共享的领导，引领教师形成共同愿景，建立健全教师共同体学习机制，提供教师合作学习的“支持性条件”。

就教师 PCK 发展来说，教师在共同学习中主要需在三个方面加强合作交流。一是“青蓝结对”，即新手教师与专家教师的互动。新手教师与专家教师既是师徒关系，又是同伴关系。二者之间的互动实质上是双方将各自内隐的缄默性的 PCK 呈现出来，相互交流沟通学习，是以老带新、以新促老的帮扶协作模式。“青蓝”之间需要经常讨论的问题有：这节课采用什么教学策略比较好，原因何在；学科知识如何最有效地传授给学生；如何引导学生开展探究性学习，等等。二是“组内互动”，即同一教研组教师之间的互动。从“实践社群”的观点来看，“学习不只是个人的体悟或独自的发现，不是重复其他人的发现，或者通过教授这项活动来习得其他人所传递的知识。学习是通过参与社群的学习性课程而发生的，而这种参与属于向心型（朝着社群核心迈进），即向心式参与”。[①] 有组织的教研活动恰恰是这样一种“实践社群”。教研组往往是按照学科分类进行划分和组织，在组内的互动更有利于 PCK 的交流与分享。教研组成员聚焦于 PCK 开展集体备课、说课、听课与评课。在这些活动中，教师一般能实现“视界融合”与“视界分延”的效果。前者指通过对话彼此达成一种对教学的相对一致的看法，这种共识对自己原有的思路是一种激励；后者是通过对话彼此暂时不能达成共识，但却深化了自己的原有看法，并在其原有基础上发展了彼此有差异的观点。PCK 也就在其中形成。[②] 三是“活动引领”，即以专业性的活动作为教师合作学习的载体。没有专业活动，学习共同体往往会分散，没有凝聚力，教师也没有发展的平台。因此，学校及教师应根据自身实际与专长，开展各种专业活动，如校本课题研究、教师沙龙、教育论坛、热点讨论、难题会诊、教学比武、课例评价、

① Lave，J and Wenger，E. Situated Learning：Legitimate Peripheral Participation，Cambridge：Cambrige University Press，1991. 95—96.

② 袁维新. 学科教学知识：一个教师专业发展的新视角［J］. 外国教育研究，2005（3）.

课堂观摩，等等。这些活动本身呈现出合作、开放与多元的特点，势必促进教师之间建立群体共同的学习目标并协作交流。活动中，专家带路、骨干示范、切磋教艺、互助支援、互动对话，从而取长补短、经验共享、共同提高，帮助教师解决问题与困难，实现理念与实践的沟通，促进 PCK 的发展。

（四）增强培训的学科性，改进教师培训内容和方法

一直以来，教师职后培训被认为是教师专业发展的一个重要途径。实践和研究表明，PCK 具有可传递性，① 可以通过模仿、借鉴、传授也即培训而逐渐形成和丰富。对教师知识研究最系统完整的学者范良火博士在对美国和新加坡的教师调查研究后得出结论，“在职培训”是教师 PCK 来源的重要途径之一。但如果培训的内容和方法存在缺陷，则很难给教师 PCK 的提升与建构带来实质性的帮助。国内也有相关研究表明，教师职后培训对教师 PCK 发展贡献不大的原因就在于教师培训中还有很多不足。当前我国教师职后培训中最主要的问题是普遍存在着理论与实践相脱节的现象，培训模式上“知行分离”“先知后行”，培训内容多是对宏观教育教学理论知识的讲授，不能关注不同学科教师特殊教学实践的需要；培训方式上，多采用大规模的讲座制，众多培训者集中授课，以听为主，缺少对实际教学案例的观察剖析；培训评价上，也仅是对学科知识、一般教学知识或政策理念的纸笔测验，不能对教师 PCK 的综合考查。结果导致“学者作报告，教师听报告，概念知不少，培训无实效”的状况。PCK 的动态性、建构性与个体性在更大的层面上决定了大规模的短时的教师培训无法，也不可能大量传递这种知识。不涉及具体课题教学的单纯的宏观理论培训并不能实质性地提升教师的 PCK。

正如前所述，PCK 往往是针对学科教学中不同教学课题而形成的，没有逻辑上的连贯性，零散而量大，大规模的、短时期的教师培训不可能对其全方位涉及。同时，PCK 是多种知识在互动的过程中生成的，面对同一个课题，不同的教师可以建构不同的 PCK，其有效性并不是靠知识本身能保证而是有赖特定的情境，即 PCK 并没有一个统一的标准。另外，我们已知 PCK 的发

---

① 刘义兵，郑志辉．学科教学知识再探三题［J］．课程·教材·教法，2010（4）．

展与建构，更多的是需要教师自身大量的实践与反思，换言之，再多的知识灌输也代替不了教师个体的实践与反思。因此，我们认为在教师培训当中，应该减少那种大规模的理论培训，加强培训的学科性，从学科教育的视角出发审视培训内容，多一些有具体教学课题支撑的行动教育。教师培训机构需要搜集各种教学案例，分析同一节课的不同案例，从中概括得出作为公共知识的、普适性的特定课题的 PCK，把这些 PCK 积累起来，做成 PCK 知识库，作为教师培训的内容之一。在教师掌握了普适性的特定的课题的学与教的知识后，针对教师的不足，运用案例教学或行动教育模式促使教师从每一节课的细小改变逐渐积累，最终形成自己的 PCK。另外，教师培训中对教师 PCK 的发展，要充分发挥方法论的引导作用，如：引导教师明确 PCK 的构成因素与建构的过程；引导教师了解不同的发展阶段教师 PCK 建构的过程与途径；引导教师学会追问与思考不同教师 PCK 形成的原因与过程；引导教师学会反思自己的 PCK 现状；引导教师学会借鉴与重构 PCK，等等。[①] 国外的一些教师职后培训可给我们提供一些借鉴。以“科学案例——教师学习”为例，这是一个为期三年的在职教师培训项目，被培训教师每年参加 5 天的暑期集会和每月的会议，每年的专业发展活动 20—50 小时，他们要提供课堂叙事记录（包括学生活动、师生对话，教学素材、教师的行为和教师的思想）。培训内容有：案例讨论，学习教材，为学生准备活动，评估学生的思维，如何促进学生的探究，有结构的反思，完成家庭作业等。培训者在项目实施前后对被培训教师进行深度访谈，通过内容测试检查学科内容理解的变化，以了解项目实施的效果。例如对电和磁部分，访谈的问题是：学生理解电路的困难，解决困难的教育策略，帮助学生克服具体困难的方法，对学生回答具体问题的优势和弱点的解释，帮助特殊的学生的教育策略等。检测的结果说明“科学案例——教师学习”的培训方式对教师 PCK 的发展非常有效。[②]

---

① 郑志辉. 引领教师专业发展学科教学知识再探 [J]. 中国教育学刊，2010 (3).

② 廖元锡. PCK：使教学最有效的知识 [J]. 教师教育研究，2005 (6).

（五）提倡教师博而精的专业阅读

人类个体的交流信息主要有两种方式：一是直接交流，即面对面的口头交流；二是间接交流，即借助大众传播媒体及文献书籍而实现的信息交流。有组织的专业活动，同事间的日常交流就是属于前者，而专业阅读则是一种间接交流。PCK 具有个体性和缄默性，但并不是说这种知识就不能以语言文字的形式呈现出来。拥有丰富 PCK 的教师能以关键性的解释、表述、调整、剪裁、隐喻、表征等方式，将 PCK 加工和转化为同行所能理解的公共的外显的知识。专业书籍、有关文章就是优秀教师教育生涯中实践经验的结晶，是其 PCK 的外化。教师专业阅读就是与这些已拥有 PCK 的教师之间的交流对话，教师将从参考书籍、专业书刊中获得的 PCK 作用于自身教学活动过程，经过自己教学并经过教学效果的评估、检验，再反思后，就内化自身的 PCK。因此，阅读专业书籍应成为教师建构 PCK 的一个辅助的来源途径。一项关于特级教师和普通教师阅读状况的调查也印证了阅读对于教师 PCK 发展的作用。这项调查发现特级教师的藏书平均数为 641 本，藏书量明显多于普通教师，约为普通教师的两倍；特级教师的读书取向比普通教师更集中，基本集中在“专业领域”“文史哲”“教育理论”三类，特级教师比普通教师更关注专业、更关注教育理论的阅读；对报刊和网络的阅读与使用，特级教师明显比普通教师表现得更好。① PCK 的丰寡是区分优秀教师和普通教师的一个重要参照，一般来说，优秀教师 PCK 丰富，普通教师 PCK 拥有程度不如优秀教师。从特级教师和普通教师阅读状况的调查来看，也可反过来说，教师的阅读量大质高其 PCK 就丰富。许多教育家、特级教师都从自身专业发展的体会中认识到了读书对于教师成长的重要性。苏霍姆林斯基指出，“一些优秀教师的教育技巧的提高，正是由于他们持之以恒地读书，不断地补充他们的知识的大海”，他说“读书、读书、再读书，教师的教育素养的这个方面正是取

---

①　王咏田，张寿松．特级教师与普通教师阅读状况的比较研究［J］．教学管理（中学版），2010（9）．

决于此”。[①] 于漪老师忠告：“我们教师很忙，没有大块空余时间，但我们每天要挤出时间来读书。”近年来，朱永新教授主持发起的“新教育实验”，探索“专业阅读＋专业写作＋专业发展共同体”的教师专业发展模式。强调不同学科与发展阶段的教师，需要阅读不同的专业书籍；认为可能存在着一个教师专业知识的合理结构，并致力研制“新教育教师专业阅读地图”，即用书目的形式，在充分考虑个体成长的特殊性、序列性之基础上，构建一个理想的教师知识结构模型，从而更有效地解决不同水平教师与不同学科教师该读什么和怎么读的问题，以及专业阅读如何为专业实践服务的问题。“新教育实验这几年最大的成果，就是涌现出一大批在实验中成长起来的优秀教师”，“很多实验教师已从普通教师成长为学科领域的专家型教师了”。[②] 因此，教师应该主动阅读，既博览群书，又立足于专业性的阅读，明确应该读什么书，掌握阅读的方法与策略，追求高质量的“素质型、岗位型读书”，及时进行知识的更新，得到黄金搭档的“营养套餐”，促进自身 PCK 的发展。

较早提出 PCK 概念的舒尔曼本人在当时就倡导结合特定主题研究教师的 PCK。由于教师 PCK 的研究在我国教师教育中起步较晚，研究的重点目前主要是静态地对 PCK 进行介绍，或对其本质、内涵、特征和意义的阐释，而对特定教师群体如何发展 PCK 的相关研究还相对较为贫乏。因此，针对特定教师群体研究 PCK，应该是今后教师知识研究的一个重点和生长点。我们对中小学教师 PCK 发展策略的研究也还处于一个初始阶段，有待进一步地深入和完善。

---

① 苏霍姆林斯基. 给教师的建议［M］. 杜殿坤，编译. 北京：教育科学出版社，2009.

② 朱永新. 新教育实验与教师专业发展［J］. 教育科学研究，2009 (5).

第三节　教师如何从优秀走向卓越

教师在成长的过程中，要以“优秀”为目标，不断追求，但是否以获得“优秀”称号为终极目的？显然不是。教师的成长应该是一种无止境的成长，直至退出教师专业生涯。长期以来，为了促进教师发展，学界对“优秀教师”做了大量的研究，但以往对优秀教师的研究，主要是集中于对优秀教师的特质、成长过程，以及如何发挥其引领和辐射作用等方面，而对于其专业再发展极少关注。事实上，当前中小学优秀教师存在着严重的“优后”专业固化现象，不能发挥其作为优秀教师的真正作用。也就是说，教师在获得一个“优秀”头衔之后，就难再有发展了。这种优秀教师专业“固化”现象，无论是对教师本人还是对社会和教育事业的发展都是不利的。因此，教师“优后”专业固化和专业再发展的问题值得重视，优秀教师应该在专业生涯中走得更远，飞得更高。

一、“一优秀，就落后”：教师优后专业固化

优质的教育需要优质的教师。因之，培养和评定优秀教师（界定为受到县级以上教育行政部门认可的、具有某种头衔的教师，如学科带头人、特级教师、名师等）成为各级教育行政部门和学校的重要工作。培养和评定优秀教师的目的在于肯定和总结优秀教师在专业发展中取得的成绩，发挥其在教育教学中的独特作用，引领其他教师发展。但考察当前中小学实际，一方面大量的教师被评定为优秀教师，各种称号的教师如雨后春笋般不断涌现；另一方面相当多的教师被评定为优秀后，就很难再做出成绩，如昙花一现，很快就隐退，甚而销声匿迹，不能真正发挥优秀的引领作用。毫不夸张地说，

现实中优秀教师称号的获得几乎成为教师专业发展的分水岭，成名前专业发展迅猛，成名后专业发展停滞甚至退化，被戏称为“一成名，即沉沦；一优秀，就落后”。我们把这种现象称之为教师专业“优后”固化现象。

著者对G省基础教育系统126位名教师优后专业发展现状做了调查研究（从2005年起，G省在全省基础教育系统中每四年评选一批“名教师”，当年评选出57名，2009年评出第二批69人）。根据评选条件，名教师们基本上都接受过该省基础教育系统“百千万人才工程”的培养，“具有一定教育理论水平，熟练掌握所教学科的理论知识，在学科领域有较大知名度；具有较高的教研能力，有承担省级以上教育科研项目的能力，并取得了省内有较大影响的教育科研成果；教学水平和教学艺术高，教学经验丰富，教学业绩突出，是所教学科的教学带头人”（据G省教育厅关于评选G省首批基础教育系统名校长和名教师的通知）。调查以问卷和访谈为主，内容涉及“成为名教师后对专业能力、专业水平的自我评价”“目前在学校承担的专业工作和任务”“成为名教师后的发展目标”“学校如何对名教师进行管理”“目前的待遇”“名师后参加培训学习情况”“名师后的教学科研工作”等方面。

调查发现教师在成为名教师后专业发展上存在以下几种情况：一是在学校教育教学中发挥重要作用，本人朝着更高的目标继续努力，这一类名教师约占16.8％。这些名教师基本上承担着一定的各级教改项目和科研课题，或在培养学校和区域内年轻教师中发挥作用。二是评前和评后无大差别，这类名教师占了42.5％。他们几乎与普通老师没什么区别，除了与评前一样上课外，在学校中没有其他任务和工作。这些教师普遍认为他们现在与成名之前的区别就是多了张证书。三是忙于专业以外的事务，这类名教师占39.2％。这些名教师有事可做，但做的事更多的是些社会活动，如演讲演课，或编写教材和辅导资料，有的还搞些有偿家教。就“成为名教师后对专业能力、专业水平的自我评价”，只有22.5％的名教师认为专业能力和水平比刚评为名教师时又有进步；有22.1％的名教师认为自己专业能力和水平“退化”了；而51.8％的名教师认为与评为名教师时无区别，可归结为“停滞不前”，但不进则退，没有发展，其实也是退化。

调查显示名教师在学校和教育教学中没有完全发挥出应有的作用，大部分名教师在成名之后其专业发展基本上是停滞甚至退化，名师“不明”也“不鸣”。这个调查虽是对某个区域内名师的调查，其调查的广度和深度及方式可能还存在缺陷；但以小见大，还是可说明教师优后的专业发展情况不容乐观。相关文献资料表明教师优后专业停滞或退化现象，并非个别地域或个别教师独有，而是一种普遍性全局性的现象。某师范大学对所在省的中小学优秀教师（其界定标准和本文所提的几乎一致）进行了大规模的抽样调查，结果表明，高达68.7%的优秀教师在获得各类优秀教师称号之后，专业发展开始出现停滞现象。① 有学者对某省特级教师调查后发现，大多数特级教师的教研成果集中在获得称号之前的五年之间，而此后从整体上呈现出较为明显的下滑趋势。② 相关媒体也曾报道一些原本应挑大梁的名师，不仅未能起到应有的引领作用，反而出现专业发展退化的现象。③

可见，教师优后专业发展停滞或退化已成为师资建设中的一个严峻问题。优秀教师是学校的宝贵财富，是其他普通教师的标杆，其优后专业退化将带来一系列严重后果。一是社会、学校、学生和家长对优秀教师越来越不信任，产生一种“优秀也不过如此”的感觉，优秀教师将因此失去社会声誉，从而给教师职业声望带来伤害；二是在大量的投入之后培养出来的优秀教师，不能取得相应的成效，发挥应有的作用，浪费原本就有限的资源；三是给尚未成长为优秀和正在努力成长为优秀的教师带来负面效应；四是优秀教师本人的专业生命将被缩短。总之，教师优后专业固化对学校、学生及教师本人都是重大的损失，严重影响教育教学的质量，使优秀教师的培养失去意义。

二、“内外交困”：教师为何优后专业固化

教师的专业发展既受外部因素的影响，也受教师发展内在因素的制约，

---

① 周正. 优秀教师群体特征与发展机制探究［J］. 教师教育研究，2011（5）.

② 金连平. 特级教师“誉后”发展的困局及化解对策［J］. 教育理论与实践，2011（12）.

③ 周建国. 名师赋闲为哪般［J］. 山东教育：小学刊，2008（11）.

它是在教师主体与周围环境相互积极作用中，通过主体的各种实践活动而实现的一种动态的、变化着的，回应各种影响因素的此消彼长且与之循环互动的发展过程。教师优后专业退化的原因可从其所处的现实环境与其发展的内在因素来考察。

从现实环境来说，相关部门在优秀教师的评定和管理上存在失误。

首先，优秀教师评定的标准和方式存在问题，导致优秀教师假性成长。① 一直以来我们认定优秀教师的标准主要集中体现在学历、职称、课时数量、论文数量、课题数量与级别、获奖数量与等级、学生的学习学业成绩等量化了的指标上。这些指标有其合理性，但作为“各种社会职业中最后被视为需要特殊职业准备”（杜威语）的教师职业，其所有的内涵不可能仅用这样几个数字能概括体现出来。事实上，一个优秀教师所应具备的信念、德行、情意以及实践智慧是难以通过数字表现出来的。教师的主要工作是教学，但是学生的学业成绩也未必就能反映出教师优秀与否。因为非优秀甚至未合格的教师通过比如猜题、题海战术，或其他不符合教育规律、有损学生身心的手段，也可能使学生取得好成绩，何况学生的发展并不仅仅体现在学业成绩等认知方面。在评审优秀教师时，往往是采取教师自我言说的总结汇报和专家文本审读的评审方式。这两种方式都有可取之处，但也具有很强的片面性：评者与被评者完全隔离，教师的文本与实践脱节，教学目标与手段分离，很难看到其教学中真实的一面；而且在评审中，完全没有顾及最有发言权的学生的意见和评价。因此，按照这样的标准和评审方式评定优秀教师，难免鱼龙混杂，将一些本来非优秀的教师认定为优秀教师，这些假性优秀教师的专业素质本就不高，当然难以优后发展。

其次，强大行政力量的“工程化”“打造”，催生“早熟”优秀教师。

当前各地各种优秀教师培养工程五花八门，如火如荼。这些工程按照事先界定的标准将优秀教师的指标分配到各个学校，而学校出于自身利益考虑或行政指令要求，往往“矮子里面拔高个”，只会多评不会少选，甚至还会通

---

① 李斌辉. 论教师的“假性成长”：教育行政的视角［J］. 教育发展研究，2009（22）.

过社交手段等非正常渠道争取名额。这样通过一级级的各种培养工程，年年评，届届评，各校教师“排排坐，吃果果”，坐等“被优秀”。其结果是在行政力量的驱动和工程化的“打造”下，催生出很多实质上非优秀的优秀教师。早开的花易凋零，早熟的果不香甜，何况是催熟的呢？自然，这样的“早熟”的优秀教师优后也难以持续发展。即使是真正的优秀教师也有可能因这种强大的行政控制力而被挤压发展的空间，难以走得更远。因为工程化培养优秀教师，使“整个教师专业发展呈现出权力——强制取向”，诚如霍姆斯认为，大多数的专业发展活动是强加，服务于某项改革或组织的目的，可以看作是某种形式的控制。① 而教师专业发展最主要的是靠自主发展。行政强制力过大，就有可能成为限制和控制教师在专业活动中自由遨游的“藩篱”，教师就有可能画地为牢，在不知不觉中迎合、屈从于外部的规约和控制，压抑其“自为”发展的精神需求和选择行为，从而丧失再发展的自主性和积极性。

再次，相关部门在对待优秀教师上存在重评审轻管理、重使用轻保障、重数量轻发展的误区，导致教师优后再发展无激励无支持。

缺乏激励教师优后再发展的政策和机制。一是“优秀”终身制。一个毋庸置疑的事实，在我国，各种优秀称号往往是终身拥有，也即教师被认定为优秀之后，他以后的专业活动都被认为是优秀，且终身享受优秀的待遇；没听说和见过有如特级教师“下岗”，或教师被撤销优秀称号的事。此种状况无利于优秀教师的再进取，客观上终结了部分优秀教师的追求。“给一个教师一个帽子，让他永远戴一辈子，很可能使一个教师失去了成长的动力”（朱永新语）。二是教师优后无考评。教师在被评为优秀之后，教育行政部门和学校几乎很少有再对其进行考评的要求和措施。这可能是教育行政部门和学校一厢情愿地认为优秀教师已拥有较强的专业水平和专业自觉性，没必要再以各种规范、考核促其再发展了；但也可能是相关部门的懒政。无任务、无压力，自然就无动力，优秀教师就这样躺在以往的功劳簿上，直至“江郎才尽”。有理由说，优秀教师的专业停滞与固化，很多时候都是制度惹的祸。三是教师

① 卢乃桂，陈峥．赋权予教师：教师专业发展中的教师领导［J］．教师教育研究，2007（7）．

优后“被平衡”。有的学校担心给予优秀教师特殊激励政策会引起其他教师的不满，影响整个学校队伍的积极性，因而为追求平衡而舍前者迁就后者。比如很多学校在教师被评为优秀后，就不再让其享有继续评优的资格，评优资格也自动让渡给其他教师，从而使优秀教师心生冷意。四是教师优后“被雪藏”。有些学校和相关部门评定优秀教师并非真正出于对学校和教师的发展考虑，而是带有其他功利的目的，如显示政绩，或通过拥有名师来做宣传打广告，以利于学校招生或争取其他利益。因此，对拥有优秀名号的教师，只注重其数量，而无意于质量，遑论关注教师优后再发展。甚至还有这样的现象：一些学校领导担心优秀教师过于优秀而“功高盖主”，难以驾驭，因而对其再发展刻意漠视。

缺少教师优后再发展的支持。一是得不到来自外部的情感支持和氛围支撑。一方面，一些学校在教师优后不管不问，任其自由发展。另一方面，有学校（包括社会）对优秀教师缺乏宽容，往往以“完人”“圣人”的标准来要求和衡量他们，求全责备，以放大镜来看其弱点，不容许其有任何不足和失误，甚至抓住他们某方面的缺点进行攻讦，使其承受极大的心理压力，最终挫伤其再发展的积极性。由于我们可以想象的原因如嫉妒、利益之争等，很多教师优后与领导、同侪的人际关系开始不正常甚至交恶，不能形成合作的教师文化，失去再发展的和谐氛围。二是事务繁重，无力向学。不少学校通过“教而优则仕”和作为“学校招牌”来放大优秀教师效应。教师优后转型走上行政管理岗位，结果是教学中失去了一位好教师而学校未必多了一名好领导。教学与行政毕竟是两种不同的专业，优秀教师一转岗，很大程度上就已决定了其专业的不可再发展。而把优秀教师作为学校招牌装门面，以名人效应来包装学校，结果是优秀教师成为“明星”，活动频繁，应酬不断，身心俱疲。某省会城市曾对该市近500位名师进行调查，发现名师超工作量的现象严重，68%的名师兼任了大量的校内行政或校外社会职务，其中四成名师既有行政职务又有社会职务。① “负担过重必然导致肤浅”，当优秀教师终日被困扰于杂乱烦琐的事务，无精力和时间研究、反思教育教学，何以再发展？

---

① 曾晶．成都市教育局名师专业化提升的实践与思考［J］．中小学管理，2004（4）．

因此有调查就显示“日常工作过于繁重”是制约优秀教师专业再发展的重要因素。[①] 三是无条件保障和智慧援助。很多学校认为自己在把一般教师培养成优秀教师的过程中已经投入够大的了，教师优后也享受着各种超过一般教师的待遇，因此，往往不再对其再发展进行经济和智力投入，各种培训深造、经费课题等都向那些“未优者”倾斜，对优秀教师的生活和专业减少了相应的关照、指导。

从优秀教师自身来看，优后其专业自我往往出现偏差。教师专业发展既是社会身份的获得，更是教师专业内在价值的体验与获得。教师专业自我是包含了自我形象、专业动机、工作满意度、任务认知、信念激情以及职业前景期望等多方面因素构成的一个体系，与教师形成专业意识、确立专业精神、完善专业知能等方面联系密切，可说是教师专业发展的内驱力。教师优后专业退化与其优后专业自我出现偏差不无关系。

首先，成就动机低迷，专业再发展无方向。实事求是地说，绝大多数优秀教师在被评为优秀之前都有着比较明确的努力目标、奋斗方向，且都付出了艰辛和心血。但随着优秀称号的到手，很多教师便自认为在专业上是“船到码头车到站”，已“功成名就”了。在头顶优秀光环后，各种好处和利益如奖励、晋级、加薪如期而至，优秀教师也自觉不自觉地失去成就动机，认为自己总算是“多年媳妇熬成婆”了，由此沾沾自喜、固步自封，不再思进取。这是“优秀到手万事休”的享乐心理作怪。年龄相对较大的优秀教师，则认为自己人生渐入或已入不惑之年，身体已不如壮年，且在新课改中和青年教师相比，很多方面都处于劣势，没有多大必要再像原先那样拼死拼活去追求新的发展目标，即使去追求也可能只有付出，而没有收获。这是“人到中年万事休”的知天命心理作祟。这些心态上的消极转变，其结果是使优秀教师消磨了工作热情和干劲，丧失了斗志与激情，进取心锐减，不再去追求新的发展目标，不愿再一如既往地投身教师工作，只抱着“当一天和尚撞一天钟”的态度一味地吃老本、混日子、摆架子，甚至干脆逃避工作。

其次，价值取向失范，专业再发展偏正轨。2011 年教师节，上海市举行

---

① 周正. 优秀教师群体特征与发展机制探究 [J]. 教师教育研究，2011 (5).

有关师资建设的专家座谈会，对培养教育家发出了呼唤。与会专家一致认为当前各类名师“能力超过，淡定不足”，最终都不能发展成为教育家。[①]“淡定不足”，其实就是名师的人生价值取向发生了偏离，不能够正确认识到自己的价值，在名利面前超然物外。很多优秀教师不是在优后谋求自身专业的更大发展，在教师工作中发挥更大作用，而是借优秀之名，行谋利之实。有的一门心思借教而优则仕，削尖脑袋往行政领导岗位挤；有的热衷于为培训机构讲课评课、为出版商编书卖书等商业活动，追求经济利益；有的不再遵守校纪校规，唯我独尊，向学校漫天要价；有的甚至借名师的幌子做有损教师人格的事情。价值取向的偏离，使优秀教师隐褪了教育激情，湮灭了教育智慧，也失去了追问教育问题的力量，变得心浮气躁，忘记了自己的职责，自然也就丧失了再发展的基石，难以实现可持续发展。

再次，信念激情丧失，专业再发展缺乏动力。许多著名特级教师在总结自己一生的教学生涯时特别强调教育信念和激情在他们专业再发展中的价值和意义。[②] 联合国国际教育发展委员会原负责人库姆斯曾说，“使教师成为优秀教师的，不是……而是教师对学生、自己、他们的目的、意图和教学任务所持有的信念”。[③] 而教育激情“可以产生一种推动性、激励性的力量”，“在某种意义上，激情确实是教学的关键”。[④] 正确而合理的教育信念和自始至终的教育激情，是教师顺利成长和完美教学生活的重要保证。但是，很多优秀教师由于教师工作烦琐单调的特点，以及自身不能正确应对如前文所述学校在对待优秀教师的管理上存在的失误，在优后其教育信念和教育激情逐渐褪去或是发生改变，甚至轰然倒塌，对自己所从事的崇高事业感到怀疑、失望乃至厌倦，不能珍视自己的荣誉和成绩，自身再发展也失去了内驱力。

上述三种情况实质上都是优秀教师专业自我在生成中的延迟停滞甚至消

---

① 苏军. 教育家缘何越来越少［N］. 文汇报，2011－09－13.

② 柳斌. 中国著名特级教师教学思想录［M］. 南京：江苏教育出版社，2000.

③ A.W. 库姆斯. 教育改革的新假设［C］. 瞿葆奎. 教育学文集国际教育展望［M］. 北京：人民教育出版社，1993.

④ Fried，R.L. The Passionate Teacher：A Practical Guide［M］. Boston，Mass：Beacon Press，1995：6.

弭，导致无法对自己的职业状态和专业发展进行有效的自我反思与警醒，放弃了个人主体性的追求和自我价值的再实现。

但也必须看到的是，一些优秀教师专业不能再发展，有可能是一种厚积薄发的蓄势，在未来的某一时间将可能再次“出彩”；也有可能是优秀教师处于一个转型时期，暂时“沉默”。例如一名优秀的语文教师他可能在阅读教学方面有着出色的表现，但当他转而专攻写作教学的时候，有可能力所不逮，从而暂时发展停滞。这些都需要我们在优秀教师管理中有清醒而正确的认识和辨别。

三、内激外引：教师优后再发展

柯林斯说：“因为优秀，所以难以卓越。”卓越之难，在于远超优秀的境界。优秀教师是在教育教学上取得一定成就的教师，是教师在专业发展中的先行者。但优秀只能是代表其以往专业生涯的成绩，而未来的专业之路并不能因拥有优秀称号就必然会取得更大成就。教师工作是培养人、针对人的事业，人的复杂性和动态性，决定了其必然是一个动态、复杂的专业领域，充满了未知和不可预测，不可能有现成的模式和套路因循，教师的专业活动永远处于变动、探索和创新之中。因此，教师专业发展必然是个持续性和动态性的过程。所以布莱克曼这样对教师专业发展下定义：不论时代如何演变，不论是自发的还是受赞助的，教师始终都是持续的学习者，此种学习就是专业发展。

因此，教师的专业发展应贯穿在教师的整个专业生涯当中。可以说，教师专业发展是没有止境的，教师过去的优秀既是现在立身的基础，也是未来发展的起点，优秀教师必须不断超越，臻于卓越。《国家中长期教育改革和发展规划纲要》提出“鼓励教师和校长在实践中大胆探索，创新教育思想、教学模式的教育方法，形成教学特色和办学风格，造就一批教育家”，成为教育家是我们这个时代对卓越优秀教师的合理期待，也是优秀教师应终身追求的目标。

在对待教师优后专业退化和专业再发展的问题上，我们应持辩证和理智的态度。一方面，不能苛求所有的优秀教师都能在专业生涯中达到卓越，要求其都能成为教育家，那不切实际，也不可能。另一方面，应鼓励和倡导优秀教师能够克服退化现象，在自己的专业领域精益求精，百尺竿头更进一步；同时也要创造建构有利于教师优后再发展的环境和机制，支持和促进其再发展。优秀教师也应自觉地把优秀作为再发展的新起点，“因为优秀，所以要卓越”。

教师优后专业再发展是个系统工程，正如产生教师优后专业退化的原因一样，它是教师主体与外界环境等影响因素的矛盾斗争的发展过程。基于此，可以“内激引外”，即通过激发优秀教师自主发展动力与外部力量的引领，求得教师优后的再发展。

第一，建立教学主张和教育范式是教师优后再发展的生长点。

教师优后目标低迷，激情不再，专业退化，必须有新的兴奋点、切入点；要突破这种困局，必须有从他们自身专业发展轨迹中延伸出向高处登攀的阶梯。教育是科学更是艺术，是种创造性活动，它将理智、情感、意志和个性融为一体，让智慧之火、爱和美之焰以及个性之光交相辉映。教师必须以创造和个性才能完成这项活动，也只有个性和创造才能感受教师工作的幸福，而不懈地努力追求更高的目标和境界。“毫无疑问，这些发现和创造精神的发扬，犹如星星之火，能驱散教师当中对工作的冷漠态度和惰性，点燃创造精神的火花。”① 因此，优秀教师在其专业生涯中逐步生长出来，且已显现的个体性特点，正是其再发展的新的兴奋点、切入点。从此出发，在教育科学理念的引导下，在实践中不断磨砺、丰富、完善，形成并凸显教学特色，体现出有鲜明个性和独特教育价值的教学主张与教育范式，② 这可以也应当成为教师优后再发展的生长点。建立自己的教学主张和教育范式，是优秀教师“教育自觉”的关键性标志，是其成熟成功的核心因素，是其产生和保持影响力的重要原因。同时，拥有自己的教学主张和教育范式，也是具有影响力的优秀教师与一般优秀教师的显著区别之处，是其走向教育家的津渡。于漪建立

① 苏霍姆林斯基. 与青年校长的谈话 [J]. 外国教育资料，1982 (2).

② 朱嘉耀. 走出一条培养名师的南通之路 [J]. 江苏教育研究，2011 (8).

“人文教育”的主张和范式、李吉林建立“情境教育”的主张和范式、李庾南建立“自学·议论·引导”的主张和范式……一大批优秀教师，正是不断通过探索和建立自己的教学主张与教育范式，最终成为著名的教育专家或教育家，登上专业生涯的巅峰。优秀教师一般已具备娴熟的教学技能、深厚的专业知识和丰富的教学经验，但如没有自己的教学主张和教育范式，也只是懂操作的高级技术员和规定的忠实执行者。当建立起了自己的教学主张和范式，优秀教师就不仅能以其教学经验、教学特色，更能以其教学主张，即个性化的教育思想影响、改变其他教师。就其本人而言，也因教学主张以及教学主张下的实践，使自己获得持续的影响力，并不断有新的进展和新的经验。① 如此，就能从高度和深度上推进教改及教师的专业发展，优秀教师距教育家更近。

第二，正确的专业自我，信念和激情是教师优后再发展的动力。

雅斯贝尔斯强调：“教育须有信仰，没有信仰就不成其为教育”“教育，不能没有虔敬之心，……缺少对‘绝对’的热情，人就不能生存，或者人就活得不像一个人，一切就变得没有意义。”② 教师工作是一种基于信念的行为，也就意味着信念和激情是教师专业发展的动力。教师因信念和激情而自发真诚内源性地发展，基于生命的灵动与热力高度自觉地发展，而非出于外在强制和纯粹基于个人私利，机械麻木与冷漠盲目地发展。无论是力辞官职，执着教坛的斯霞，还是不求闻达，但求学术的李吉林等名师，正是凭着信念和激情实现了自己的人生价值和理想，成为教师成功的典范。因此，优秀教师应坚守信念、永葆激情，认识到自己永远处于一种“未完成”的状态，永远是在专业发展的路上，从现实的种种束缚及遮蔽身体心灵的各个禁锢中解脱出来，不断反省自己的专业自我，从中发现内在的冲突，祛魅头顶优秀光环，克服自我惰性、自我满足和自我功利，实现自我突破，在不断协调冲突的过程中把生命提高到新的层次，以自身的智慧更新对世界的理解，从而发现新

---

① 成尚荣. 生活在规律中的主人：谈名师成长的方式 [J]. 人民教育，2009 (9).

② 雅斯贝尔斯. 什么是教育 [M]. 邹进，译. 北京：生活·读书·新知三联书店，1991.

的发展可能性和新的成长目标。

第三，自觉地读书、实践、反思、研究、写作，是优秀教师再发展的基本方式。

建立教学主张与教育范式是优秀教师对自己教学实践进行高度理性解析与提升，形成思想成果的过程；建构操作体系，则是将思想物化，将技术经验梳理、搭建、完善，成为教学主张实施的途径、方式的过程。① 如果将此作为优秀教师再发展的追求，那该如何实现呢？最基本也最主要的方式就是自觉地躬身于读书、实践、反思、研究、写作，舍此无任何终南捷径。读书是自我的充实，是为了有更好的理论指导实践。实践于教学，是教师工作的根本。实践中与实践后，都需要反思来发现、研究和解决问题；反思后再实践、研究，并提炼经验成果，作理性概括，物化为文字，在文字表述的过程中梳理思想、提升认识；而后再读书、实践，如此周而循环。其间每一步骤都可能是一个新的起点，但始终无终点。只要有一个环节被忽视和省略，优秀教师的发展都会停滞甚至退化。比如“教而优则仕”，离开了教师的工作场——课堂实践，教师还能再发展？比如“教而不思，思而不研”，则永远只能是一个优秀的“教书匠”。比如“作而不述”，优秀教师的研究成果也就无法得以显现和以推广。我们何曾见哪一位著名的教育专家或教育家没有自己的理论建构？哪一位不是著作等身的？因此，优秀教师一是应信奉而坚持这一方式，并在自己的专业生活中戮力践行，持之以恒；二是要把每一步骤都做充分扎实，绝不走过场做花样；三是用研究、思考来串联整合整个循环，使每一环节都张扬着思想的力量。如此，优秀教师新的发展目标就有可能实现。

第四，有效的支持是优秀教师专业再发展的保证。

这种支持主要来自对教师有着管理权限的教育行政部门和学校，二者应该通过对优秀教师“慎评”、“给力”和“善待”，为其优后发展输入正能量。

“慎评”，就是要改进和完善优秀教师的评选标准和方式，弱化“工程化”的打造，评选和培养出真正有发展后劲的优秀教师。目前，教育部已经颁布《中小学教师专业标准（试行）》，但这个标准还只是一个普适性的合格教师

① 朱嘉耀．走出一条培养名师的南通之路［J］．江苏教育研究，2011（8）．

的标准，未有区分教师层次的功能。应如美国全国专业教学标准委员会（NB-PTS）制定的评定优秀教师的标准一样，制定一个能区分出“谁是真正优秀教师”的科学标准，而且标准应特别要突出教师的终身学习、可持续发展。在评定方式上，应进行大力改革，建立多元化的优秀教师评定体系。特别要重视人类学方法、质性方法的运用。评定者应深入到被评教师的客体世界、真实教学场景中，通过观察、访谈以及投射技术等获取第一手资料，对被评定教师作感性的、整体的、综合的了解，尤其强调评审者和被评教师做深入地交流与沟通，在此基础上做出评价。要改变教育行政部门作为唯一评定主体的局面，积极吸纳教师的直接或间接利益关系人作为优秀教师评价主体，可考虑引入社会力量、专业团体参与评定；在此过程中，尤其不能忽视教师本人、同行、学生、家长的声音。相关部门应遵循教师成长周期规律，弱化工业式的打造优秀教师，坚持常态化、日常化、自主化，避免急功近利；对教师的培养坚持生活化、常态化、平凡化，充满耐心和信心，“静待花开的声音”。

“给力”，就是要建立和完善促进优秀教师专业再发展的激励机制。一是建立优秀教师考评监控和督导等动态管理机制。制定诸如优秀教师管理办法、优秀教师工作考评方案等规范制度，内容要涵盖职责与义务、管理与考核、待遇与奖励等方面，明确优秀教师再发展的任务要求，包括阶段任务要求。取消优秀教师“终身制”，实行动态管理和“周期制”，要求优秀教师须在一定的周期内接受考核评估，阶段考核不合格者黄牌警告，限期整改；整而不改或改而无效者，取消其优秀资格和相应待遇。此外，政府教育督导机构应将优秀教师管理工作纳入对政府教育工作督导评估的内容，并定期组织专项督导检查。二是构建教师优后发展平台。建立联系优秀教师的调研制度，定期组织专家与优秀教师沟通，给予指导；深入课堂，及时发现和总结其在实践中的经验做法，纠正错误心态和行为；宣传典型，推广经验，解决问题。建立优秀教师的专业引领和教科研制度，开展优秀教师送教下校活动，赋权其示范培训指导青年教师；组织他们开发校本课程，开展教研重点、难点课题攻关招标，帮助其凝练风格、形成特色、著述出版。建立基于共同理想的专业团队，创造合作和谐、开放活泼的教师生态文化。在这方面，南通教育界走出的“中小学优秀教师高端发展路径”值得借鉴。[①] 他们克服当下流行的“评选考核”与“集中培训”两种模式在推动中小学优秀教师高端发展方面的局限性，把中小学优秀教师高端发展的根基立在课堂，把课堂研究的重心从技艺层面的打磨转向对教学理性的追寻，使根植于自身实践、追求教育个性的课题研究，成为中小学优秀教师高端发展的载体，实现了“实践、反思、阅读、研究、写作”之间的有效串联。而打造基于共同理想的专业团队，创造友好的、开放的、充满活力的教师生态文化，也支撑着中小学优秀教师实现高端发展。

“善待”，就是关爱、服务优秀教师，为其再发展做后盾。教育行政部门和学校应树立正确的教师发展观、政绩观，以仁爱之心、宽容之心、平常之心，引领优秀教师再发展。降低对优秀教师管理的重心，在服务中实施管理，强化服务与专业支持意识，淡化行政指令意识，努力营造促进优秀教师再发展的物质环境、制度环境和文化环境；支持探索、包容失败，赞赏成功、宣传成绩，使其敢于探索创新，最大程度地发挥自身潜能。落实国家关于优秀教师地位、待遇的政策，乐于将人力和资金用于对优秀教师再发展的支持，为优秀教师规划再发展愿景提供指导帮助，提供理论和技术的支撑，提供经费和物质上的帮助；解决优秀教师实践中的各种困难，为解除其身上的生存的枷锁提供更多的选择、空间与支持。尊重优秀教师长期形成的工作方式习惯、个性特点以及教研方向、发展目标，不想当然地为他们布置不适合的工作，不“好心”地“揠苗助长”；尊重其个人意愿，不强压重担，让优秀教师能静下心来，自信从容、心无旁骛、量力而行地读书、教学、反思、研究；唤起优秀教师荣誉的内在尊严与欢乐，置其于乐再为、能再为，与可再为、再作为的主客观良性成长环境之中。

因为优秀，所以要走得更远。教育家来自于教师，来自于优秀教师，当优秀教师能够克服优后专业退化难题，实现专业再发展，走得更远的时候，社会、国家和大众对“造就一批教育家”的憧憬也就指日可待了。

---

① 孙国春．中小学优秀教师高端发展的路径：以江苏省南通市第一梯队名师培养为例［J］．教育发展研究，2011（15—16）．